韓国の社会はいかに形成されたか

韓国社会経済論断章

水野邦彦

日本経済評論社

はしがき

なんらかの対象は、認識されたのち、はじめてわれわれの知性にとどまる――とヴィンチ村出身のレオナルドは書きつけた。私たちの眼前にあるものごとは、しかるべく認識されてこそ、私たちの思考のなかに位置づけられる。きちんと知る姿勢、認識する態度のないところには、ものごとについておぼろげな像が生まれるだけで、それをもって私たちがなにかを述べることはできない。おぼろげな像は焦点が定まらず、根拠に乏しいがゆえに、作為的な誘導によって容易に引きずられる。

韓国について、朝鮮半島について、なにを私たちは知っているだろうか。巷間ときどきに流布される断片的な事象にふりまわされ、切れ切れの話を鵜呑みにするだけで、韓国を的確にとらえられるだろうか。一知半解は戒めねばならない。

本書で私は、主として韓国および日本の社会科学者・人文科学者の研究をふまえ、現代韓国社会の姿を描こうと思う。とうぜん現代韓国社会には前史があり、その残滓をかかえたまま一九四八年の韓国政府樹立をみた。韓国はその後いかなる歩みをたどってきたか。その歩みのなかでいかなる社会が形成されてきたか。そして、前史の残滓とその後の歩みとが今日の韓国にいかに刻印されているか。この刻印はおそらく韓国社会の底部に残されていると思われ、それらの把握が韓国を知るさいの根底に据えられねばならないだろう。けっして十分とはいえないが、本書ではそれを念頭に置いた叙述をこころみたい。

このような叙述において私はたんに出来事を並べるのみならず、社会形成ないし社会変動の経緯のなかで、人々の思考や思想がいかに方向づけられてきたか、いかに社会意識が枠づけられてきたか、そのゆえんを見極めるところに意を注ぐつもりである。これはイデオロギー分析の一環である。そこで引きだされる社会意識の枠組みは、右の前史やさらには朝鮮半島古来の社会意識をなんらかのかたちで継承しているであろうし、今日の韓国社会の底流をなすものでもあるだろう。社会意識が人々の思考や思想の形成陶冶に与るところ大であることは容易に肯《うべな》われるので、ここから韓国の人々の思考や思想の一般的傾向が浮かびあがると思われる。ただし、そのような特徴づけをもってことを終えてはならない。韓国の人々の思考や思想、社会意識の特徴を、固定的なものとみなすのでなく、韓国社会のありかたとともに、流動的なもの、改変されうるものととらえる目を養いたいものである。

本書第一編（第1章～第10章）では韓国の社会経済史的論点をとりあげる。ただしそれは網羅的に順序立てられた社会経済史の叙述を意図したものではなく、日本にあっては見落とされることの多い側面に重きを置き、それらのうえに今日の韓国社会が成り立っていることを描出しようとこころみるものである。第二編（第11章～第15章）は、韓国でも日本でも近年しばしば論じられる社会的・人間論的主題を俎上にのぼす。これらをつうじて韓国と日本との類似点と相違点とが浮かびあがるであろう。第三編（第16章～第18章）では、韓国もしくは朝鮮半島全体にたいする日本の姿勢を批判的に論ずる。韓国にかんするおぼろげな像に引きずられた私たちが知らず知らずのうちに歪められた見方を身につけている懼《おそ》れがあるとすれば、それらを取り除き、きちんと韓国に向き合って的確に韓国をとらえる努力を惜しんではならないであろう。「ほんとうの謙虚さは、知識の限界をきわめることによって生まれてくる。それは、ほんとうの闘争が、一見平和にみえるようなものだ。」**という花田清輝の言葉を思い起こそう。

韓国を知る――このことをどこまで果たしうるか。私たちの姿勢が問われている。

＊ 杉浦明平訳『レオナルド・ダ・ヴィンチの手記 上』岩波書店、一九五四年、六九頁をみよ。

＊＊ 花田清輝『復興期の精神』講談社、一九七四年、五七頁。

目次

第二編　人間を取り巻く今日的論点

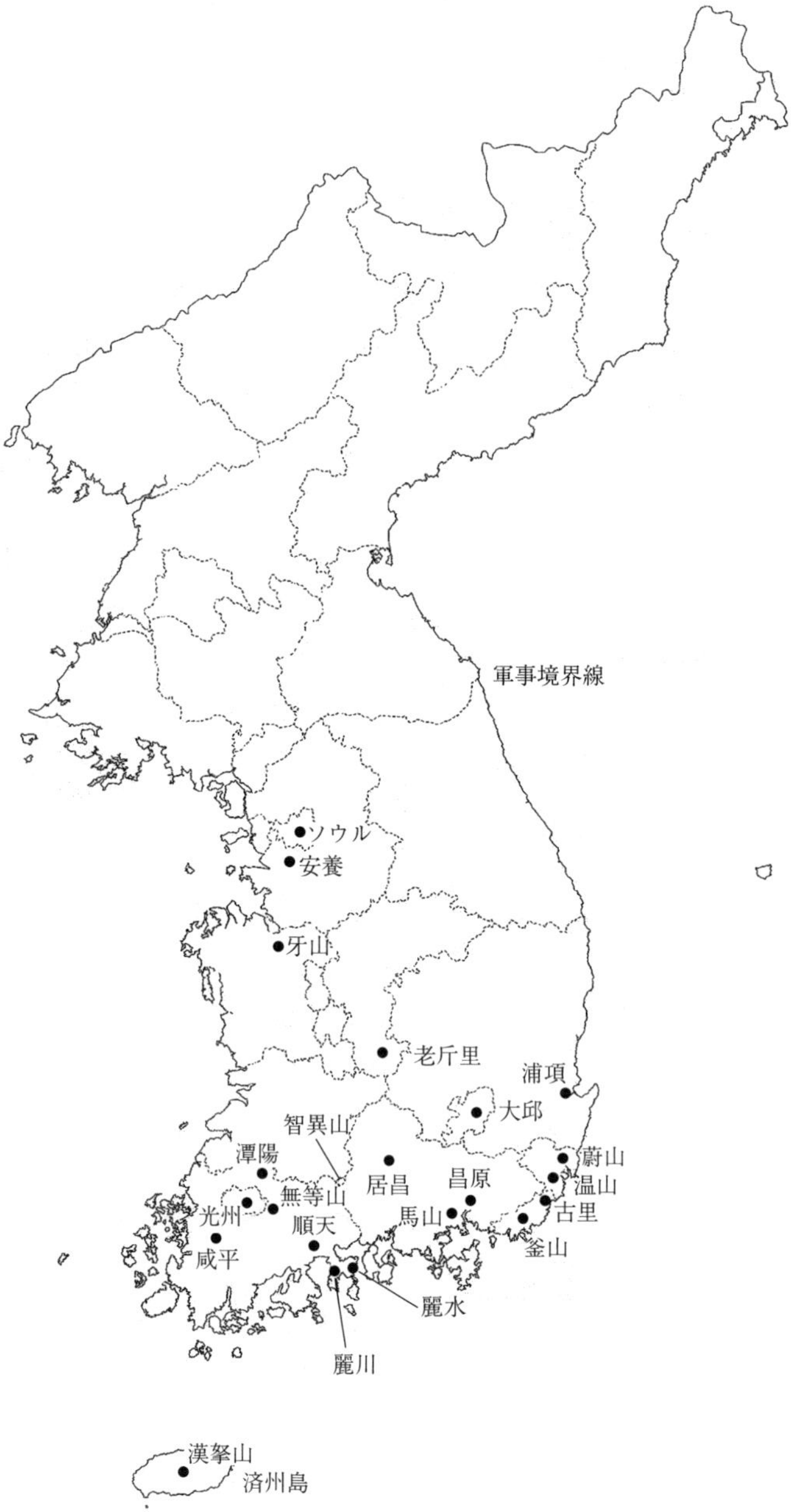
軍事境界線
ソウル
安養
牙山
老斤里
浦項
大邱
智異山
潭陽
居昌
昌原
蔚山
温山
無等山
光州
順天
馬山
古里
釜山
咸平
麗水
麗川
漢拏山
済州島

朝鮮半島略図

第一編　社会経済史の論点

第1章　解放八年史

1　米軍政

「解放は夢のようにやってきた」――これは、日本が敗戦し朝鮮が植民地支配から解放されたことを知らずに八月一五日を過ごした人々が多かったこと、翌一六日にソウル市内の中学校の運動場で呂運亨《ヨウニョン》の感動的な演説を聴いた五〇〇〇余名が解放を実感したことを形容した言葉である[1]。それに前後して「期せずして湧き上がった喚呼の声」「朝鮮人の心の中からほとばしり出たこの歓び」「朝鮮人の熱狂」がいたるところで起こった[2]。長いあいだ他民族に支配されるという辛酸をなめてきた朝鮮民族は自民族の結束と独立に渇《かつ》えていたはずであるが、独立して親ソの社会主義国家をつくるか、それとも親米の資本主義国家をつくるかという対立が深まり、また種々の政治的出来事が間断なくつづく解放空間〈解放三年史〉は朝鮮民族に統一国家指向の民族主義をじっくり「反省する契機をあたえず」、過去の朝鮮民族のありかたや民族主義を「清算しないまま分断と冷戦体制が南北朝鮮それぞれの社会構造を特定してゆくしかなかった」という結果をもたらした[3]。

統一民族国家形成を期す民族意識はとうぜん植民地支配下で昂まっていたが、解放を機にこの民族意識を束ねてあらたな国づくりに向かう間もなく、朝鮮半島は米国とソ連とに圧迫されはじめた。そこには米国をめぐる朝鮮民族の誤まった状況認識があった。すなわち米国は、朝鮮の「民族自決を制約する条件」、つまり朝鮮民族自決の阻害要因とはみなされず、「施恵的なものとしての八・一五解放をもたらしてくれた解放者と受け入れられていた」し、さらに朝鮮戦争をへても「米国の援助は民族主義的な民衆の覚醒を遅らせ」る効果を発揮したのである。(4)

そもそも〈八・一五解放〉は「民族解放運動勢力の力で勝ち取ったというより、帝国主義列強間の戦争の副産物という側面が大きかった(5)」ことが歴史家によってするどく指摘されている。〈八・一五解放〉は「アメリカとソ連を二本の軸とする世界秩序の再編過程で『与えられた』ものであった」がゆえに、朝鮮民族の独立国家樹立にかんする「自主的決定は大きく制約されることになった」といわざるをえない。(6)これは一見すると、敗戦後日本の民主主義が勝ち取った民主主義でなく「負け取った」民主主義であるとか、敗戦後に取りこまれた自由は「配給された自由」であり、民主化は「あたえられた民主化」であるとか批判される構図と類似するように思われるが、(7)日本の現象は思想的局面での現象であり、朝鮮の現象は政治的局面での現象であるという相違がある。〈八・一五解放〉が朝鮮人の民族解放戦争によって戦い取られたものでなく米ソの世界秩序再編過程で与えられたものであったというのは、朝鮮人民衆の意思をこえた国際関係の力学のなかで戦争が終えられ植民地支配から解放されたことを示している。

植民地時代から朝鮮人のあいだに社会主義を支持するか反共指向に棹さすかという対立があった。両勢力の対立は解放後いっそう直截的に外国の両陣営との結びつきを深め、解放三年史においてより露骨に対決姿勢を強めていった。両勢力はおのおの地域的へゲモニーを有しており、朝鮮南半部においては親米反共の色彩が濃く、そのようななか社会主義支持者は暴力にさらされることが多かったのである。

国際的冷戦を背景にした朝鮮内部でのこの対立により朝鮮国土が分断することを避けるべく、呂運亨らはいちはやく八月一五日に建国準備委員会を発足させ、あらたな国づくりを急いだ。建国準備委員会は八月末までに朝鮮全土で一四五の支部を組織し、九月六日には、閣僚に左右の政治家の名を連ねた朝鮮人民共和国の樹立を宣言するにいたった。朝鮮人民共和国では「民族叛逆者」にたいする処罰が明言されるとともに、農民にたいする土地無償分配、言論・出版・集会・結社・信仰の自由、一八歳以上の男女の選挙権、男女同権、義務教育実施、八時間労働、児童労働禁止、最低賃金制などが謳われていた(8)。

ところが九月八日には米軍が朝鮮に上陸し、翌日には朝鮮南半部に軍政を敷いた。爾来この米軍政のもとに朝鮮人民共和国をつぶそうとする力がくりかえしはたらき、ついには庁舎が襲撃を受け、朝鮮人民共和国は潰えるにいたった。解放後の朝鮮半島は「日帝の植民統治機構がとつぜん崩壊し、なんらあらたな権力の中心や統治形態があらわれない一種の力の空白(9)」状態であったが、米軍政がそれを制圧した。けれども朝鮮統治の要領を心得ていたわけではない米軍政は、効率よく機能的に朝鮮を統治すべく、「日帝の植民統治機構」すなわち一九四五年八月まで朝鮮植民地支配の拠点であった朝鮮総督府支配構造をそのまま引き継いだ。「米軍政の体制と政策は、かつて日本がこの地にやってきておこなったことの単純な反復ないし延長だといっても過言ではなかった(10)」のである。米軍政は爾後、一九四八年八月一五日に大韓民国（韓国）政府の樹立が宣言されるまで、朝鮮南半部を牛耳ることになる。

米軍政は朝鮮総督府の統治機構を生かし、そこに属していた朝鮮人官僚を米軍政のために利用しようとした。米軍司令官の政治顧問が本国に送った左記の文書は米軍政の姿勢をうかがわせるものといえる。

日本人官僚の解任は〔朝鮮〕輿論《よろん》の見地からすれば望ましいのでしょうが、当分のあいだは果たされがたいでしょう。日本人官僚は名目上は追放されるでしょうが、実際にはひきつづき業務を遂行することにならざるをえません。……政治情勢のなかで励みになる唯一の要素は、高い教育を受けている年老いた朝鮮人のうち、数百名の保守主義者がソウルに存在する点です。この保守主義者たちの多くが日帝に協力したのですが、その汚名は徐々に消えることでしょう。これらの人士たちは「臨時政府」の帰国を支持しており、たとえ多数をなしてはいないとしても、単一グループとしてはおそらく最大規模でしょう。（一九四五年九月一五日、米国務長官あて在朝鮮政治顧問ベニンホーフ文書[11]）

米軍政が「業務を遂行する」ために利用しようとしたのは朝鮮総督府の機構と官僚とにかぎられず、軍人や警察官も同様であった。「米軍政は総督府の行政機構をそのまま活用し、それを国内右翼勢力にまかせ、軍の創出にあたってもかつての日本帝国軍人出身〔者〕が中心となり、警察機構も同様であった。そして米軍政国家はこの段階では発展戦略ではなく、南北の対峙状況、強力な国内左翼勢力といった条件のもとで、それに対処するため、極端なまでの反共イデオロギーとともに、軍・警察機構の極端な肥大化を生みだした」という中村福治の簡にして要をえた叙述は米軍政支配の実態を的確に示している[12]。

米軍政の支配は政治と行政とにとどまらず、経済にもおよんだ。植民地時代に朝鮮総督府は朝鮮最大の地主であり、最大の資産家であったが、それらの旧日本人財産を米軍政が接収したのである。

米軍政は出帆直後にまず南側全体の八〇％におよぶ旧日本人財産をすべて軍政庁に帰属させる措置を断行した。……土地など各種の資源が日帝時代の東洋拓殖株式会社の後身である新韓公社に帰属された。……所有者のないこのような土地を小作人たちは自分の土地とし、分配するときは「地方人民委員会」が主体となって分配することになっていた。このように農民が主人になりつつあった日本人の土地（旧日本人財産）が米軍政にふたたび帰属される過程では、とうぜん農民のそうとうな抵抗が起こらざるをえなかった。……こうして米軍政は、かつての日本の総督府を凌駕する巨大地主・巨大資本家として、南の地に君臨することになった。(13)

植民地解放後に朝鮮半島で「米占領軍が接収した」旧日本人財産は帰属財産（vested property）と呼ばれるが、植民地下では南半部の総資産の八割、工業部門にかぎれば全資産の九割が旧日本人所有財産であったなかで、この「米軍政庁による帰属財産払い下げは韓国経済における最初の資本蓄積条件を提供した」。すなわち、この民間払い下げは「米軍政庁周辺の、つまり植民地統治協力勢力を中心とした、いわゆる権力『縁故者』に対して無原則に行われた」ものにほかならず、この権力「縁故者」の過半はつぎにみる親日派・親米反共主義者が占めていたのである。ただし米軍政下で払い下げられた帰属財産は一部にすぎず、「ほとんど大部分は韓国政府に移管された」。一九五〇年三月にはじめて帰属財産払い下げについての法的措置が終えられたが、朝鮮戦争のためにその本格的な実施は引き延ばされざるをえず、休戦後になって大々的に払い下げがおこなわれ、ほぼ終わったのが一九五〇年代後半であった。いずれにしても「縁故」優先の無原則な払い下げのありかたが解放後韓国の資本の性格を基本的に方向づけたといえる。(14)

右の叙述から浮き彫りにされるように、全体としていえることは、植民地支配から解放されてなお朝鮮半島南半部では朝鮮総督府型の支配機構が維持され、独立国家が築かれなかったこと、一九四五年夏を境にいわば支配者の顔が変わったにすぎないことである。

支配者が交代したとしても、支配機構の連続は、支配機構に群がる人々の連続を当然ともなう。すなわち、かつて朝鮮総督府のもとで官僚・役人・軍人・警察官であり日本の朝鮮支配に加担した朝鮮人たち、いわゆる親日人士・親日派は、支配者が交代してもなお支配機構の一角を担い、米軍政支配に協力したのである。

2 親日派

親日派は、長きにわたって朝鮮総督府の権力周辺に陣取り、植民地時代末期には「ある程度の社会的階層として成立していたのではないか」[15]と思わせる存在であった。とうぜん「解放後、米軍政がかつての親日派を国家機構各部門に登用し、国家形成をはかったことに対する不満・反発はとぎれることなく続いた」[16]。民族反逆者とみられた親日派にたいしては、植民地解放・総督府解体とともに当然のごとく処罰が取りざたされた。社会学者の金東椿《キムドンチュン》は「同じ民族に拷問とテロをくわえた親日警察は民族共同体の観点でも、また普遍的人権の観点でも、受け入れがたい道徳的欠陥をもった存在」であり、そのような「警察は一身の栄達と出世を、隣近所や人間にたいする信義に優先させた無道徳的（amoral）存在であると同時に、日帝の権力に便乗して弱者の同胞を苦しめる不正な方法で財産を蓄積した点で、不道徳な（immoral）存在であった」という[17]。親日派処罰の問題は「粛清を主張する勢力が道徳的正当性を独占しえた唯一の問題」として「この問題は解放半世紀がたった今日でももっとも力づよく粘りづよい生命力をもっている」と評価されている[18]。

たしかに親日派の処遇にかんしては、韓国政府出帆直後の一九四八年九月に反民族行為処罰法（反民法）が国会で成立し、これにもとづき反民族行為特別調査委員会（反民特委）が設置されたが、「李承晩《イスンマン》大統領は当初からこれに批判的で……大統領（行政府）と国会の対決が開始した。……李承晩サイドはこれをつぶすため、様々な妨害工作を展開した」。反民族行為処罰推進派にたいして大統領側は各種の妨害工作をこころみ、「反民特委の中心メンバーの行跡を徹底して洗い、それを材料に攻撃を加えようとした。……交通事故で人をひき殺し、闇に葬ったというゴシップまがいの攻撃まで加えた」[19]。さらにはソウル市警捜査課長らがテロリストを雇って推進派を殺害する計画まで謀議されていたという。このように執拗な攻撃により反民族行為処罰法は間もなく廃止され、反民特委も十分な活動をなしえずに終わらざるをえなかった。

処罰されてしかるべきと思われていた親日派はこうして解放後すぐに米軍政によって統治機構の主軸として取り立てられ、社会の表舞台に復活した。「警察などの親日官僚らを行政と統治のための機能的人力とみた米軍政は、かれらをむしろ優遇し、米軍政機構の核心構成員として充員していった」[20]のであり、見方を変えれば「親日の経歴があきらかな者たちが米軍政の周囲に陣取り、半封建的な地主小作関係は根本的改革もなくひきつづき温存され、抑圧的植民統治体系もまたその頑固な生命力を維持していった」[21]のである。一九四八年八月一五日には韓国の李承晩政権が成立し、朝鮮半島南部の統治は米軍政の手から離れるが、米軍政で起用されていた親日派はひきつづき韓国政府の主力となる。あらたに発足した大韓民国李承晩政権は、そもそも朝鮮総督府型支配構造を基盤として形成されたものであり、とうぜん多くの親日派がその中枢で国家運営をになったのである。こうして親日派は、植民地時代から米軍政期を経て韓国政権にいたるまで、朝鮮総督府型支配構造が生き残ったのに歩調を合わせて、ほぼ一貫して権力の中心を占めていた。

解放直後におこなわれた「親日人士の再起用」は、とうぜん多くの韓国人の不満と怒りを買うとともに、そこで「現代韓国における無規範の原型」がつくられた[22]と指摘される。はるかのちの盧《ノ》武鉉《ムヒョン》政権下の二〇〇四年に「日帝強占下親日反民族行為真相糾明にかんする特別法」が成立し、これにもとづき翌年には国家事業として親日反民族行為真相糾明委員会が発足したこと、その後、「反民特委の精神を受け継ぐ」民族問題研究所によって二〇〇九年に『親日人名事典』全三巻が上梓されたことは、解放直後に歪んだ姿で曖昧に生じた社会的規範を立て直そうとする韓国民の粘りづよいいとなみであったといえる。

3 解放三年史

一九四五年八月一五日に植民地支配から解放されて間もなく朝鮮半島南半部に米軍政が敷かれ、ちょうど三年後の一九四八年八月一五日に米軍政が撤退し韓国政府が樹立した。解放三年史と呼ばれるこの時期はほぼ米軍政期でもあり、南半部においては民衆の闘争の日々であった。右にみた親日派処罰をめぐる争いのほかに、一九四五年一二月以降に起こった信託波動、一九四六年の一〇月人民抗争、一九四八年四月の済州島《チェジュド》四・三蜂起など、大きな出来事が絶え間なく起こった。

信託波動とは、朝鮮を米英中ソ四カ国の信託統治に最大五年間ゆだね時が来れば（in due course）独立させるという一九四五年一二月の連合国信託統治案、および、これを利用して即時独立を切望する朝鮮民衆の支持を集めようとした米国と親米派の思惑によって、政治的に煽られた賛託か反託かの対立を指す。

一〇月人民抗争は解放三年史における最大級の民衆闘争である。一九四六年九月に五〇万余名が加わって起こったゼネストは、南の体制を麻痺させるほど大規模なものであった。このゼネストは、米軍政の食料・労働政策上の失政にたいする労働者たちの憤怒にもとづいているが、他方では左翼にたいする大規模弾圧にたいする朝鮮共産党の戦術とも関係があったといわれる。九月のゼネストにつづき大衆の爆発的闘争が大邱《テグ》で始まり、一〇月いっぱい全国を覆った。人民委員会破壊、親日警察・官僚優遇、強制的食料供出など、そのかんの米軍政政策にたいする大衆の反感がいちどに噴き出たのである。このときの一連の闘争は〈一〇月人民抗争〉もしくは〈一〇月抗争〉とよばれ、一〇〇万にのぼる民衆が加わり、約二〇〇〇人の死者を出したという。一〇月人民抗争はたんなる暴動ではなく、丁海龜《チョンヘグ》の精緻な研究によれば、日本植民地下の社会構造・政治構造が解放とともに改められねばならなかったにもかかわらず、解放後もそのまま維持され、あるいは再建されたことにたいする抗争であった。それは米軍政にたいする抵抗、保守的・反動的勢力にたいする抵抗であり、この抵抗の主体は変革勢力の中央指導部ではなく、地方の献身的な左翼と民衆であった。一口でいえば、一〇月人民抗争は変革を指向する「民衆」ないし「人民」の抗争だったのである。[23]

一九四八年五月一〇日には、米軍政の意向を受けて南半部だけで右派政府を組織し国家を樹立するための総選挙、いわゆる単独選挙がおこなわれることになった。米軍政および李承晩に批判的で単独選挙を拒否しようとする風潮の強い済州島では、警察や、朝鮮本土からやってきた暴力集団＝西北《ソブク》青年会らの右派勢力が島民を脅しつけ狼藉をくりかえして投票所に向かわせようとしたが、それに抵抗する島民有志が済州島中心部にある漢拏山《ハルラサン》中を拠点として武装し、四月三日未明に蜂起して右派勢力にたいする反撃に出た。これは四・三蜂起とよばれるが、警察や右派勢力は、武装して山中に立てこもった「山の人」のみならずその家族らを徹底して殺害し、さらには武装住民の出身集落全体を焦土化する暴挙をくりかえし、四・三蜂起は六年あまりつづく「四・三事件」になった。四・三事件がたんに蜂起の火から事件の終息までをもって説明されつくされるものではなく、植民地時代の朝鮮に起因する社会的背景を有することは、「済民日報」四・三取材班『済州島四・三事件』、文京洙《ムンギョンス》『済州島四・三事件』などの専門書のほかに、たとえば金石範《キムソクボム》の小説『火山島』に仔細に描かれているし、また、この小説を歴史的事実と照合しつつ仔細に分析した中村福治『金石範と「火山島」』[24]という畢生の力作によって私たちは解放三年史と済州島四・三事件とを有機的総合的に把握することができる。四・三事件については、ようやく金大中《キムデジュン》政権下で『済州4・3事件真相調査報告書』が制作され、死者二万五〇〇〇〜三万人との推計が示されたが、事件全体の真相糾明をふくめ、いまだ終結したとはいえない。[25]

済州島四・三事件の過程で、蜂起島民の鎮圧に向けて本土から済州島に送りこまれる予定で麗水《ヨス》の町に待機していた軍隊が一九四八年一〇月に韓国政府に反旗をひるがえし、南北統一を訴えつつ、麗水と順天《スンチョン》の町を支配下に収めた。この麗水順天反乱にたいし政府は戒厳令を敷き、反乱軍および反乱軍に手を貸した者を徹底して探し出して、多数の民間人を殺害しつつ、一週間ほどで反乱軍鎮圧を果たした。近年の韓国での研究によると反乱軍によって命を落とした人は約一一〇〇人、反乱軍にたいする政府側の報復によって命を落とした人は約七〇〇〇人、また捕獲された反乱軍嫌疑者二八一七人のうち四一〇人が処刑され、五六八人が無期懲役になったという(26)。そして麗水順天反乱で逃げ延びた一部の兵士は智異山《チリサン》に入り、のちの朝鮮戦争時に山中の遊撃隊(パルチザン)として韓国軍・国連軍と対峙した。

4 六・二五

一九五〇年六月二五日に勃発した朝鮮戦争は韓国で一般に「六・二五《ユギオ》」と呼ばれる。同じ民族、場合によっては同じ一族や家族が敵味方に分かれて戦うという極限状況を生み出したこの戦争は、解放後韓国社会のありようを決定づけた最大の出来事である。

戦争当事国の人々が、敵対する相手国か自国かのいずれにつくかを個人の判断で選択する余地は、ほとんどないであろう。朝鮮戦争も例外でなかった。南北あわせて四〇〇万人もの犠牲者を生んだ朝鮮戦争の極限状況において、人々の意識のなかでいったいなにが起こっただろうか。植民地時代にまともな教育を受ける機会がなく、この戦争がいかなる戦争であるのかを的確に把握しているとはいいがたい数多の人々にとって、政治的立場や主義主張がどこまで意味をなしただろうか。朝鮮戦争が始まると、米国に後押しされた韓国軍・国連軍と、のちに中国に後押しされることになる人民軍・パルチザンとが、朝鮮半島のあちこちの村落を競って支配下におさめていった。村が韓国軍の天下となり人民軍に協力した村人が処断されたかと思えば、あくる日には人民軍が韓国軍を駆逐し韓国軍にとらえられていた村人を解放して逆に韓国軍協力者や警察関係者を処断するという出来事がしばしば起こった。村にやってきた韓国軍を人民軍と勘違いして人民旗を掲げて殺されてしまった村人もあったという。「昼は大韓民国、夜は朝鮮民主主義人民共和国」という当時の言葉は、朝鮮半島の村落におよんだふたつの支配勢力がめまぐるしく入れ替わった状況を象徴している。

ともかく人々は生き延びるのに懸命であった。どちらの軍隊にでも媚びを売って命乞いをするしかなく、政治的信条はどうでもよかった。「どんなやり方でも順応することだけが命をまともに保存することの出来る道であったし、そういう、権力行使に対する沈黙と従順が確実な生き残りのための戦略の一つとして受容されざるをえない時代だった」(27)という状況は、まぎれもなく朝鮮戦争にも当てはまるであろう。人々は「自分の生命維持をはかるのに汲々としていた」のであり、世のなかの種々の掟や規範や道徳や倫理をさしおいてみずからの生命維持を最優先すること、「生存の論理を内面化する」ことが常態化していた。そこにおいては思想信条のごとき「立場」より「生存」が優位に置かれるのであり、はからずも人々は「生存のための機会主義によって道徳的不備の状態に陥った」のである。(28)

「生存の論理を内面化する」といわれるさいに留意すべきは、人々がよくよく論理的に考え沈思黙考して〈生存の論理〉に思いいたったというより、「生命維持をはかるのに汲々としていた」といわれるとおり、落ちついて考える余裕もないなかで手探りでとにかく生き延びる道を求める人々が大半であったと思われることである。理屈ぬきで直観的感覚的情緒的に生存の道を選び、なんとしても生き延びようとする心性（mentalité）を身につけたことを「内面化」という言葉は示唆するであろう。こうして〈生存の論理〉は論理や思想を抜きにして「内面化」されたといえる。

心性の非論理的・非思想的内面化は、解放当初から、さらには植民地時代からみられたことであろう。植民地下で「皇国臣民」でもなく民族解放運動勢力でもなく「ただ天皇の民として生きてゆくしかなかった大多数の『百姓』」[29]は、そもそも「天皇の民」であることをみずから選んだわけではなく、ほかに身のふりようもなく、ひたすら「沈黙と従順」に徹するしか術がなかった。解放後は政治の動向をよく把握しえないまま、米軍政および米軍政の庇護を受けた李承晩大統領と親日派勢力のもと、数々の不満をいだきながらも、人々は自国の未来を待望したであろう。けれども、すでに南半部で立ちこめていた「市民の日常的な生を窒息させるかのように締めつける力」[30]、親米反共であらねばならぬ雰囲気、韓国民はすべからく親米反共たれという李承晩政権の圧力は、身の危険をともなう強制力となり、北を支持する発言にはよほどの覚悟が必要であることが多かったが、戦争が勃発し随所で戦闘がくりひろげられ、身の危険が増大してくると、その圧力は目にみえて強まった。この対立は、植民地朝鮮において日本人に同化しようとつとめた「皇国臣民」と日本人に抵抗した「民族解放運動勢力」との対立が初期冷戦的政治環境のなかで姿を変えたものであると金東椿は論ずる。[31]反共と左翼との対立はすなわち南の政府の正統性をみとめ自由陣営に同調するのか、北の政府の正統性をみとめ共産陣営に同調するのか、という対立である。朝鮮戦争という尖鋭化した状況のなかで人々はこの二者択一を迫られるが、とうぜん二者択一が各人の自由にゆだねられていたわけではなく、凶暴な外的制約のもとで一方を選択するよう強力に誘導され、左翼とかかわりがあるとみなされた人々は「国民」であることに嫌疑をかけられないように徹底して沈黙したが、この人々はおおむね一九八〇年まで事実上「国民」としての資格を奪われ、賤民あつかいされ、さらには人間以下の処遇を受けたという。[32]「こうして解放から六・二五動乱にいたる期間にあたえられた状況は、その正当性いかんにかかわらず、既成事実として受け入れられ、反共の名のもとに正当化されることになる」[33]と批判的経済学者の朴玄埰《パクヒョンチェ》はしるす。

註

（1）徐仲錫『韓国現代史』〔韓国〕熊津、二〇〇五年、二一頁をみよ。
（2）ブルース・カミングス／鄭敬謨ほか訳『朝鮮戦争の起源』第一巻、影書房、一九八九年、一一五―六頁をみよ。
（3）曺喜昖『韓国の国家・民主主義・政治変動』〔韓国〕當代、一九九八年、八七頁をみよ。
（4）朴玄埰「分断時代韓国民族主義の課題」『朴玄埰全集』第四巻〔韓国〕ヘミル、二〇〇六年、四六六頁、四六八頁をみよ。
（5）姜萬吉編『韓国資本主義の歴史』〔韓国〕歴史批評社、二〇〇〇年、二〇〇頁。
（6）韓国民衆史研究会／高崎宗司訳『韓国民衆史 近現代篇』木犀社、一九九八年、三〇七―八頁。
（7）松本重治『国際日本の将来を考えて』朝日新聞社、一九八八年、二二頁／『河上徹太郎全集』第五巻、勁草書房、一九七〇年、四四六頁／福武直『日本社会の構造』東京大学出版会、一九八一年、七四頁をみよ。
（8）ブルース・カミングス『朝鮮戦争の起源』第一巻、一二一頁、一三九頁をみよ。
（9）崔章集『民主化以後の民主主義』〔韓国〕フマニタス、二〇〇二年、四一頁。
（10）朴セギル『書きなおす韓国現代史 1』〔韓国〕トルベゲ、一九八八年、六一頁。
（11）金仁杰ほか『韓国現代史講義』〔韓国〕トルベゲ、一九九八年、三六頁。
（12）中村福治『金石範と「火山島」』同時代社、二〇〇一年、一七八頁。
（13）朴セギル『書きなおす韓国現代史 1』六五頁。
（14）金俊行『グローバル資本主義と韓国経済発展』御茶の水書房、二〇〇六年、六四頁、七五―七六頁／高龍秀『韓国の経済システム』東洋経済新報社、二〇〇〇年、五八頁／金鎮業編『韓国資本主義発展モデルの形成と解体』〔韓国〕ナヌメチプ、二〇〇一年、一二三頁をみよ。
（15）姜徳相『朝鮮人学徒出陣』岩波書店、一九九七年、三八九頁。
（16）中村福治『金石範と「火山島」』九〇頁。
（17）金東椿／拙訳『近代のかげ』青木書店、二〇〇五年、一〇八―九頁をみよ。

(18) 朴明林『朝鮮戦争の勃発と起源2　起源と原因』〔韓国〕ナナム出版、一九九六年、四五六―七頁をみよ。
(19) 以上、中村福治『金石範と「火山島」』九一―二頁をみよ。
(20) 金仁杰ほか『韓国現代史講義』三三―四頁。
(21) 朴セギル『書きなおす韓国現代史 1』六一頁。
(22) 金東椿『近代のかげ』一〇八頁。
(23) 金仁杰ほか『韓国現代史講義』六七―八頁／丁海龜『10月人民抗争研究』〔韓国〕ヨルム社、一九八八年、二〇二―四頁をみよ。
(24) 「済民日報」四・三取材班『済州島四・三事件』第一巻―第六巻、新幹社、一九九四―九八年／文京洙『済州島四・三事件』平凡社、二〇〇八年／金石範『火山島』全七巻、文藝春秋、一九八三―九七年／中村福治『金石範と「火山島」』。
(25) 済州4・3事件真相糾明および犠牲者名誉恢復委員会編『済州4・3事件真相調査報告書』〔韓国〕先人、二〇〇三年。死者数は同書三六七頁に記載されている。ほかに同委員会の編輯による『済州4・3事件資料集』全一一冊〔韓国〕図書出版 先人、二〇〇一―〇三年、も上梓された。なお死者は二万七七一九人であると発表した韓国の通信社もあるという。
ブルース・カミングス／横田安司ほか訳『現代朝鮮の歴史』明石書店、二〇〇三年、三五六頁をみよ。
(26) 中村福治『金石範と「火山島」』一五四頁をみよ。
(27) 文京洙『済州島現代史』新幹社、二〇〇五年、七四頁。この一節は済州島四・三事件についていわれたものである。
(28) 金東椿『近代のかげ』一二二頁、一二四頁、二七一頁をみよ。
(29) 金東椿『近代のかげ』一八三頁。ここでいう「百姓」とは文字どおり百の姓、さまざまな庶民、すなわち民を意味する。
(30) 崔章集／中村福治訳『韓国現代政治の条件』法政大学出版局、一九九九年、一四八頁。
(31) 金東椿『近代のかげ』一八三―八頁。
(32) 金東椿『近代のかげ』一八七―八頁をみよ。
(33) 朴玄埰「分断時代韓国民族主義の課題」四七二頁。

第2章　国家主義的経済発展

1　発展のイデオロギー

解放後の韓国社会を枠づけてきた大きな要因は、なんといっても南北の分断である。南の分断国家=韓国が朝鮮戦争下でいわば国家総動員体制をとったのにつづき、休戦後も分断は国家権力を維持し再生産するための核心的機制でありつづけた。韓国政府は抑圧的社会秩序・社会統制・イデオロギー的同意機制を布き、人々の生と意識とを上から規制してきたが、このような支配体制の思想的根拠をなしたのが反共イデオロギーである。反共は、分断を眼前に構える韓国が自国の正当性を主張する大義名分であり、韓国の核心的支配イデオロギーであるといえる。朝鮮戦争はこの反共イデオロギーを促進し完成させる大きな契機となったのである(1)。

けれども反共という政治的イデオロギーは人々にあまねく容易に浸透していったわけではなく、暴力的圧迫によって強要され、生命維持をはかる人々が考えるまでもなく受動的に「内面化」していった底のものである。それは、たとえ人々が「同意」して受け入れたとしても、けっして積極的能動的に受容したわけではなく、反共の理念そのものが十分に理解され共鳴されていたとはいえない。そのため、一九五三年の朝鮮戦争休戦以降に暴力的圧迫がいくらか弱まってゆくと、ただ反共という標語を掲げるだけでは、国家が国民を従わせられなくなる可能性があった。そこで国家が国民の支持を得るための、暴力的圧迫に代わる材料となったのが、国民の経済生活向上であり、経済発展であった。じっさい李承晩も朴正熙《パクチョンヒ》も経済発展に執着《しゅうじゃく》し、経済発展によって民心をとらえるべく腐心した。「経済第一主義」なる標語を掲げる朴正熙大統領が国民に向けてみずから歌にのせて「よい暮らしをしてみよう」とさかんに喧伝したのはそのあらわれである。「朴正熙政権が量的な経済成長にあれほど執着したのは、ほかでもなく、分断という南北朝鮮の暴力的対決構造が韓国の支配集団に経済成長をつうじた南側国家の優位を強要したためであった」[2]し、韓国民に経済生活水準の向上を実感させて政権にたいする支持を得るためでもあったといえる。経済発展が政治的色彩を色濃く帯びたイデオロギーであったことは、社会学者の姜《カン》禎求《ジョング》が指摘するとおりであろう。

> 近代化論は、冷戦下の米国を中心とした資本主義陣営から第三世界の新生国がソ連モデルに傾かないように、経済成長を果たしうる発展モデルを呈示したもので、西欧資本主義中心の経済秩序再編と西欧的合理主義の価値観とを強調した。……朴正熙政権の発展戦略は独自の経済成長戦略ではなく、こうした国際的規定力のなかで進行した第三世界発展戦略のひとつであった。すなわち〔崔章集《チェジャンジプ》がいうように〕反共主義が「パックス・アメリカ」の政治哲学であったとすれば、発展主義はこれの経済哲学なのであった。……

朴正熙政権が一九六〇～一九七〇年代に一貫して目標として掲げていたのは経済成長であった。これは当時の経済状況を考慮するともっとも喫緊の問題であったといえる。けれども問題になるのは、発展・成長を中心的価値に設定することが、国民経済の成長をとおした民族経済の発展を目標としたためでなく、政治的選択によるものだった点である。朴正熙政権は民間政権をクーデターによって転覆したという〈権力創出の正当性〉の限界をもっており、朴正熙はまた日帝下で日本帝国主義軍隊の将校として服務した親日行為のせいで、権力の根幹の正当性を欠如していた。こうして朴正熙政権はみずからの正当性をきずくために発展イデオロギーを社会の中心的価値として流布させたのである。(3)

政治的な反共イデオロギーは経済的な発展イデオロギーに支えられていたのである。反共イデオロギーと発展イデオロギーとは韓国歴代独裁政権に共通する二本の支柱であり、両者は相互に補強し、相互に補完した。反共イデオロギーは体制維持の政治的規制であり、発展イデオロギーは体制維持の経済的規制であった。「反共体制確立のための方法として資本主義経済の担い手を育成する」(4)という目的は、李承晩政権から朴正熙政権に通底している。相互補完的な反共イデオロギーと発展イデオロギーとは、国家のもとに束ねられた。すなわち国家主義という車の両輪をなすのが反共イデオロギーと発展イデオロギーとであった。

韓国の経済発展は国家主義のもとに推しすすめられ、その経済発展には国家主義的な歪みが刻まれた。経済発展が際立つのは朴正熙政権においてであり、経済発展の歪みが際立つのも朴正熙政権においてである。軍事クーデタによって実質的に政治権力を握った朴正熙陸軍少将はやがて「綜合経済再建五カ年計画」「第一次経済開発五カ年計画」を立て、工業化の推進を企図するが、内資が不足して十分な成果をあげられなかった。そこで朴正熙政権は工業化政策として外資依存の道を選び、資本と技術とを先進資本主義国から導入し、製品をまた外国に輸出して外貨を稼ぐという、輸出指向型工業化をすすめることになった。

2 「経済成長」

たしかに解放後の韓国が長足の〝経済成長〟を遂げたことは種々の指標に示されている。以下、数値に示された韓国経済発展の姿を概観しよう。

国民総生産は、一九五三年=四七九億ウォン（一四億ドル）、一九五五年=一一四五億ウォン（一四億ドル）、一九六〇年=二四四九億ウォン（一九億ドル）、一九六五年=八〇五七億ウォン（三〇億ドル）、一九七〇年=二兆七五一七億ウォン（八〇億ドル）、一九七五年=一〇兆一〇三九億ウォン（二〇九億ドル）、一九八〇年=三七兆三二二億ウォン（六〇九億ドル）、一九八五年=七九兆一七〇四億ウォン（九〇九億ドル）、一九九〇年=一七八兆六二八三億ウォン（二五二三億ドル）というように飛躍的に伸びている。(5)

ひとりあたり国民総生産は、一九五三年=六七ドル、一九五八年=八〇ドル、一九六二年=八七ドル、一九六七年=一四二ドル、一九七二年=三一九ドル、一九七七年=一〇一一ドル、一九八二年=一八三四ドル、一九八七年=三二一八ドル、一九九〇年=五八八三ドル、一九九二年=七四六六ドル、というように、やはり急増が目につく。(6)

また、朴正熙政権以来おこなわれてきた経済開発五カ年計画ごとの年平均経済成長率は、第一次（一九六二～六六年）七・九%、第二次（一九六七～七一年）九・六%、第三次（一九七二～七六年）九・二%、第四次（一九七七～八一年）五・八%、第五次（一九八二～八六年）八・六%と持続的に高い数値を残している。(7)

ただし、これらの〝経済成長〟ぶりにはいくつか留意すべきことがある。

解放後しばらくのあいだ韓国が外国の経済援助を受けていた。米国が韓国に多額の援助を提供した基本的意図は「戦争で破壊された韓国社会を復旧してひきつづき米国資本主義の市場圏に安定的に取りこもうとし、対ソ前進基地としての〔韓国の〕位置を維持してゆくところにあった」[8]といえ、「冷戦対策費用」[9]という性格を有していた。韓国が受けた援助輸入の合計の推移をみると、一九四五年＝四九三四万ドル、一九四八年＝一七億九五九三万ドル、一九五〇年＝五億八七〇六万ドル、一九五五年＝二三億六七〇七万ドル、一九五七年＝三八億二八九二万ドル、一九六〇年＝二四億五三九三万ドルで、一九五七年を境に援助額は減少してゆくが[10]、一九六〇年時点でも多大な援助物資が韓国に流れこんでいたことがわかる。経済援助を別にしても、韓国が経済の相当部分を貿易に依存してきた点も目を引く。国民所得にたいする輸出入の比率は、一九五三年＝一一・九％、一九五七年＝一三・六％、一九六〇年＝一六・二％、一九六五年＝二四・六％、一九七〇年＝三八・四％、一九七五年＝五七・五％、一九八〇年＝六二・四％、一九八五年＝六三・六％と、増大の一途をたどってきた[11]。外国人直接投資と借款との合計額もまた、一九六五年＝四九八〇万ドル、一九七〇年＝四億五四九〇万ドル、一九七五年＝一三億四七五〇万ドル、一九八〇年＝三〇億一五五〇万ドル、と飛躍的に増加している[12]。貿易輸出入全体についていえば、韓国はつねに輸入超過の状態にあり、一九六六年＝四億六六一〇万ドル、一九七〇年＝一一億四八八〇万ドル、一九七五年＝二一億九三四〇万ドル、一九八〇年＝四七億八六八〇万ドル、一九八五年＝八億五二五〇万ドル、と推移してきた[13]。

一九七〇年代に入ると朴正煕政権は工業化政策のなかでもとりわけ重化学工業に重点を置くようになる。製造業にたいする重化学工業（生産）の比率は、一九六四年＝三〇・四％、一九七〇年＝三九・二％、一九七五年＝四七・九％、一九八〇年＝五三・六％と上昇する。この傾向は、国内総生産にたいする重化学工業（生産）の比率をみても同様で、一九六四年＝四・七％、一九七〇年＝八・二％、一九七五年＝一二・四％、一九八〇年＝一五・一％と高まっている[14]。

新興工業諸国のなかで韓国は「他に例を見ない重化学工業比率の高さ」を示した。韓国の付加価値基準の重化学工業比率は、一九七〇年＝三六・七％、一九八〇年＝四九・二％、一九九〇年＝六五・七％に上昇している[15]。

それにひきかえ、第一次産業は衰弱してゆく。国民総生産にたいする農業の比率は、一九五五年＝四五・五％、一九六〇年＝三九・九％、一九六五年＝三七・六％、一九七〇年＝二六・二％、総人口にたいする農家人口の比率は、一九五五年＝六一・九％、一九六〇年＝五八・三％、一九六五年＝五五・一％、一九七〇年＝四四・七％、と下降してゆく。(16) それにともない食料自給率も低下する。一九七〇年には八〇・四％であった食料自給率は一九七五年には七三・〇％、一九八〇年＝五六・〇％、一九八五年＝四八・四％に減少した。(17)

ちなみに階級構成の変遷としては、労働者階級が、一九六〇年＝一三・九％、一九七〇年＝二八・六％、一九八〇年＝三三・一％と増えてきた。失業者は一九六〇年＝六・八％、一九七〇年＝二・二％にまで下がったが、一九八〇年には六・七％と再度ふえている。(18)

たしかに韓国はとりわけ朴正煕政権のもとで〝経済成長〟した。数値上のみならず実体経済においてどこまで成長したといえるのか、どこまで人々の暮らしが豊かになったのかという点で留保が必要であるとしても、ここにある種の実績をみとめるとすれば、それはつぎのように解釈されうる。

韓国の高度成長と急速な重化学工業化を可能にさせた要因として、(1)強い成長志向をもつ国家により五カ年計画などの経済計画が樹立され、選択された戦略産業を中心に急速な産業育成が導かれるという国家主導開発システム、(2)政府に統制され、産業発展という目的に奉仕した金融システム、(3)高度成長と重化学工業化を担った財閥という企業システム、という三つのファクターが重要であろう。これら三つのサブシステムからなる「韓国型経済システム」が朴〔正煕〕政権（一九六一〜七九年）の時代に形成され、高度成長と急速な重化学工業化を可能にさせたといえる。(19)

みられるように、国家が強く主導する産業育成、国家の金融統制、財閥の重化学工業化関与が〝経済成長〟の大きな動因となったといえる。ここからも国家主義のもとに発展が駆動された姿が浮かびあがるだろう。

3　外資経済体制批判

朴正煕政権は輸出指向的・輸出至上主義的外資経済体制をとっていたが、当然これにたいして、民族経済論と呼ばれた理論をはじめ、一群の批判的理論があらわれた。それらは輸出指向的外資経済体制と異なり、自立した再生産構造をもつ枠組みのもとに韓国経済をつくりかえて韓国の経済自立をはかるもので、したがってそこには、韓国経済の対外依存的従属的構造の解明と、それをもたらした政策にたいする批判とがふくまれていた。国民総生産の増大が国民生活を自立させ、民族の生活基盤を堅固にし、国民の経済的福祉を増大させるものだ、という偏見が輸出指向的外資経済体制に附随しており、これが是正されなければならないと民族経済論者はいう。いうなればこれは成長批判論である。経済的自立のないところに政治的自由はなく、国家の独立もありえないのである[20]。

韓国資本主義は、従属的資本蓄積と従属的経済発展とにもとづき「あらゆる外国資本の導入によって成り立った外資経済体制」であり、非自立的経済構造をともなう民族経済歪曲の所産とみなされるが、こうした韓国資本主義を批判する意図のもとに民族経済論が登場する。民族経済論はしたがって従属的資本蓄積と従属的経済発展、対外依存の外資経済体制、非自立的経済構造に対抗して、自立的経済構造を指向する。自立的経済とは民族経済の完成された状態であり、民族経済による全国民経済の統合を意味する[21]。

解放後の韓国軍事政権、とりわけ朴正煕の開発独裁体制にたいしては、かねてより一定の批判があったが、しかしそれらは政権の政策を全面的に否定するものとはかぎらなかった。とうじ朴正煕軍事政権に批判的で、屈辱外交反対運動にも積極的にくわわっていた人々は、一九六〇年代につぎのように書きしるしていた。

中産階級の未発達により、典型的な市民革命を経ることのなかったわが国は、まずは産業化に重きをおかなくてはならないことは疑わないが、そうすることが民主化のよりどころを固めることにもなるのだ。私たちは近代化というのが産業化にほかならないことを銘記し、経済建設に総力をあげ、経済自立を急がなければならず、対日国交正常化もどこまでもこのような姿勢でのぞまなければならない（車基璧《チャギビョク》）。

……六〇年代韓国の関心を惹きつけたのは発展であり産業主義思想である。……こんにち私たちの関心圏にクローズアップされている問題意識は、近代化であり、経済成長であり、工業化であり、技術立国であり、国家発展論であり、民族繁栄論である。……近代化は政治的独立のうえに経済的独立の内容を附与しようとする民族主義のひとつの努力である。後進国の近代化論は一口でいって民族主義の経済的表現であり、経済的民族主義運動である（安秉旭《アンビョンウク》）。

これらは朴正煕軍事政権にたいする批判であるとしても、しかし同時に、産業化や経済開発の意義を強調し、それを民族主義と結びつける論調であったといえる。一九六〇年代の知識人たちの大部分が韓国民族主義の基本的課題のひとつとして産業化ないし経済開発を重視していたという当時の歴史的条件のもとで、このような論調は自然なことであったといえるかもしれない。

右のような見解は、いわゆる内包的工業化論と重なりあうものである。一面で内包的工業化論には、外国資本の導入による経済開発がもたらす経済的隷属の危険性を提起し、従属性と買弁性との克服といった反帝国主義・反隷属を強調する民族主義的要素があった。ここに内包的工業化論と民族経済論とがしばしば重ねあわせて語られる理由があるし、また一部の内包的工業化論者は、当時の経済学者としてはきわめて稀なことながら、経済開発をそれなりに民族の統合という課題と結びつけていた痕跡もみられるという。

けれども基本的枠組みにおいて内包的工業化論は朴正熙政権の外資導入による近代化論や経済開発論、あるいは米国の第三世界開発論とさほど違いはなく、民族経済論と同一視しうるものとは考えられないであろう。内包的工業化論は、外資導入による経済開発と市場経済体制とを前提し、あくまでその枠組みのなかで、基幹産業を優先するか消費財産業を優先するかを論ずるものであった。それはつまり既存体制内部で展開された論調にすぎず、経済構造にたいする根本的な批判ではありえなかったのである。これはまた、とうじ体制のなかで許容されえた反帝国主義・反隷属・反従属を主張する民族主義的傾向の限界を示しているともいえる(22)。

そもそも「韓国経済は分断された経済である」と金俊行《キムジュネン》はいう。韓国経済は「朝鮮戦争による壊滅的破壊、基地国家としての軍部と買弁的保守層の癒着、東西冷戦下の『西側のショーウィンドウ』としての発展」という性格を色濃く有するが、その帰結として韓国経済が「分断された経済である」ことを私たちははっきり意識しなければならないだろう(23)。

4　経済発展の歪み

朴正熙政権のもとでたてつづけに工業団地が建設された。発電や石油精製などを主力とする蔚山《ウルサン》、輸出自由地域が設置された馬山《マサン》、綜合製鉄所が置かれた浦項《ポハン》、機械工業などで国内最大規模の工業団地を擁する昌原《チャンウォン》が、工業化の推進された代表的な地域であるが、これらの地域がいずれも慶尚道《キョンサンド》にあるところに留意すべきである。朴正熙はみずからの出身地である慶尚道に経済発展の原動力となる工業の拠点を集中させ、対照的に全羅道《チョルラド》には農業を固定した。とうぜん慶尚道と全羅道とのあいだに経済的格差が生じ、慶尚道の総地域内生産は全羅道の二・〇六倍（一九七〇年）から二・七二倍（一九八〇年、一九九〇年）に増大した。ひとりあたり総地域内生産をみても、慶尚道は全羅道の、一九七〇年＝一・三八倍、一九八〇年＝一・四四倍、一九九〇年＝一・二四倍、であったという(24)。「このかんの韓国の経済成長が、とくに重化学工業の慶尚南北道への重点的投資によって産業構造に著しい地域間偏倚をもたらし、それにともなって韓国社会の社会階層的特質も地域間アンバランスの拡大として顕在化してきた(25)」ことは、早くから指摘されていた。慶尚道の住民と全羅道の住民とのあいだに感情的な軋轢が生じたのもゆえなきことではない。

さらに経済発展の歪みとして、劣悪な労働条件ときびしい労働統制とがあげられる。たとえばつぎのような労働条件はめずらしくなかった――。朝八時半出勤、夜一一時退勤、徹夜の日もあり、事業主が眠気覚ましの薬を飲ませたり注射を打ったりして二日も三日も昼夜休めない日もあり、月に休日は二日だが守られず、神経性胃腸病や肺結核に罹る人が多いが、事業主が必要となればいつでも出勤しなければならない(26)。

このような劣悪な労働条件にたいし抗議や抵抗が起こるのは当然であるが、おのずと反体制・反政府の傾向を帯びる労働運動や労働争議を、李承晩も朴正熙も強烈に弾圧した。重化学工業にたいする過剰投資がすすんだ一九七〇年代には、軽工業の労働条件がいっそう悪化していった。一九七〇年一一月にはソウルの平和《ピョンファ》市場で、被服工場労働者であった二二歳の全泰壹《チョンテイル》が「勤労基準法を遵守せよ」「われわれは機械ではない」と叫びながら焼身自殺するという出来事が起こった(27)。その後も、全泰壹青年の遺志を継いだ清渓《チョンゲ》被服での労働闘争、東一《トンイル》紡績・半島《パンド》商事・YH貿易などでの激烈な闘争が、つづいて起こった。

こうして対外従属・地域的格差・労働条件などの点で深刻な問題が経済発展についてまわった。丁海龜はつぎのようにしるしている。

まず一九七〇年代はじめに経済的危機が到来した。この経済的危機は、無分別な外資導入と輸出振興政策とによって引き起こされた施設過剰が、一九七〇年代劈頭から迫ってきた対内外需要減退にあってあらわれた景気沈滞として、一九六〇年代の従属的資本蓄積が帰結せざるをえない構造的危機であった。他方で従属的経済発展は、基層民衆の犠牲にもとづいた独占資本中心の発展であったので、一九七〇年代はじめに入ると基層民衆の生活上の要求を噴出させる結果を招いた。低穀価政策に苦しんでいた農民たちが大量に離農し、労働者は低賃金のまま搾取され、都市貧民は不安定な生活基盤のなかで生存そのものを脅かされていた。……朴〔正熙〕政権は一九七〇年代に従属的経済発展をいっそう強化させようとしたのであり、これによって重化学工業が推進される一方、強力な労働統制が布《し》かれたのである。(28)

数多の労働者たちの身を粉にした犠牲のうえに韓国の経済発展は成り立ったのである。

一九八七年の「民主化宣言」、一九九三年の金泳三《キムヨンサム》文民政権発足により、韓国は民主化の時代を迎えたともみなされるが、こうした反共イデオロギーと発展イデオロギーとを束ねる国家主義ないし「右傾半分地形」は容易に解消され清算されるものではなく、これらを解消しないまま金泳三政権は「世界化」すなわちグローバル化の邁進に向かうことになった。

註

(1) 姜禎求『現代韓国社会の理解と展望』〔韓国〕ハヌル、二〇〇〇年、二二二―四頁をみよ。
(2) 金東椿『近代のかげ』三九頁。
(3) 姜禎求『現代韓国社会の理解と展望』二三六頁。
(4) 姜萬吉／高崎宗司訳『韓国現代史』高麗書林、一九八五年、二三二頁。
(5) 李憲昶／須川英徳ほか監訳『韓国経済通史』法政大学出版局、二〇〇四年、七五五頁をみよ。
(6) 崔培根『韓国経済の歴史的認識』〔韓国〕博英社、一九九八年、三七五頁をみよ。
(7) 李大根ほか『あらたな韓国経済発展史』〔韓国〕ナナム出版、二〇〇五年、三九八頁をみよ。
(8) 金仁杰ほか『韓国現代史講義』一七九頁。
(9) 文京洙『新・韓国現代史』岩波書店、二〇一五年、八一頁。
(10) 姜萬吉編『韓国資本主義の歴史』二〇六頁をみよ。
(11) 李大根ほか『あらたな韓国経済発展史』四〇〇頁をみよ。
(12) 金俊行『グローバル資本主義と韓国経済発展』一八〇頁をみよ。
(13) 朴セギル『韓国経済の根と実』〔韓国〕トルベゲ、一九九一年、五一頁をみよ。
(14) 李大根ほか『あらたな韓国経済発展史』四二〇頁をみよ。
(15) 高龍秀『韓国の経済システム』五五頁をみよ。
(16) 金仁杰ほか『韓国現代史講義』三〇四頁をみよ。
(17) 朴セギル『韓国経済の根と実』二二〇頁をみよ。ただし米の自給率はこのかん、九三・一％、九四・六％、九五・一％、一〇三・三％と上昇している。
(18) 洪斗承編『韓国社会五〇年』〔韓国〕ソウル大学校出版部、一九九七年、一〇三頁をみよ。
(19) 高龍秀『韓国の経済システム』五六頁。
(20) 滝沢秀樹『韓国民族主義論序説』影書房、一九八四年、一〇七―一三頁、一六三―八頁をみよ。
(21) 朴玄埰／陳淑恵訳『民族経済論の構成と基礎理論1』同志社大学大学院商学論集第二四号、一九八九年、一四六頁、一四八頁、一五六頁／朴玄埰「統一論としての自立的民族経済の方向」本多健吉監修『韓国資本主義論争』世界書院、一九九〇年、一三〇－二頁をみよ。

(22) 以上、洪錫律「一九六〇年代韓国民族主義の二潮流」『社会と歴史』第六二集〔韓国〕二〇〇二年、一八一－五頁をみよ。

(23) 金俊行『グローバル資本主義と韓国経済発展』六五頁をみよ。

(24) 尹明憲『韓国経済の発展パラダイムの転換』明石書店、二〇〇八年、八四頁をみよ。

(25) 滝沢秀樹『韓国の経済発展と社会構造』御茶の水書房、一九九二年、一八五頁。

(26) 趙英来／大塚厚子ほか訳『全泰壹 評伝』つげ書房新社、二〇〇三年、九〇－五頁をみよ。

(27) 全泰壹については趙英来『全泰壹 評伝』をみよ。

(28) 丁海亀ほか『光州民衆抗争研究』〔韓国〕四季節出版社、一九九〇年、四八－五一頁。

第3章　国家・民族・近代化

1　反共規律社会

「日常を処する生活態度が律せられるのは、経験によってであり、このような経験的意識形態は、『常識』とよばれる[1]」とすれば、解放から朝鮮戦争までのあいだに人々が日々の経験をつうじて否応なく身につけた反共の意識は「常識」であったといえるだろう。解放から戦争にいたる期間に反共が他のあらゆる価値を超越し圧倒するものとして社会生活においてくりかえし再生産されて「擬似国民的価値」の坐を占めていったことを社会学者の曺《チョ》喜《ヒ》昖《ヨン》は論ずる。それは人々に真剣な反省を促すことなく、経験のなかで「常識」として定着したのであろう。反共が大衆を統制し規律化する条件、大衆の内面において一種の自己検閲規制として作用する条件がととのった社会は「反共規律社会」と呼ばれる[2]。身をもって朝鮮現代史を経験してきた世代にとって、その経験は「論理以前のもの」として、「譲歩できない、確信に近い信念」として、人々の内面に染みついたであろう[3]。こうして擬似国民的価値は戦争の過程で徹底的に「内面化」され、反共規律社会は韓国のすみずみに理不盡な基盤を築いていったのである。

疑似国民的価値が経験において常識として定着するとは、反共と分断という現実がたんなる外的現実から内的現実に転化することによって、大衆意識のなかに強力な基礎を築き、そのような大衆の自己規制によって反共規律社会が形成されたことを意味する。あわせて反共の自覚こそが植民地時代に浸透していた社会的諸価値を超えるものだと認識されるようになったことも、大衆に反共意識が広まる要素になった[4]。

「朝鮮戦争が韓国社会に与えたもっとも大きな結果は、国民の心性に及ぼした衝撃である」とするし、朝鮮戦争の絶大なる負の影響力に目を向けるのは政治学者の崔章集である。「戦争の残酷なさまは個々人に直接的な経験を通してもたらされ、共産主義を憎悪する意識を心の底深く植えつけた」のであり、それによって「すべての国民に順応的心性を植えつけるイデオロギー的教化作用がはるかに効果的かつ容易なものとなった」し、国家エリートはこの「順応的心性を植えつけるイデオロギー的教化作用」によって「ほぼ無制限の強権を行使できる正当性」を手中におさめ、「反共イデオロギーが正当性を獲得する」にいたったという[5]。戦争での残酷なさまを目のあたりにして共産主義を憎悪する意識と順応的心性とが人々に植えつけられたとすれば、それは能動的同意であったのか、それとも受動的同意であったのか。この判断には仔細な研究が必要であるとしながらも、政治学者の孫《ソン》浩哲《ホチョル》はつぎのように述べる。能動的同意とは「暴力的圧迫でない完全なイデオロギー的浸透による」同意であり、「一般国民の〝自発的〟共産主義者申告を証拠として」判定される。他方「戦争の理念にたいする被害意識・恐怖意識にもとづく防御的で受動的な」同意、「国家の暴力的圧迫にたいする被害意識にもとづく」同意は、受動的同意とみなされる。受動的同意とは「直接的な経験」として身をもって味わった「衝撃」のような「暴力的圧迫」によって成り立つが、朝鮮民族が近代に経験したその極北が朝鮮戦争である[6]。姜禎求のいう「思想的由来のない極右的政治地形[7]」を可能ならしめたのもこのような恐怖にもとづく防御的で受動的な「同意」、論理以前の順応的心性であり、「思想的由来のない」ありさまとは能動的同意の欠如を示すものである。こうして朝鮮戦争の経験をとおして押しつけられた反共意識と、「沈黙と従順」をもってそれを受け入れる順応的心性とは、もしこれを同意と呼ぶとすれば、受動的同意といわざるをえない。けれどもこれをなんらかの「同意」と呼ぶか否かは、依然として判断の分かれるところであろう。

　このような受動的同意は曺喜昖のいう「反共分断意識」を助長させ、「反共分断意識の過剰社会化」によって反共規律社会が形成されるにいたる[8]。心身に圧迫を受けた人々が理念や道徳や思想とは関係のないところで事柄を身体的感性的に受けとめ、その事柄に抵触する立場を排除する受動的同意は、こうして反共規律社会をささえる基盤となる。解放後朝鮮の〈生存の論理〉を内面化する意識には、跋扈する政治的な反共イデオロギーが物理的な力をもって作用していたといえる。

　のちに一九七二年の朴正熙維新体制のもとでは韓国内の左派にたいする「国民的警戒」が日常化した。維新体制は「疑わしきはみなおそう」「浸透間諜をみつけだし赤化のもくろみを粉砕しよう」という標語で全国民を申告要員に仕立てあげ、全国民が互いを嫌疑の目でみかねない雰囲気をつくりだした。いうなれば思想的に疑いをかけられない「反共国民」だけが国民の資格を得られたのであって、そうでない人々は敵か、さらには獣のように扱われた。そこでは不審尋問が日常化し、人々は居住者として証明されることによって自動的に国民になるのではなく、自分が「間諜でもなく容共分子でもない」ことをつねに立証しなければならなかったのである。このような「暴力的圧迫」によって駆り立てられる先にあった「国民」や「国家」は、韓国の人々にとって〈強要された共同体〉に近いものであったといえる。じっさい一九七〇年代・一九八〇年代の労働者や貧民から共通して聞こえてくるのは、まぎれもなくこの「国民」にたいする疑いの声だったのである[9]。

　「……反共イデオロギーは、社会の既得権益と保守勢力とを結合させるにはきわめて効果的かつ容易であった」が、既得権益のない民衆階層の「支持を獲得するには困難であった」と崔章集はいう[10]。

2　国家主義

植民地下で息づいていた左派運動の流れを汲み、解放直後の南半部は「そうとう左傾化していた」といわれる。この左派的傾向は、なかでも生産手段の所有形態や経済体制とにかんして強くあらわれていた。一般に左派とはみなされない上海臨時政府ですら、その建国綱領には生産機関・運輸・銀行・電信・交通機関・財産の大規模なものは国有化する方針が打ち出されていた。また、ふつう韓国では右派とみなされる当時の韓国民主党についても諸政党の配置のなかで右派と分類されたにすぎず、その経済綱領をみるかぎり左派的といってもおかしくないほどであった。これらのことは、当時の政治的立場が全体的に左寄りだったこと、中道や右派の基盤が脆弱であったことを示しており、孫浩哲はこれを「左傾半分地形」と呼ぶ。ちなみに解放直後に米軍政が一万人の朝鮮人にたいして「資本主義・社会主義・共産主義の体制のうち、どの体制がよいか」という輿論調査をおこなったところ、資本主義との回答が一三%、社会主義との回答が七〇%、共産主義との回答が一〇%であったという(11)。しかしこうしたイデオロギー地形は「米軍政の庇護のもとで抑圧的国家機構を掌握した『右派政権』勢力の国家権力掌握以降、徐々に右傾化し、朝鮮戦争を決定的契機として解放政局の正反対の形態である〈右傾半分地形〉に偏ってゆく」。とりわけ注目すべきは、朝鮮戦争が「それまで李承晩や韓国民主党など『極右勢力』と支配階級にかぎられていた反共・反北イデオロギーを、絶対多数の国民の〈受動的同意〉ないし〈能動的同意〉へと誘導するほどに拡大させ、他方では分断意識を内在化させる決定的契機として作用」させたことであろう。反共・反北イデオロギーと資本主義的発展の道は、朝鮮戦争後一九八〇年代中盤まで、韓国において基本的に疑問の余地のない既定の事実とされた。韓国はこうして反共を国是とし、それに資本主義と民族主義とを融合させた「右傾半分地形」の国家という性格を固めるのである。[12] この「右傾半分地形」は、もちろん人々の自由な深慮にもとづく自発的積極的同意によって形成されたのではなく、前述のとおり外的な強要ないし「暴力的圧迫」によって形づくられた。

反民族行為処罰法が取りざたされていたころ、親日経歴のある知識人らは、たとえばつぎのように発言して、反民族行為処罰の風潮を鎮めようとしたという。

タチの悪い親日分子や、愛国志士を密告したり弾圧したりした悪質分子たちをよりわけて、ぜひとも一罰百戒〔ひとりを厳しく罰して多くの人の戒めとすること〕に治めねばならない。われわれの敵である共産党を北にみて、敗亡からまたもや立ちあがる日本を海の向こうにみるわが国民は、寛容と寛恕をもって互いに理解し和合し、大同団結して、われわれの領導者李大統領の路線にしたがって新生国家建設に一路邁進せねばならない。[13]

この発言で意図されているのは、反民族行為処罰の脈絡において「民族」をみずからの手からもぎとられかけていた親米反共の親日派が、共産党や日本という理解されやすい敵をダシにして「民族」を取りもどすこと、すなわち反民族の汚名をそそぐことである。

民族とは「社会的人種共同体の最高形態[14]」といわれるが、「韓国」国民のみならず、朝鮮半島全体や、さらには中国やロシアの地にすむ同族の人々が同じ民族であるとみなされるべきである。したがって民族が各地に散らばっているともいえるが、朝鮮半島についていえば民族とはまぎれもなく南北の同族を包括する概念である。これにたいし国家という場合には、現状においては、南の大韓民国と北の朝鮮民主主義人民共和国とが別々に語られる。一九四八年以降、朝鮮半島にはこのふたつの国家が樹立され、それらが対立する構図がつくられている。しばしばネイション（nation）としてくくられる民族と国家とが朝鮮半島においては齟齬をきたしているのである。

李承晩大統領以降の軍事独裁政権にあっては北との敵対が自明で最大の政治的方針であった。ここにおいては、敵対する北の国家に対峙する南の国家がなによりも優先されるべき存在であり、全韓国民はすべからく韓国の国家のために尽くすべきことが至上命題であった。このように国家をもっとも重んずる立場、国家に最高の価値を置く立場を国家主義と呼ぶならば、韓国の国家主義は反共をその内実とする。擬似国民的価値である反共を実現するのが韓国の国家にほかならず、韓国の国家こそが反共規律社会にほかならなかった。これらに従わない自由は韓国民にあたえられていなかった。

このような韓国の反共国家主義は国際的な「資本主義陣営と社会主義陣営とのあいだの冷戦的対決の産物」であり、「韓国の国家は朝鮮戦争をとおして構築された」ものでもある。朝鮮戦争はけっして朝鮮半島の南北の国家だけの衝突ではない。じっさい、朝鮮半島で戦争が勃発したら韓国に進駐している「世界最強の友邦・米国」が「助け」に来てきてくれると信じていたといわれるほど「韓国支配層の米国にたいする絶対的依存性」は強かったという[15]。

ところで韓国の国家主義はなにも土壌がないところに起こってきたものではない。朝鮮半島の因襲的社会意識の枠をなす家族主義のうえに解放後韓国の国家主義がなりたっているものといえる。韓国における家族と社会との関連を論じた社会学者の叙述をみてみよう。

> 家における上下の結合原理は、家の内部でその成員を支配するのみならず、家の外部の社会生活や国家生活

までも支配する。……私たちはここに、韓国における官僚の権威主義があれほど根深く形成維持されてきたひとつの要因をみいだしうる……。社会において年齢の要素を絶対視することは、いうまでもなく、家における父子・兄弟の上下原理の延長拡大である。年齢と官職とを権威視する理想は今日でも同じことであるが、ここに私たちは韓国社会の停滞の一要因をうかがい知ることができる。(16)

家族的人間関係において倫理の核心は孝である。孝は百行の根本であり、万徳の根源と思われてきた東洋倫理の根幹である。……そして家族内の孝がほかの社会にも拡大されて敬長・敬老精神としてあらわれ、国家に拡大されて忠と結びつくことによって忠孝がまさに度の時代においてももっとも高く宣揚されてきた私たちの生活規範であった。(17)／このような家族主義的人間関係と道徳規範の発達は伝統社会の秩序維持に寄与したところがきわめて大きい……。

伝統的な儒教社会において生活の基本単位は個人ではなく家族であり、このように序列化された家族が社会的に拡大されたものが国を構成する。東アジアの伝統的な支配形態である家産制は、統治者と幕僚との関係が、父母の権威と子息の服従とにもとづいた家族の拡大形態として特徴づけられる。儒教の核心教理である君臣有義と父子有親とはすなわちこのような家族中心的で国家中心的な家産制的支配にかんしてイデオロギー的土台を提供してきたとみなしうる。こうした国家中心的政治体制は高度の中央集権的国家権力にもとづいて産業化に必要な人的・物的資源を動員するさいに主導的役割を担ってきた……。さらに韓国と台湾では、儒教の忠孝原理は、権威主義支配を部分的に正当化するのに消極的なイデオロギーとしてずっと活用されてきた。資本主義世界市場内で産業化が先立ち［そのあとを］国家が追いかける後発国家のばあい、経済領域での強力な国家介入が不可避であり、この点で国家の優位を強調する儒教原理は国家主導の産業化を推進するさいの文化的土壌を提供してきたものと思われる[18]。

右の社会学的考察をふまえていえば、人々が「上下原理の延長拡大」をはかり、家のなかで機能している人間関係の秩序を家の外に広げてつくりだす世界は、国家として表象されるのではないだろうか。いいかえれば、国家とは異なる社会が韓国には形成されにくかったのではないか。このことは人々が因襲的に受け継いできた家族主義的心性と現代の国家主義とが親和的であったことを示すであろう。

3　民族主義

国家主義的な韓国の政権は、北の人々の存在を承認し南の国民と同じ民族であるとして重んずるような見方を断じて取らず、「南北朝鮮の民族的同質性と民族的アイデンティティ（national identity）の形成を抑制したり、さらには反国家的なものだとしてこれを禁圧したり[19]」するのが常であった。民族を重んずる立場、すなわち民族主義は、朝鮮半島においては必然的に南北の人々を一様に民族として包括することになる。これは、南北を分断し北と敵対することを旨とする李承晩以来の韓国政権の立場とは相容れない。こうして朝鮮半島においては国家主義と民族主義とがするどく対立するのである。

民族主義はなによりも朝鮮民族の一体性を強調し、民族統一を指向する。それは南北に分断された現状の国家を批判し、その解消を指向するのである。分断こそは「民族主義の最大の敵[20]」である。

国家主義は、既存の南北分断体制をもとに、南北の国家対決をおしすすめる。対決するには、自国の国家を政治的・経済的・軍事的により堅固にする必要がある。そのために歴代韓国独裁政権は韓国の経済発展に邁進し、反政府運動を押さえこみ、国内を引き締めて体制の維持強化をはかってきた。南北分断を推進した李承晩は民族主義を鼓吹することがあったが、その政策に民族主義的なものはみいだしにくく、李承晩は民族主義というより徹底した「陣営の論理」ないし冷戦の論理に立脚していたことを歴史家の徐仲錫《ソジュンソク》は論ずる。(21) 国家主義は「陣営の論理」であると同時に、軍事独裁政権を維持強化する「体制維持の論理」(22)であった。そしてそこでいわれる国家とは分断国家にほかならなかった。

分断国家体制のもとで南北がおのおの自国の国家を最優先する姿勢をとるとすれば、おのおのが国家主義を実践することになる。おのおのの国家主義は、それぞれ自国の正当性を主張し、相手方を非難する。こうして南北ともに分断指向が強まり、保守化し、現状維持が固定されてくる。

これにたいし民族主義は、なによりも南北朝鮮をひとつのものとして把握する。そこでは、現時点での南北分断は解消されるべきもの、乗り越えられるべきものとみなされ、あくまで統一が指向される。「分断および南北朝鮮のイデオロギー的対立は、韓国資本主義の独自の発展を追求する反共主義と、それをこえて統一民族国家を樹立しようとする民族主義に二分されたといえる」(23)が、これらは国家主義と民族主義との二分に等しい。「社会的人種共同体の最高形態」としての民族が追求されるのは、ことの自然であり、それを妨げる現在の南北分断国家は民族共同体すなわち統一国家のもとに解消されなければならないであろう。

なお朝鮮半島における植民地時代から解放後にかけての民族主義の焦点は「民族国家建設の指向すなわち南北統一の指向、植民地体制の清算すなわち脱植民地の指向、そしてこのふたつの課題を達成するために意図的に民族意識を強調し昂揚させる行為」にしぼられると徐仲錫はいう。(24) 韓国において「植民地体制の清算」は従前より論点となっていた最大級の課題である。のちにとりあげる「過去事」整理は、統一と民族共同体の成就とを妨げてきた反共国家主義を清算するものといえるだろう。

長いこと韓国では民族主義が、その他の社会変動、代表的な例としては近代化と、切り離されてきた。「西欧の近代化は民族主義を基盤として起こってきたというように民族主義と近代化との関係を説明できるが、韓国においては民族主義は民族主義として、近代化は近代化として、分離してあつかわれてきた」のがふつうであり、一部の学者が民族主義と近代化との関連に言及したとしても、そのような主張は西欧思想の移植にすぎないと批判されるだけであったという。(25)こうして民族主義を抜きにして近代化だけがさかんに取りざたされ、その後の経済状況の変化や南北関係の推移のなかで民族主義は取り残されてきた。けれども過去事整理が果たされ、植民地体制が清算されてこそ、韓国の近代化は完成に向かうのであり、そのためにも民族主義の再定位がもとめられるであろう。

4　近代化論

李承晩政権も朴正熙政権も親米反共の国家主義を国是とし、これを基盤として、そのうえで国家の近代化をはかった。けれどもその近代化は、もっぱら経済の近代化、すなわち資本主義経済の発展を意味していた。そして、この経済の近代化と親米反共とを結合して強力に推進するためにも国家権力が動員された。ときの批判的社会学者のひとり韓完相《ハンワンサン》は、つぎのようにしるす。

七〇年代以降、産業労働者とともに中間階層とりわけ新中間層も大きく成長するようになったが、かれらも労働者層もみな国家が成長イデオロギーに包摂し統合しようとした。そして成長の剰余価値の一部を市民社会の上層部にわかちあたえることによって、この上層部を体制内化しようとした。ことにブルジョワ層を政経癒着のメカニズムにしばりつけ、〔ブルジョワ層の〕体制内化にあるていどの成功をおさめもした。(26)

こうして経済成長という経済的近代化とひきかえに民主化という政治的近代化は大幅に遅れることになる。解放後の韓国ですすめられたのは概して「受動的近代化、または保守的近代化」にほかならない。(27)とりわけ朴正熙政権は近代化を経済的近代化に押しこめ、政治的近代化や文化的近代化など、他の近代化を削ぎ落とした。そこでは「近代化」の意味が矮小化されたのであり、これにたいする批判は、一九七〇年に大学人によって提起されている。

わが国で六〇年代から叫ばれている「祖国近代化」という言葉をよく読むとそれはすなわち以前より経済的状態がよくなることを意味している。……問題は近代化がすぐさま経済成長であるかのように誤解されているところにある。近代化は、経済のみならず政治・文化・社会制度や組織・態度・生活様式など、社会の各部門とさまざまな次元において起こりうる包括的な変化なのである。……要するに近代化過程は包括的で複合的なものなので、経済成長がすぐさま近代化であるという前提には問題がある。また経済的近代化が自然に他のすべての部門や次元の近代化をもたらすという考えにも無理がある。(28)

ここで批判されている近代化論は、朴正熙政権下であるていど人々のあいだに浸透していたと思われる。経済成長のためであれば自分の自由が犠牲になりうると信ずる知識人も多かったようで、経済成長があたかも時代のイデオロギーとなっていた感がある。そして経済成長のためには権威主義的社会統制が不可避とみなされ、朴正熙の政治運営は批判しながらも、経済成長はつづけなければならないという立場が支持されていた。

経済発展を目指す国は往々にして近代化を看板に掲げるであろう。けれども近代化とは従来、得てして欧米化にほかならなかった。たとえ近代化と欧米化とが同一でなくとも「先進国の資格で後進国の発展をみるもの」にほかならなかったことを金晋均《キムジンギュン》は指摘したうえで、つぎのようにしるしている。

近代化論は合理性の成熟性を前提し、その成熟性の測定を西欧的経験に依拠して呈示するため、この理論的視角を後進国に適用すればするほど〔後進国に〕合理性の尺度に当てはまる社会構造への転換を要求することになり、それは結果的に〔後進国が〕西欧化の道を歩むことであるが、後進国の立場でみれば近代化論と発展論とは結局、欧米先進産業主義（韓国においてはとりわけ米国の資本主義）に依存する（もしくは従属する）発展を展開しようとすることである。(29)

さらに、近代化が全体として韓国に根づいていないことも批判される。韓国を代表する社会哲学者の車仁錫《チャインソク》はつぎのように二〇世紀末の韓国社会を診断した。

世界史は人間の自己解放の歴史である。文化の発展は人間の自由の進展に比例する。中世美術とルネッサンス美術の違いがこのことをよく表わしている。韓国の文化も例外ではなく、やはり世界史の流れのなかで変化を蒙るであろう。けれども今の状況は発展ではなく、近代化がしっかり定着していない状態である。脱伝統過程で廃棄されるべき古くさい価値が資本主義の否定的傾向と親和性をもっているため、韓国社会は自律性の段階を経ることなく二一世紀に向かうという局面にある。(30)

欧米諸国を先進国とみなしてきたアジア諸国は往々にして欧米を模倣することが近代化であると思いこみ、やみくもにその模倣に邁進し、しばしば歪んだかたちで近代化がすすめられることがあった。韓国でも日本でもおのおの歪んだ近代化が問いなおされているのは、ゆえなきことではない。

註

(1) 石井伸男『社会意識の構造』青木書店、一九八六年、九六頁。
(2) 曺喜昖『韓国の国家・民主主義・政治変動』〔韓国〕當代、一九九八年、九二―五頁をみよ。
(3) 金東椿『韓国社会科学のあらたな模索』〔韓国〕創作と批評社、一九九七年、七九―八〇頁をみよ。
(4) 曺喜昖『韓国の国家・民主主義・政治変動』九四―五頁をみよ。
(5) 崔章集『韓国現代政治の条件』一一頁をみよ。
(6) 孫浩哲『現代韓国政治 理論・歴史・現実 1945-2011』〔韓国〕イマジン、二〇一一年、二一七頁、二二一頁をみよ。
(7) 姜禎求『現代韓国社会の理解と展望』二三一頁。
(8) 曺喜昖『韓国の国家・民主主義・政治変動』九四頁をみよ。
(9) 金東椿『近代のかげ』一八七頁―九九頁をみよ。
(10) 崔章集『韓国現代政治の条件』一一八頁をみよ。
(11) 以上、孫浩哲『現代韓国政治』二一六頁をみよ。なお「一九四六年八月に米軍政庁輿論局が国民八四五三人を対象に実施した輿論調査では『資本主義一四%、社会主義七〇%、共産主義七%、わからない八%で、左翼的理念の選好度がじつに七七%』に達した」という。曺喜昖『韓国の国家・民主主義・政治変動』九一頁をみよ。
(12) 孫浩哲『現代韓国政治』二一六頁―七頁をみよ。
(13) 金東椿『近代のかげ』一八四頁。
(14) 朴玄埰「分断時代韓国民族主義の課題」四七五頁。
(15) 金東椿『近代のかげ』一〇九頁、一九〇頁をみよ。
(16) 崔在錫『改訂 韓国家族研究』〔韓国〕一志社、一九八二年、二一九―二二一頁。

(17)　裵龍光「東西洋規範文化の変化にかんする社会学的研究」韓国精神文化研究院『韓国社会の規範文化』〔韓国〕一九八三年、六六頁。
(18)　金皓起『現代資本主義と韓国社会』〔韓国〕社会批評社、一九九五年、二六七頁。
(19)　金東椿『近代のかげ』三三七頁。
(20)　安賢洙「民族主義と民主主義、そして統一」京畿大学校民族問題研究所『民族問題研究』第九集〔韓国〕二〇〇一年、一一三頁。さらには、分断によって個人の自由が侵害され学生運動や労働運動が制約されることを思えば、分断は民主主義の最大の敵でもあると安賢洙はいう。
(21)　徐仲錫「李承晩大統領の反日運動と韓国民族主義」成均館大学校人文科学研究所『人文科学』第三〇集〔韓国〕二〇〇〇年、三一八―二〇頁をみよ。
(22)　崔章集／中村福治訳『現代韓国の政治変動』木鐸社、一九九七年、一七九頁。
(23)　金東椿『近代のかげ』二五九頁。
(24)　徐仲錫「李承晩大統領の反日運動と韓国民族主義」二九三―四頁をみよ。
(25)　徐仲錫「民族史学と民族主義」宋建鎬ほか編『韓国民族主義論』〔韓国〕創作と批評社、一九八二年、二九三頁をみよ。
(26)　韓完相「韓国における市民社会・国家・階級」韓国社会学会・韓国政治学会編『韓国の国家と市民社会』〔韓国〕ハヌル、一九九二年、一七頁。
(27)　崔章集『現代韓国の政治変動』一〇〇―一頁。
(28)　金璟東『発展の社会学』〔韓国〕文学と知性社、一九七九年、七三―四頁。
(29)　金晋均『韓国の社会現実と学問の課題』〔韓国〕文化科学社、一九九七年、一八八頁。
(30)　車仁錫／拙訳『脱伝統の文化』北海学園大学学術研究会『学園論集』第九九号、一九九九年、一九頁。

第4章　一九八〇年光州

1　光州《クワンジュ》民衆抗争の経緯

朴正熙が暗殺されたのが一九七九年一〇月二六日、その後一二月一二日にクーデターによって実権をにぎった全斗煥《チョンドゥファン》を中心とする陸軍士官学校一一期の軍人たちは、軍部のみならず社会の全分野を掌握した。軍部は兵営復帰の意思を表明しながらもクーデタののち翌一九八〇年五月はじめまで影響力を増大させていった。一九八〇年四月一四日には全斗煥が中央情報部長まで兼任することが公にされ、これで全斗煥が政治的野望をもっていること、軍部が強硬に権力掌握をくわだてるであろうことは、だれの目にもあきらかになった。軍部によって占拠された政権における再度の非常事態発生を憂慮した民衆勢力は、朴正熙暗殺以来しかれていた戒厳令の解除のために組織的な活動をすすめた。大学教授や宗教指導者や作家たちも戒厳令解除の請願書に署名した。さらに五月一九日には国会議員たちも戒厳令解除要求議案の議決を宣言した。

一九八〇年三月以来、全国で約三五万人の学生が、大学と政治とを民主化する運動に参加していた。五月一三日にはソウルの学生たちが大学から街に出て「民主化大行進」をおこない、五月一五日にはその熱気が最高潮に達したが、翌一六日には、軍部スパイの浸透を学生が懸念し、全国大学総学生会長団は学内および街頭でのデモをすべて中断し、政局を見守ることにした。そのようななかで光州の全羅南道《チョルラナムド》学生運動指導部は一六日もデモ決行の方針をとり、参加者は三万人にふくらんだ。

五月一七日、今後の行動を協議していた学生指導者たちの会合を粉砕すべく軍がソウルの梨花《イファ》女子大学に侵入し、多数の学生を逮捕し連行していった。学生のみならず、大学教授や政治家たちも逮捕の対象となった。米国のジャーナリスト、マーク＝ピーターソンによれば、ソウルの大きな大学には黒いベレー帽をかぶった空輸部隊が配置され、この空輸部隊は簡易テントを設置して効果的にデモを鎮圧したという。ただ、光州の大学キャンパスでのデモ鎮圧作戦は一足遅れ、全体として失敗した。そのためのちに光州ではソウル以上に強力な鎮圧措置がとられることになる。一七日夜には金泳三・金鍾泌《キムジョンピル》・金大中が逮捕され、深夜〇時に非常戒厳令が全国に拡大された。

政府がもっとも憂慮していたのは、首都ソウルで学生の闘争が展開され、動揺した政治家たちが学生の主張に同調する事態であった。そうなれば新軍部と行政府内の強硬派たちがやがて孤立の危機に立たされるからである。そこで軍部は、自分たちの孤立が決定的になり民衆がおおぜい立ち上がるまえに、先制攻撃として五月一七日の戒厳拡大措置をとった、と解釈されることが多い。

さて光州では五月一八日朝八時、戒厳軍の休校令で大学が休みであるにもかかわらず、全南《チョンナム》大学に集まってデモをはじめようとした学生たちを、光州に投入されていた戒厳軍が鎮圧する。この鎮圧は、学生の投石行為をきっかけに、それにたいして戒厳軍が応酬するなかで引き起こされた事態だとされていたが、東亜《トンア》日報記者であった金《キム》ヨンテクによれば、このとき学生たちはまったく投石しておらず、戒厳軍が学生にたいして一方的に暴行したという。この鎮圧、とくに全南大学生にたいする暴行は噂となって光州市一帯にひろがり、また金大中逮捕の情報がさらに光州民衆を刺戟《しげき》して、二〇〇〇余人の青年が戒厳令撤廃などをもとめて同時多発的なデモをはじめた。午前一〇時には空輸部隊が投入され、市内のいたるところで流血の鎮圧がおこなわれた。この日のデモ鎮圧や軍部の暴行にかんする翌一九日のMBC放送の誤報にたいし、光州民衆は不満をいだいたという。

光州民衆のデモは一九日もつづくが、この日は午前から学生や民衆と空輸部隊とのあいだで投石戦が拡大し、時間がたつにつれてデモに加わる群衆は急速にふえていった。そこに参加したのは、青年、学生、零細企業の労働者、食堂従業員、友人や親族を戒厳軍に虐殺された人々などであった。このとき「朝鮮《チョソン》大学民主闘争委員会」「光州市民民主闘争委員会」の名で出された二種類のビラが光州市内で配られ、事実を知りたがっていた光州民衆にとってそれらのビラはコミュニケーション機能を果たしていたといわれる。

二〇日は、犠牲になった学生の話が掲載された無数のビラが道で撒かれ、民衆のデモはますます激しくなった。光州市にある全羅南道庁前で四万から五万の人々がデモをおこない、戒厳軍の発砲によって死亡者がおおぜい出た。午後五時半にはタクシーやトラックの車輛デモ隊が形成され、さらにMBC・KBSの光州放送局と税務署とにたいしてデモ隊が放火した。

二一日には学生二名が全羅南道知事にたいして、全南北戒厳所長と光州民衆代表との直接交渉などを要求したが、話し合いは物別れに終わり、むしろ逆に軍の自衛権がみとめられる結果を招いた。これに対抗すべく光州民衆は武装をはじめた。午後一時ごろ、デモ群衆は警察と予備軍の武器庫から武器を奪い取り、この人々は市民軍（民衆軍）というあらたな形態のデモ隊を形成した。午後六時、空輸部隊は光州市の外側に撤収し、夜一一時には市民軍が道庁をはじめ光州一円を掌握した。他方、戒厳司令官は光州抗争についてはじめて「不純分子の策動」という談話を発表した。

二二日昼一二時には全羅南道庁前で第一次市民決起大会がひらかれた。このころには交通・電話・新聞をふくめ他地域からの情報媒体が途絶したため、光州市は無政府状態になっていたという。戒厳軍の撤退により道庁は民衆の手に入り、道庁内では収拾委員会・学生収拾委員会・負傷者治療対策班・銃器回収班・治安秩序維持班などが形成され、光州民衆が組織的に動くようになった。また道庁内では以後の抗争について意見の相違が生じていた。おもに知識人や学生たちは、市民軍の武器を回収し、軍との交渉によって事態をはやく収拾しようとする立場をとった。他方で労働者や都市貧民層の人々には、せっかく光州から戒厳軍を追い出したのだから最後まで闘争して光州を守り民主主義をかちとるべきだという決意がみられた。このふたつの立場の人々は二三日以降、道庁内でなんども会議を重ねることになる。

二三日朝には、停止していたKBSラジオ放送が再開されたが、放送は依然として光州での衝突の責任は民衆側にあるという論調で、民衆の降伏を呼びかける内容であった。あわせて、当日午前中に国軍総合病院や警察署などに武器を返せば責任を問わないという戒厳司令部の発表も放送された。ラジオ放送では、空輸部隊の民衆にたいする暴行は報道されず、すべての責任が光州民衆の武装に帰せられていた。三日をすぎても抗争が全国にひろがる兆しがみえず、民衆のなかに、こうした事態に耐えているのは光州だけではないかという不安が生まれはじめた。武器回収派は、みずから武器を返せば犠牲はこれ以上ひろがらないはずだという安全優先の立場をとったが、闘争派は、われわれの要求が通っていないいま武器を手放せば多くの民衆の犠牲を無にすることになる、とゆずらなかった。結論が出ないまま両者の対立は深まっていった。二四日も戒厳軍は武器を返すように要求し、民衆側は道庁前で市民決起大会をひらいた。

二五日夜、武器回収派と闘争派との対立は、闘争派の勝利で決着をみた。事態収拾のために武器回収の動きもあった道庁内は、最後まで抗戦する雰囲気に変わってゆき、この日おこなわれた第二次全市民決起大会で読みあげられた決起文には、つぎのようなくだりがあった。

……私たちはなぜ銃をとるしかなかったのか。答えはあまりに簡単です。あまりにも無慈悲な蛮行をこれ以上みているわけにはゆかず、銃をとって乗り出したのです。……戒厳当局は一八日午後から空輸部隊を大量に投入し、市内いたるところで学生や若者に無差別殺傷をほしいままにしたのだ！　……私たちの父母兄弟が無惨にも大剣に刺され、耳を切りとられ、かよわい女子どもたちは胸を刺され、とても口ではいえない無慈悲で残忍な蛮行がしでかされました。……さらにおどろくべきことに、二〇日から戒厳当局は発砲命令を下し無差別発砲をはじめたのです。この街を守ろうとこの場にお集まりのみなさん！　こんな状態で私たちにできることはなんでしょうか。私たちはどうすればよいのでしょうか。……私たちはこれ以上やられるわけにはゆきません。だから私たちは、この街を守り、父母兄弟を守るために、手と手に銃をとったのです。それでも政府と言論〔機関〕は、ずっと〔私たちを〕不純の輩・暴徒としているのです。……私たち市民軍はあらゆる妨害にもかかわらずみなさんの安全を最後まで守ります。また〔当局との〕交渉が適切な方向にすすめば、ただちに私たちは銃を手放します。一部には私たち市民軍にたいする誤解が多いようです。……私たち市民軍をぜったいに信じて、積極的に力を貸してくださるよう、お願いします。[1]……

他方、崔圭夏《チェギュハ》大統領は光州民衆に向けた談話を発表し、そこでは、銃器所持者を暴徒ではなく青年と呼びなおすなど、なるべく光州民衆を刺戟しない表現がとられていた。また戒厳軍が死亡者は一四六名であると発表したのもこの日であった。

二六日午前五時、ついに戒厳軍は道庁の光州民衆にたいし最後通牒をつきつけ、光州は緊張につつまれたが、抗争指導部はそこで最終的抗戦を決意した。武器をかまえて道庁内にたてこもっていた学生や青年たちは死を覚悟せざるをえない状況に追いこまれたのである。戒厳軍が光州市の労働振興院まで前進し待機しているあいだ、民衆側は「八〇万光州決起文」を発表し、抗争にくわわらない一般市民の助けを呼びかけた。

二七日未明の午前三時三〇分、戒厳軍は市内を全面攻撃し、午前五時には市内主要機関を占拠した。抗争の拠点であった全羅南道庁も戒厳軍に掌握され、このとき一七名が死亡し、二九五名が連行された。こうして一〇日間にわたる光州民衆抗争は幕をおろしたのである。(2)

2　抗争の社会経済的背景

一九四八年の韓国建国以来、李承晩・朴正熙・全斗煥らの歴代独裁政権が反共国家主義をもって民衆を抑圧統治してきたことはすでに述べたが、本質的に光州民衆抗争は、当時の韓国社会の政治経済的状況を背景に一定の普遍性をともなって生じた出来事であり、「たんに八〇年五月に光州で偶発的に発生した〝突出事件〟ではない」。「……過去数十年のあいだ推進してきた従属的で民衆排除的な資本蓄積と関連した〝階級矛盾〟と〝民族矛盾〟、地域的不均等発展と地域差別による〝地域矛盾〟、……〝分断矛盾〟、これらの現象的・政治的表現であった民主‐反民主の対立など、韓国社会の構造的諸矛盾が特定の局面で凝集して爆発したのがまさに五・一八」であるといえる。(3)朴正熙の一八年間にわたる独裁体制が解消されたはずの一九八〇年は民主化勢力にとって、民主主義の実現、韓国の〈春〉の到来を意味していた。したがってまた、全斗煥に率いられた新軍部が国会に進出し、反共・安全保障を旗頭とする権力的統治をすすめていったことが、民衆の目には民主主義の否定と映ったにちがいない。当時これにたいする民衆の抵抗は韓国内のどの地でも起こる可能性があったはずである。

もちろん、これほど大規模な民衆抗争が光州で起こったことについては、韓国経済の不均等発展による全羅道民衆の疎外意識と被害意識とが考えられる。朴正熙は経済開発政策においても人材登用においても自身の出身地である慶尚道をいちじるしく優遇し、また工業化はもっぱら慶尚道に集中させ、これと対照的に全羅道には農業を固定するという地域偏向的経済政策がとられた。こうして一九六〇年代以降の韓国近代化は偏頗《へんぱ》的に推進されたのであり、それを受けて「……光州民衆抗争という特定地域に局限された血染めの経験は、その後〝地域感情〟〝地域主義〟という呼びかたで政権に利用されもしたし、〔光州民衆の〕被害意識が歪曲されて突出もしたため、韓国民主主義の正常な発展を歪曲させた重要な要素として作用してきたこともまた事実である」(4)ともいえるであろう。

けれども光州民衆抗争はたんなる一都市の地域的抗争として説明されうるものではない。このことを示すものとして「ソウル駅回軍」とよばれる出来事をあげておこう。全斗煥の中央情報部長就任によって新軍部の権力掌握が予想されたため、それに反対すべく五月一四日正午にソウル市内の大学生七万余人がいっせいに全面的な街頭デモをはじめた。これは光州民衆抗争がはじまる四日前のことである。翌一五日にはソウルだけでも一〇万の大学生が街にあふれ、地方の二六大学も同時に闘争を開始した。ソウルの大学生たちはソウル駅前の広場に集結し、連座デモをおこなって全斗煥一派と崔圭夏政権とを糾弾した。ところが、この連座デモの最中に軍兵が移動しているとの市民情報が寄せられ、学生たちは軍部の投入に不安をおぼえた。各大学の学生会長らが会合をひらき爾後の対策を協議した結果、いまのように「市民の呼応がすくない状態で深夜に軍部と衝突するのは望ましくない」との理由で、デモの中止を決定した。指導部のこの決定によって学生たちは大学や家にもどり、ソウル駅広場でのデモはまたたく間に消えてしまったのである(5)。これが「ソウル駅回軍」とよばれる出来事であるが、孫浩哲は、デモ中止の決定は学生側の戦略上の「決定的な過ちであった」とし、つぎのように述べる――もしソウル駅で学生たちがデモをやめなかったら、この闘争はすくなくとも光州での抗争より勝利の確率がはるかに高く、かりに敗北したとしても、その衝撃は光州抗争とはくらべものにならないほど大きかったはずであり、また支配

勢力が光州抗争を特定の〝地域問題〟として扱おうとすることも不可能だったであろう、と。(6)

光州民衆抗争をひきおこすにいたった社会経済的要因をあと二点ほど補足しておこう。

第一点としてあげるべきは、経済にあらわれた「韓国社会の構造的諸矛盾」、いわば韓国資本主義の歪みである。一九七〇年代の韓国資本主義は、低賃金と絶対労働時間の長さと民衆排除とを特徴とする従属的資本蓄積の要素を色濃く有していた。そのため、民主化要求や自由民主主義を受け入れつつ国際競争力をつけて高度の資本蓄積を持続させる能力、いうなれば「改良の物的土台」をそなえていなかった。(7) そのうえ一九八〇年の韓国経済は、農業や製造業の不振と第二次石油危機とによって、一九六〇年代以来はじめてマイナス成長を記録した。朴正熙暗殺後の政治的不安定によって内外の投資が鈍ったことも経済危機に拍車をかけた。もともと成長至上主義の工業化を推進すべく「成長優先、分配はあとまわし」の政策をとってきた韓国では、とりわけ都市部に厖大《ぼうだい》な貧困労働者層をうみだし、都市貧民による労働運動も一九七〇年前後から顕在化していたが、一九八〇年の不況下で都市労働者層が民主化運動をすすめる主体となりえたのである。

第二点には、労働運動ないし民主化運動の形成が指摘される。造船・自動車・機械などにみられる一九七〇年代の重化学工業化は大工場での生産活動をもたらし、同時に数千人・数万人の労働者たちの強力な団結を可能にした。労働者たちは、のちにふれるような弱点をかかえながらも、しだいに権力に対抗しうる労働運動の長期的戦略を立ててゆく。ただし農民運動にかんしては事情がやや異なる。しばしば一九七〇年代に農民運動が活発化したといわれるが、そこにはカトリック農民会・基督教《キドッキョ》（プロテスタント）農民会のような宗教団体が積極的に関与しており、宗教者や知識人が運動の中心となっていたようである。たとえば一九七六年から七八年にかけてくりひろげられた「咸平《ハムピョン》さつまいも被害補償運動」の過程で光州の北東天主教《チョンジュギョ》（カトリック）教会で断食籠城がおこなわれたが、そこに参加していた生産農民はわずか二名であったという。このように農民運動において主体とはなっていなかった農民たちは、一九八〇年の光州民衆抗争のさいにも街頭デモさえ実行できなかったのが実情であり、こと農民運動にかんしては広範な農民が参加する自主組織の形成が課題であったといわざるをえない。(8) それでも都市労働者層や知識人・宗教家たちのあいだで、このころ民主化をすすめる民衆運動が組織されていった。

このような社会経済的要因が重なり、支配権力と対峙する民主化運動の主体が形成され、光州民衆抗争が誘発されるにいたった。しかし、それと同時に、以上の経緯は光州民衆抗争で民衆が敗北した理由をも示唆しているであろう。

3　民衆運動の課題

光州民衆抗争に代表される民主化運動で主力となっていたのは、学生と知識人、および都市貧困労働者層であった。つまり、韓国で増大しつつあった中産層が民主化運動にたいし消極的な態度をとっていたのである。中産層の人々は一九八〇年に、「市」の居住人口の一八・六%であったとされるが、この人々は政治的立場としては保守的であり、中小企業家とおなじように、民主化を望みつつも学生たちの闘争を傍観するだけで、むしろ経済恢《かい》復のための政治的安定を支持していたと思われる。(9) もともと中産層という概念は韓国社会において固有の経緯のなかでつくられたものといわれる。国民に生活水準向上を実感させて政権の支持を高めることに固執した朴正煕政権は、その経済成長政策の一環として「中産層社会」を喧伝し、この「中産層社会」によって社会統合を果たそうとした。中産層という言葉は、たんなる経済的基準にもとづく階層区分とは異なり、個人の社会的認知と帰属意識とがふくまれる概念、階級上昇・地位上昇が刻みこまれた概念なのである。(10) このような中産層の人々は民主化運動とは距離を置いていた。

おもに学生と知識人と貧困労働者層とが抗争の主体となり一般市民の広範な参加が得られなかったために抗争が社会全体に浸透しなかったことが光州民衆抗争の敗因のひとつと思われる。たとえば光州の「抗争に参加していた主体が、労働者・農民・都市貧民・学生・良心的知識人など全民衆の団結した力の結集であった点で、以後の各階級・階層の自覚と組織化の契機をあたえた[11]……」という記述は、はしなくも抗争の担い手として光州市民が加わっていなかったことを物語っている。光州での抗争が市民抗争や市民運動ではなく民衆抗争と呼ばれるのも、このためである[12]。

また労働組合運動が、光州民衆抗争以前には労働者の民主化意識をじゅうぶんに育成していなかったことも指摘される。一九七〇年代の労働組合運動（民主労組運動）は「一部の例外がなかったわけではないが、たいていは、抑圧的政治権力との闘争を回避したまま、もっぱら経済的権益向上の虜になっていた。権力にたいする抵抗はいたずらに弾圧を呼ぶだけだという考えがとうじ民主労組を支配していた[13]」とすれば、光州民衆抗争にさいして労働組合の支援が得られなかったことは容易に想像できる。これが先にふれた労働者層の弱点である。

4　光州民衆抗争の綜括

光州民衆抗争は、一九八〇年前後にたてつづけに起こった反体制抗争、すなわち一九七九年一〇月に釜山《プサン》と馬山とで発生した釜馬《プマ》民衆抗争、一九八〇年三月から五月にかけての一連の大規模学生デモ、学生たちの行動に刺戟を受けた労働者八万余人による各地のストライキなどの反政府民主化抗争を受け、これらを極限化した抗争であったといえるだろう。

光州民衆抗争について孫浩哲は総括的につぎのようにしるす。

朝鮮戦争以降の韓国現代史における最大の悲劇が「八〇年五月の光州」であることには議論の余地がない。不当な国家権力に対抗して自衛権として起こり、惨憺たる敗北に終わった〈五・一八光州民衆抗争〉は、いまや政府の場においても……韓国「民主主義の土台」となった「民主化運動」へと、歴史的に復権した。とくにこの抗争は……八〇年代後半以降すすんできた「民主化」と文民政府の登場とを可能にしたのみならず、「外勢」〔外国勢力〕と韓国社会の「構造的矛盾」の認識においてひとつの断絶を突きつけ、朝鮮戦争以来事実上、姿を隠してきた「進歩的民衆運動」の復元をもたらした点で、歴史的意義が大きい。すなわち五・一八以降、韓国社会は過去の韓国社会ではないし、好むと好まざるとにかかわらず韓国をみわたす目はもはや過去の目ではありえない。この点でだれも五・一八から自由になることはできない。(14)

韓国社会の「構造的矛盾」をみせつけられた韓国民の目には、光州民衆抗争を力で制圧した全斗煥は批判の対象でこそあれ支持の対象とはなりえなかった。「一九八〇年〈光州事態〉において民主化を要求した良民を無差別に虐殺した責任がある中心的軍部勢力が官僚的権威主義体制を継承するや否や、体制の正当性にたいする大衆の信用は地に落ちた」のである。強圧的暴力的な全斗煥政権によって政治の近代化すなわち民主化の進展はまたもや阻害され、光州民衆抗争を境に民衆勢力も労働組合も解体を余儀なくされた。民衆勢力が息を吹きかえすには「一九八〇年代中盤に始まる韓国の民主化」を待たねばならなかった。(15)

果たして一九八〇年代後半に入ると韓国民の民主化意識は一定の進展をみせる。そのことは、一九八六年一一月にソウル大学社会科学研究所が一一八二人の韓国民にたいして実施した面接調査の結果にもあらわれている。

問い「最近の学生デモをどう思いますか」

純粋な動機で民主化を追求している　……………………一一・五％

おおむね民主化が目標である　……………………………四六・三％

……

問い「学生デモはどのように解決するのが望ましいと考えますか」

対話をとおして解決の方法をいっしょに模索すべきだ　……………六六・〇％

学生たちの主張をおおいに斟酌すべきだ　……………………一五・七％[16]

学生運動が民主化を目指していることを約六割の人々がみとめており、八割を超える人々が、学生たちの主張に耳を傾けるべきと考えていたことがわかる。

このソウル大学の調査では、つぎのふたつの意見のうちの賛同する立場についても集約されている。

甲「高度経済成長政策をひきつづき推進すべきだ」……………………一五・八％

乙「成長速度をゆるめてでも経済の安定を追求すべきだ」…………八三・八％

甲「経済成長のためには農業に負担をあたえてでも工業化をひきつづき推進すべきだ」…二五・〇％

乙「工業化の速度をゆるめてでも農業により大きな比重を置くべきだ」……七四・〇％[17]

これは朴正煕政権以来の工業化による経済成長政策にたいする批判のあらわれであろう。このような国民の批判意識が形をなしてくるのも一九八〇年代後半のことといえる。

5 米国

もうひとつ光州民衆抗争のおおきな敗因といわれるのが、米国の対応であった。韓国民衆のなかには民主化の実現において米国の援助が得られるとみなす向きがあり、光州民衆抗争中の五月二五日に戒厳軍側との交渉がもはや不可能となったときにも、抗争指導部は円満な解決のための米国の介入を期待していた。ところが駐韓米大使グライスティンは、米国が関心をもって光州を注視しているとしながらも「われわれにできることはなにもない」と述べ、米国には介入する意思がないことをあきらかにした。それどころか米国は、みずからの指揮下にある歩兵師団の光州移動をみとめ、戒厳軍の武力鎮圧に手を貸したのである。これに光州の学生たちはおおきな失望をおぼえ「もはや米国はわれわれの味方ではなく独裁者全斗煥側についた」と認識をあらためることになる。米国がはっきりと韓国独裁政権側につくという立場をしめしたことは、光州民衆抗争の一敗因であるとともに、韓国民衆に親米意識から反米意識への転換をうながすことにもなる。

光州民衆抗争後の一九八〇年八月八日、駐韓米軍司令官ウィカムは米国の記者たちに「韓国民の国民性は野鼠のようなもので、だれが指導者になろうと従うはずだ」と発言し、それを伝え聞いた学生たちは「米国は出てゆけ」と反米運動に出たという。さらに一九八〇年一二月九日に光州米文化院放火、一九八二年三月一八日に釜山米文化院放火、一九八五年五月二三日にソウル米文化院占拠籠城などの反米闘争が起こった。

一九八〇年の光州米文化院放火で逮捕された学生は法廷でつぎのように述べたという。

光州抗争の現場をこの目でみて、身をもって体験したが、あの現場は目を開けていられないほど凄惨な光景だった。あの作戦を展開した戒厳軍の出動を事前に承認し、また軍事ファッショ体制を支援し支持している米国にたいして、警告を発し、全世界にその実像を暴露しようとして放火した。

一九八二年の釜山米文化院放火にさいしては『米国はこれ以上韓国を属国とせず、この地から立ち退け』と題された声明書が撒かれ、そこにはつぎのようにしるされていた。

いまやわが民族の将来はわれわれがみずから決めなければならないという信念をもって、この地に官治行政をしく米国勢力の完全なる排除のための反米闘争を、絶えることなく展開しよう。まず米国文化の象徴である釜山米文化院を燃やすことによって反米闘争の狼煙をあげ釜山市民の自覚にうったえる。

一九八五年のソウル米文化院占拠籠城のさいに撒かれた文書『われわれはなぜ米文化院に入らねばならなかったのか』は、光州民衆抗争にかんする軍事独裁政権と米国の責任を糾しつつ、つぎのようにうったえた。

われわれの主張

一　光州虐殺支援の責任をとり、米行政府は公開謝罪せよ！

二　米軍は全斗煥軍事独裁政権にたいする支援を即刻中断せよ！

三　米国国民は正しい韓米関係の定立のために真摯に努力せよ！

こうして光州民衆抗争は学生たちの反米意識を高める結果をも招いたのである。[18]

朝鮮戦争以降の韓国現代史において最大の悲劇が〈一九八〇年五月の光州〉であることに疑問の余地はなく、「五・一八以降の韓国社会はかつての韓国社会ではなく、よくも悪しくも韓国社会をみる目はもはやかつての目ではありえない。この点でだれも五・一八から自由ではありえない」といわれるほど、光州民衆抗争は韓国社会に決定的な刻印を残している。光州民衆抗争に代表される韓国民衆の闘争は、積年の国家主義独裁的国民統合にたいする闘争であったともいえるだろう。このような民衆闘争の極北であり、押さえこまれていた「進歩的民衆運動」の復元をもたらしたと考えられるのが、光州民衆抗争なのである。[19] さらに、このころに、権力・前衛・階級・民族といった正統派マルクス主義の認識や図式があらためて自覚されたことも指摘されている。[20]

註

(1) 金仁杰ほか『韓国現代史講義』三七七―八頁。
(2) 以上、朴セギル『書きなおす韓国現代史 3』〔韓国〕トルベゲ、一九八八年、第六部第二章／「五・一八光州民衆抗争日誌」五・一八光州民衆抗争遺族会編『光州民衆抗争備忘録』〔韓国〕南風、一九八九年、五二―一二一頁／マーク＝ピーターソン「米国と光州事件」五・一八光州民衆抗争遺族会編『光州民衆抗争備忘録』〔韓国〕一七五―六頁／金ヨンテク『實録 五・一八光州民衆抗争』〔韓国〕創作時代社、一九九六年、四四―五九頁／金仁杰ほか『韓国現代史講義』三七九頁による。
(3) 孫浩哲『現代韓国政治』四五九頁、四七六―七頁。
(4) 韓国政治研究会政治史分科『韓国現代史 話の小袋 3』〔韓国〕緑豆、一九九三年、一二九頁。
(5) 朴セギル『書きなおす韓国現代史 3』三三―五頁をみよ。
(6) 孫浩哲『現代韓国政治』四六七頁をみよ。
(7) 孫浩哲『現代韓国政治』四六三頁をみよ。
(8) 朴セギル『書きなおす韓国現代史 3』一四六―五四頁をみよ。

（9）孫浩哲『現代韓国政治』四六四―五頁をみよ。
（10）具海根「世界化時代の韓国階級研究のための理論的模索」『経済と社会』〔韓国〕第七六号、二〇〇七年、二八二―三頁をみよ。
（11）韓国政治研究会政治史分科『韓国現代史 話の小袋 3』一二八頁。
（12）かつて光州での抗争は、光州事態・光州事件・光州武装蜂起などといわれてきたし、一九九三年五月の金泳三大統領談話では民主化運動と呼ばれたが、やはり光州民衆抗争という名称が適切と思われる。二〇〇六年以降に五・一八記念財団が発行してきた学術論文集、たとえば『五・一八民衆抗争と政治・歴史・社会 1・2』〔韓国〕審美眼、二〇〇七年でも、民衆抗争という言葉が用いられている。孫浩哲『現代韓国政治』四七二―九頁をもみよ。
（13）朴セギル『書きなおす韓国現代史 3』一四〇頁。
（14）孫浩哲『現代韓国政治』四五八頁。
（15）韓相震「韓国社会と民主化」韓完相ほか編『韓国社会学』〔韓国〕民音社、一九九六年、四〇九頁、四一八頁をみよ。
（16）ソウル大学社会科学研究所『転換期の韓国社会』〔韓国〕韓国日報社出版局、一九八七年、五四―五頁をみよ。
（17）ソウル大学社会科学研究所『転換期の韓国社会』四九頁をみよ。
（18）以上、金ヨンテク『實録 五・一八光州民衆抗争』二八一―九頁／韓国政治研究会政治史分科『韓国現代史 話の小袋 3』一三〇―四一頁／金仁杰ほか『韓国現代史講義』四一四―五頁をみよ。
（19）孫浩哲『現代韓国政治』四五八頁をみよ。
（20）文京洙『済州島現代史』一六〇頁をみよ。

第5章　過去事とイデオロギー

1　過去事整理

「過去事」とは、いわば「封じ込められた歴史」であり、これを掘り起こし清算することが整理と呼ばれる(1)。韓国政府は植民地下の朝鮮総督府体制の延長ないし継続のもとに出帆したため、必然的に植民地体制の残滓を多々かかえており、それらの力によって引き起こされ、もしくはそれらを覆い隠すために引き起こされた出来事がその後も跡を絶たなかった。それらの出来事の多くはときどきの権力者によって隠蔽されたり正当化されたり、うやむやにされたりしてきた。解放後韓国屈指の反政府抗争というべき一九八〇年の光州民衆抗争も、いまなお解明されつくしたとはいいがたく、韓国社会をふりかえるうえで忘れてはならない出来事である。

これまでみてきた解放後の親日派復活、反民特委攻撃、済州島四・三事件、麗水順天事件をはじめ、居昌《コチャン》良民虐殺など朝鮮戦争時の各地での民間人殺害、老斤里《ノグンニ》良民虐殺など米軍による住民殺害、日韓条約締結に向かう日韓会談、光州民衆抗争時の暴行、数万人が入隊させられ五四人が死亡したとされる三清《サムチョン》教育隊での人権蹂躙、数かぎりなく発覚する贈賄汚職事件、そして二〇一四年の世越《セウォル》号沈没の大惨事など、白日のもとにさらすべき事柄が課題として山積している。「銃と刀がすなわち法であり秩序である」と評される社会が長いこと韓国にはびこっていたといえるだろう。さらには、歴史的評価がいぜん未確定といわれる信託波動、済州島四・三事件にかかわった者を「あの山に行って、つるして殺してしまえ」という当時の国防長官の発言、「世のなかで、金があって裕福な人々だけがわが国の国民で、なんの罪もなく貧乏に陥ってしまった人々はみなこの国の国民ではないというのですか」と被告が訴えた一九七七年の無等山《ムドゥンサン》ターザン事件、光州民衆抗争ののち一九八五年までつづく一連の米文化院関連事件にも、あたらめて目が向けられるべきであろう(2)。

一九九五年「五・一八民主化運動等にかんする特別法」、二〇〇〇年「済州四・三事件真相糾明および犠牲者名誉恢復にかんする特別法」、盧武鉉政権下では二〇〇四年「韓国戦争〈朝鮮戦争〉前後民間人犠牲者事件真相糾明名誉恢復などにかんする立法」「日帝強占下強制労働犠牲等にかんする特別法」「日帝強占下親日反民族行為真相糾明にかんする特別法」などが韓国国会で成立し、それらにもとづき「親日反民族行為真相糾明委員会」や「真実・和解のための過去事整理委員会」が稼働しはじめた。過去事整理と総称されることのあるこれら過去清算は「植民地体制の清算すなわち脱植民地の指向」の実現に着手するものである。

反共イデオロギーや国家主義は人々の意識のうえに覆いかぶさり、無条件に国家に従わせるべく「暴力的圧迫」を加えつづけた。この「暴力的圧迫」が幾多の過去事を生んだ。それらの過去事は果たして人々の内面に反共イデオロギーや国家主義を染みこませるのに威力を発揮したが、その威力は、長い年月が過ぎても癒えない心の傷となって人々の意識の底に澱のように沈殿してきた。それらの多くは、語ることすらできず、当人にも正体がつかめないまま、その人のものの見方や生きる姿勢を枠づけていると思われる。反共イデオロギーも国家主義も、民衆が生活のなかで身をもって経験した出来事が心的威力をもって意識の底に浸透してきたものである。済州島四・三事件や朝鮮戦争下の住民虐殺は、民衆が極限の恐怖をもって、国家に従わざるをえないことを体得した過去事であった。

2　イデオロギー

イデオロギーは社会の上部構造とみなされることが多いであろうが、韓国民衆が直面してきた〈生存の論理〉は、むしろ土台たる経済的諸条件の内部の論理ではないか。「物質的生活の生産様式は、社会的・政治的および精神的生活過程一般を条件づける。人間の意識が人間の存在を規定するのではなく、逆に、人間の社会的存在が人間の意識を規定する」(3)という『経済学批判』の記述は、「土台内部において物質的生活が人間の精神や意識を規定する」ことを意味するともいえ、(4)〈生存の論理〉はまさしくこれを示すものである。

民衆を〈生存の論理〉に従わざるをえないところまで追いつめた過去事は、土台内部にある「物質的生活」の構成要因である。この物質的生活が「暴力的圧迫」もしくは外的強制力をもって反共イデオロギーを民衆に植えつける。ある人々は積極的（能動的）同意ならぬ消極的（受動的）同意をもってこの強制力にこたえる。多くの人々は、共産主義がなんであるか資本主義がなんであるかを知らぬまま、押しつけられる反共を受け入れる。こうして土台内部において、たとえ消極的な姿においてであれ、反共イデオロギーが形成される。いわば過去事が土台を規定するのである。

一般に民衆の物質的生活にかかわるイデオロギー、生活上の要求や生々しい戦争体験に直結したイデオロギーは、ほかのイデオロギーに比べて浸透力がはるかに強い。(5)ただし過去事そのものはイデオロギーというより、直接的には〈生存の論理〉に訴える「暴力的圧迫」ないしは外的強制力であったというべきであろう。多くの韓国民衆はみずから理論的思想的に熟考して自発的積極的に反共を選んだのではなく〈生存の論理〉にしたがって選択の余地なく反共を受け入れたのである。過去事は「暴力的圧迫」にたいする「同意」をもとに、イデオロギーを民衆に植えつけたといえる。

こうして反共の土台が形成される。反共の土台を形成した一要因は過去事である。過去事の被害者や〈生存の論理〉にしたがって生きてきた民衆を思えば、過去事が反共イデオロギーの産物であることより、過去事がみずからに反共イデオロギーを植えつけたことに、むしろ注目すべきである。韓国社会が過去事によって民衆のうちに反共イデオロギーを醸成してきたことが銘記されなければならない。

韓国社会の土台においてイデオロギーがこのように歪なかたちで醸成されたとしたら、そして今日それを問題視するとしたら、このイデオロギーを醸成した過去事を白日のもとにさらさなければならない。そして、過去事が民衆の内部に形成せしめた〈生存の論理〉をときほぐさなければならない。それを果たしてこそ、人々は心的束縛から解放されるであろう。

まさにこの課題を指す言葉が「過去事整理」である。かつての真実・和解のための過去事整理委員会の「集団犠牲糾明委員会」常任委員は、つぎのようにしるしている。

筆者は韓国での過去清算作業が韓国の国家を生まれ変わらせることになると信じており、ひいては南北関係の正常化、そして東アジアにおける平和体制の構築にも韓国が主導的に乗り出すさいの精神的基盤をつくるものだと考えている。日本や韓国のような東北アジアにおいて「過去」はいまなお過去ではなく「未来」に向かう窓である。韓国の過去清算と南北和解は東北アジアの平和秩序構築のうえできわめて重要な意味をもっている。それは、ある意味で韓国が近代の完成に向かってゆく道であるが、同時に「金で買える民主主義」と批判される米国式民主主義の基準からみずからを解き放ち、あらたな秩序と対案を模索する道でもある[6]。

過去事整理は反共イデオロギーや国家主義の形成過程をたどり問いなおすことによって、民衆の健全な「社会的・政治的および精神的生活過程一般」を恢復しようとするいとなみである。それは、歪な近代を押しつけられ、南半部で歪な国家を築いてきた韓国を、生まれ変わらせることにつながる。そのうえにこそ韓国の〈近代〉が成し遂げられるであろう。

過去事整理は、それまで覆い隠されていて語られることのなかった過去の陰惨な出来事をたんに明るみに出して終わるものではない。過去事は、それを経験した民衆の意識の底にこびりつき、じかに民衆の「物質的生活」構成にかかわるとともに、特定のイデオロギーにそって民衆の社会意識を方向づけてきた。このような観点で過去事を究明しなければならない。

なお過去事を白日のもとにさらすための歴史の記述、歴史の復元、歴史の再把握、そして歴史の追体験において、小説あるいは文学作品の意義は思いのほか大きい。身をもって歴史的出来事を感得しうるのは当時それを体験した人々にかぎられるが、爾余の人々は文学作品をつうじて歴史的出来事を追体験しうる。実感をもって読者を追体験にみちびく点で、いわゆる歴史書以上に文学作品の果たす役割は大きい。金石範『火山島』によって解放三年史からはじめて済州島四・三事件のさなかの知識人の苦悩が感じとられるし、そのほかに、韓国軍・国連軍と対峙した智異山中のパルチザンたちを描いた趙廷來《チョジョンネ》『太白《テベク》山脈』、韓国軍によって慶尚南道居昌の住民七一九人が集団的に殺害された居昌良民虐殺事件を描いた金源一《キムウォニル》『冬の谷間』は、得がたい追体験の手ずるであり、また林洛平《イムナクピョン》『光州　五月の記憶』によって私たちは光州民衆抗争を多少とも追体験しうる[7]。追体験のみならず、これらの作品によって私たちはしばしば歴史の通説から距離をとり、歴史記述修正の必要を痛感する。歴史の通説はおおむね社会の権力者によって流布されるものであるが、それが民衆の立場でくつがえされるべきことを、これらの作品は示唆している。権力者が民衆にたいして起こした事件を素材に作家が小説作品を構成することは、歪曲された公式記憶を否認し、民衆の壊れた集団記憶を復元してゆく意味がある。(8)

また小説が、人間の全体や人間の存在を、哲学のように思惟によってでなく「感性的な想像力を通して」とらえるものであり、「そこには個人のなかにある〈世界全体〉が入りこまないといけない」ことを、くだんの『火山島』の作者・金石範は語っている。(9) おのおのの歴史的出来事は特定の一側面でのみ起こるのでなく、人々はそれを自分の特定の一側面でのみ体験するのではない。当の歴史的出来事によって自分の生の全体、自分の意識の全体が大きく左右されるのである。それだからこそ歴史的出来事は、たんなる外的な出来事として語られればよいのではなく、人間の社会意識・イデオロギーと分かちがたく結びついて語られるのである。

3　〈力〉と〈抵抗〉と〈歓喜〉

敗戦直後日本の思想状況の骨格をつくったのは〈力〉と〈認識〉と〈虚脱〉という三者の力学的関係であったことは日高六郎の分析によって描き出された。すなわち、有無をいわさずに上から覆いかぶさるGHQの〈力〉、マルクス主義的歴史観にもとづいて示される知識人の〈認識〉、敗戦による生命の安堵とともに疲労・絶望・沈滞・喪失のような精神的崩壊感をともなう民衆の〈虚脱〉が、敗戦後日本の空気となったのである。(10)

この日高六郎の分析は敗戦直後日本の社会意識のありようを見極めるうえで大きな意義を有するが、それはまた解放後朝鮮民衆の社会意識を考察するさいにも生かされるように思われる。これになぞらえていえば、さしあたり解放直後朝鮮の思想状況の骨格をつくったのは〈力〉と〈認識〉と〈歓喜〉という三者の力学的関係であったようにみられるかもしれない。ただし解放直後朝鮮における〈力〉とは、治安維持法廃止や言論の自由を指示してくるＧＨＱの「民主的」な力ではなく、反共の旗幟を鮮明にした米軍政による、つづいて米軍政によって仕立てあげられた李承晩政権による、強圧的な力であった。また解放直後朝鮮における〈歓喜〉とは、歴史の必然性や戦争の意味の〈認識〉から切りはなされた、思想性のない歓喜でもあった。そして解放直後朝鮮におけるこれら三者の力学的関係を制したのは、親米反共支持を強要する米軍政および李承晩政権の〈力〉である。〈認識〉は、解放後朝鮮においてはたんに歴史の必然性や植民地支配の意味を理解する静的な〈認識〉というより、植民地時代より隠然とつづけられてきた社会主義者たちの動的な〈抵抗〉というべきものであろう。社会主義者たちはたんなる抵抗というより、社会主義国家建設に向けた社会運動・政治運動ないし革命を意図していたであろうが、結果としてそれが植民地朝鮮において優位に立つことはなく、つねに朝鮮総督府の支配勢力に押さえつけられてきたため、それにたいする抵抗をつづけてこざるをえなかった。じっさい朝鮮共産党や南朝鮮労働党のような社会主義勢力・共産主義勢力は〈力〉によって徹底的に排除されつづけた。こうして敗戦直後日本の思想的力学にかんして日高六郎が示した〈力〉と〈認識〉と〈虚脱〉という骨格は、解放後朝鮮においては、〈力〉と〈抵抗〉と〈歓喜〉に置きかえられるであろう。解放後朝鮮固有の〈抵抗〉と〈歓喜〉のうえに、日本における以上に強権的で圧倒的な強さをもって〈力〉がおおいかぶさり、朝鮮人たちの生を支配したのである。朝鮮共産党や南朝鮮労働党は〈力〉によって徹底的に排除された。

こうして共産主義は南半部＝韓国において、すくなくとも優位を占めることはなかった。それは敗戦後日本のマルクス主義とおなじく解放後朝鮮においても国民を全体的にとらえられなかったのである。日本人の心理的感覚において敗戦が解放であったとしても、そこで日本人が思想的に変貌したとはいいがたく、敗戦の前も後も民衆の生活のなかに根づいていたのは処世智や世渡り術という庶民的発想法であった(11)のに似て、朝鮮人も、解放後朝鮮の〈力〉のもとで思想的変貌をとげるいとまもなく、朝鮮戦争休戦にいたる解放八年史のなかで自己の生命維持を優先せざるをえなかったのである。

解放後朝鮮の〈歓喜〉は認識や思想性を欠いたところに沸き起こったものであり、〈歓喜〉の主は不幸にして教育を受けられなかった多くの朝鮮民衆であった。この民衆にとって自己の社会的信念や主義主張は縁遠い存在であり、外部から加えられる〈力〉によるイデオロギー的教化が比較的容易に民衆に浸透することになる。単純に図式化していえば、民衆の〈歓喜〉が、米軍政の〈力〉と社会主義者の〈認識〉との双方に引き寄せられるのである。〈力〉と〈認識〉とは対立し互いを否定する。

そのため「左側半分地形」がたちまち「右側半分地形」に組みかえられることが起こる。ことは、その地に住む人々の意識に沁みわたったイデオロギーにかかわる。

親米反共は韓国建国以来の国是といえるが、これは強圧的手段をもって疑似国民的価値に拡大し、南半部に定着したこの特殊な右派共同体的状況は前述のとおり反共規律社会とよばれる。これは朝鮮戦争の衝撃によって人々の直接的経験として心の底に「共産主義を憎悪する意識」を植えつける「イデオロギー的教化作用」をもって反共イデオロギーが正当化される過程とみられるが、論点の核心はいわゆるイデオロギーというより〈論理以前の順応的心性〉にあるのではないか。

イデオロギーは観念形態と訳されることが多いであろうが〈観念を構造化する形態[12]〉ととらえるほうが適切といえる。前述の「日常を処する生活態度」は経験によって律せられ、この経験的意識形態は「常識」と呼ばれるが、ここでいう経験的意識形態は自然発生的であり、それと異なる目的意識的な意識、意図的な誘導をふくむ意識がイデオロギーである。この両者はそれぞれ社会意識における自然発生的要素と目的意識的要素とを体現する。イデオロギーは系統的な世界認識や「特定の価値体系」を表明し、とりわけ支配階級のイデオロギーは当該社会の「経済的・政治的支配をささえる手段」となる。[13] 解放後朝鮮においては跋扈する反共イデオロギーが物理的な力をもって政治的支配を支え、民衆に〈生存の論理〉の内面化を強要していたといえる。〈観念を構造化する形態〉として他の人間と共通した思考形式をつくりだすイデオロギーは、体制側にも反体制側にもかかわる。それは、みずからを永遠の真理だと思いこんで現実の物質的生活を統御し、支配に加担したり抵抗を組織したりするにいたる。それどころか「いかなる理論も大衆的イデオロギーに翻案されないかぎり物質的力と社会的運動になりえない」[14] とさえいえる。大西巨人が「思想理論家」に「イデオローグ」とふりがなを附したのは示唆的である。[15]

イデオロギーそのものは、たとえば社会主義や反共主義のように、一定の型が洋の東西を問わずいたるところに出現した。それら個々のイデオロギーの是非よりも、おのおのの地で人々がイデオロギーを受容する過程や受容する心的構造がより注目される。この受容する心的構造とは、朝鮮戦争時の居昌虐殺のごとき殺戮の恐怖を間近に感じながら「自分の生命維持をはかるのに汲々として」「まさしく生存の論理を内面化」する心的圧迫のほかに、思想的由来のないイデオロギーや当人が同意しないイデオロギーを人々が受容する仕組み、丸山眞男のいう「国民の心的傾向なり行動なりを一定の溝に流し込むところの心理的な強制力」を意味するであろう。この強制力はさしあたり「なまじ明白な理論的構成を持たず、思想的系譜も種々雑多であるだけにその全貌の把握はなかなか困難である」といわざるをえない[16]が、この受容の仕組み、「心理的な強制力」は、まぎれもなく〈論理以前の順応的心性〉に重なりあうものといえ、おそらくそれは長いものに巻かれる集団同調主義にきわめて近しいものであろう。

朝鮮半島において、一九四五年八月以前に上から〈力〉によってあたえられた植民地支配の〈枠〉と、一九四五年八月以降に上から〈力〉によってあたえられた親米反共の〈枠〉とは、金東椿の洞察に示されたように、連続性ないし継承性をもつものであった。すなわち、植民地朝鮮において日本人に同化しようとつとめた「皇国臣民」の枠が、解放後は南半部=韓国の国民に強要された親米「反共国民」の枠に受け継がれ、植民地朝鮮において日本人に抵抗した「民族解放運動勢力」は「左翼」勢力に連なっている。これらの〈枠〉にたいし朝鮮民衆は従順にしたがうように強要され、また民衆みずから受動的防御的にしたがった。

〈論理以前の順応的心性〉ないし集団的同調主義は、朝鮮固有のものではなく、日本にも古くからみられるものであった。理を尽くすより共同体的なれあいを選ぶ集団同調主義が日本社会の根に息づいていることは、たとえば「わが日本の人、究理を好まず」[17]と司馬江漢がしるしたように、古くから日本にみられる思考様式である。

おそらく朝鮮半島の精神風土と日本の精神風土とのあいだには相当な類似性ないし共通性がある。それは、上から押しつける〈力〉、社会における有無をいわさぬ枠を、共同体的なれあいのもとに、なんらかのかたちで人々が受け入れる意識的土壌を示唆する。社会の軋轢からみずからを防御するために受動的で同調的な態度をとるという〈論理以前の順応的心性〉が、朝鮮半島においても日本においても、知らず知らずに人々の身についているように思われる。

日本におけるこの種の順応的心性としては、竹内芳郎が示した〈神道的精神風土〉〈粘着的精神風土〉という概念が的を射ている[18]。これらとの異同に留意しつつ、朝鮮半島における集団同調的、なれあい的、順応的心性の概念化がこころみられなければならないだろう。

イデオロギー分析は、観念的な理論操作で満ち足りるものではなく、現実の生の場と連携して遂行されるべき性質のものである。「人口の大多数をなしていた農民や労働者など生活大衆」により容易に浸透したのは、民主化のような対抗イデオロギーというより、むしろ経済成長の論理であり、生活水準向上の実感であったといえる[19]。「生活大衆」の意識がいかなる「物質的生活」によって規定されてきたか、そこでいかなるイデオロギーが形成されてきたかを、さらに詳細に吟味しなければならない。これは〈生存の論理〉に従うことを余儀なくされた人々がいかなる「暴力的圧迫」のもとで暮らさなければならなかったかを仔細に、そして構造的に解明することと、おそらく重なりあうであろう。これらは社会意識の土台の解剖であり、イデオロギー分析のうえで必須の課題であると思われる。

註

(1) 文京洙『新・韓国現代史』二三九頁をみよ。
(2) 金東椿『近代のかげ』五四頁、二〇〇頁、三五六頁をみよ。無等山ターザン事件とは、全羅南道無等山の無許可貧民住宅を撤去する当局の措置に抗議するなかで朴興塾という若者が住宅を撤去しようとした人々を殺害した事件。
(3) Karl Marx, Zur Kritik der Politischen Ökonomie, *MEW*, Bd. 13, Berlin, 1961, S. 8f.
(4) 渡辺憲正『イデオロギー論の再構築』青木書店、二〇〇一年、一九頁。なおイデオロギー概念について本書は上記渡辺憲正著作に多くを負うている。
(5) 金東椿『分断と韓国社会』〈韓国〉歴史批評社、一九九七年、二二頁、二五頁をみよ。
(6) 金東椿『近代のかげ』七頁。
(7) 趙廷來／尹學準監修『太白山脈』全一〇巻、ホーム社、一九九九―二〇〇〇年。金源一／尹学準訳『冬の谷間』栄光教育文化研究所、一九九六年。林洛平／高橋邦輔訳『光州 五月の記憶』社会評論社、二〇一〇年。
(8) 玄基榮／村上尚子訳「忘却に抵抗する精神」『済州島四・三事件　記憶と真実』新幹社、二〇一〇年、三三頁をみよ。
(9) 金石範『金石範《火山島》小説世界を語る！』右文書院、二〇一〇年、二三四頁をみよ。
(10) 日高六郎『戦後思想と歴史の体験』勁草書房、一九七四年、五六―八頁をみよ。
(11) 日高六郎『現代イデオロギー』勁草書房、一九六〇年、二六一頁をみよ。
(12) 渡辺憲正『イデオロギー論の再構築』八頁。
(13) 石井伸男『社会意識の構造』八六―一〇二頁をみよ。
(14) 孫浩哲『現代韓国政治』二七頁。

(15) 大西巨人『神聖喜劇』第二巻（第三部第一）光文社、二〇〇二年をみよ。
(16) 丸山眞男『増補版 現代政治の思想と行動』未来社、一九六四年、一二頁。
(17) 司馬江漢「春波楼筆記」『司馬江漢全集』第二巻、八坂書房、一九九三年、七〇頁。
(18) 竹内芳郎『イデオロギーの復興』筑摩書房、一九六七年、一〇頁／竹内芳郎『実存的自由の冒険』季節社、一九七五年、三八一頁をみよ。
(19) 金東椿『分断と韓国社会』二五頁をみよ。

第6章　ＩＭＦ事態

1　「ＩＭＦ事態」の発生

かつて朴正煕政権下で輸出指向型工業化を主要原動力として強力に推進された韓国の高度経済成長は、援助依存経済体制・従属的輸入代替産業化[1]という性格を帯びながらも、ともあれ結果的には一九九〇年代に入るまで持続した。この経済成長は「漢江《ハンガン》の奇蹟」と呼ばれ、しばしば内外の称賛を得たが、一九九三年に発足し「世界化」（グローバル化）政策を推進した金泳三政権は一九九七年に通貨危機に瀕した。そのさい受け入れを余儀なくされた国際通貨基金（ＩＭＦ）の融資とＩＭＦ改革パッケージとは、韓国経済を根幹から揺るがす事態を招き、この「ＩＭＦ事態」は韓国現代史において見落とせない出来事となった。いまやＩＭＦ事態は過去のことと思われる向きもあるが、韓国の経済のみならず社会全般にわたって、その後の困難な状況を誘発し、その後の政策を誘導する指針になっているともいえる。この歴史的事象ともみられるＩＭＦ事態を整理しておきたい。

ひとりあたり国民総生産は、一九五三年＝六七ドル、一九五八年＝八〇ドル、一九六二年＝八七ドル、一九六七年＝一四二ドル、一九七二年＝三一九ドル、一九七七年＝一〇一一ドル、一九八二年＝一八三四ドル、一九八七年＝

三二一八ドル、一九九〇年＝五八八三ドル、一九九二年＝七四六六ドル、と長足の発展を遂げてきた。[2] その後さらに一九九五年には一万ドルを超えるにいたった。このような飛躍的な経済成長はおおむね朴正熙政権のもとで推進されたのだが、それは、年平均三五％の輸出増加率をみせるほどの輸出指向型工業化を核としており、まさしく「輸出が成長のエンジンであった」といえるだろう。この工業化はとりわけ重化学工業化であったが、韓国で急速な重化学工業化と高度成長とが可能になった要因として、(1)強い成長志向をもつ国家により経済計画が樹立され、急速な産業育成が導かれる国家主導開発システム、(2)政府に統制され産業発展に奉仕する金融システム、(3)高度成長と重化学工業化を担う財閥という企業システム、という三つがあげられている。[3] このような経済成長の末に韓国は一九九六年、経済協力開発機構（ＯＥＣＤ）に加盟し〝先進国〟の仲間入りを果たした。

ところが翌一九九七年夏のタイ・バーツの下落につづいてアジア各国で連鎖的に発生した通貨危機が韓国をも襲った。危機に瀕した韓国政府はけっきょくＩＭＦに救済融資を要請するにいたり、一九九七年一二月三日には韓国政府とＩＭＦとのあいだでが約五七〇億ドルの救済金融協定に署名がなされた。そのさい韓国政府は経済や労働の〝改革〟をもとめられたが、なかでも労働市場柔軟化を強要されたことの影響が大きかった。すなわち、労働者整理解雇制を導入し、派遣労働を拡大するなど、労使関係に市場原理を導入する「改革」の受容を韓国社会は余儀なくされたのである。とりわけ労働力の非正規化は深刻で、二〇〇〇年以降は賃金労働者の約六割が非正規職であり、新規採用労働者にかぎっていえば七割から八割が非正規職であるとみられている。グローバル化の一環というべき市場自由化・民営化・規制緩和・緊縮財政・社会保障削減が韓国で推進されたが、これらの政策を下支えする思想は、新自由主義である。

多くの国と地域とが西欧化ともいうべき近代化を余儀なくされた近年、パックス・ブリタニカ（英国）とパックス・アメリカーナ（米国）とをへたグローバル化が世界各地にアングロサクソン型「グローバル・スタンダード」をつくりだしている。いまや数多の経済システムが共通のアングロサクソン型「グローバル・スタンダード」を基礎にしていることは否定できない事実といえる(4)。

以下に財閥と金融システム、労働市場について、韓国高度成長期のありかたからグローバル化時代のありかたへの移行を辿り、そののちグローバル化の意味をみてゆきたい。

2　財閥と金融システム

財閥の企業統治構造が韓国の主要な企業形態であり、圧倒的な影響力をもって韓国経済発展を主導してきたことは、つとに知られているところである(5)。

韓国の財閥とは、家族または同族による封鎖的所有と支配とを行使する、高度に多角化した事業経営体であるといえる。そこでは所有と経営とが分離されないオーナー経営体制がとられている。これらは当然、グローバル化に逆行する体制であるが、このような経営体制は根強く残っている。たとえば二〇〇三年時点の韓国で財界六位であったロッテグループについていえば、全系列企業三四社のうち上場企業は五社のみで、グループの会長が企業公開不要の意思をもち、上場を拒んでいたという。ここには創業者一世特有のこだわりと個人企業的発想とがあり、市民団体や外国人株主など、外部の干渉にたいする拒否意識がみられると指摘されていた(6)。韓国政府は一九九八年、財閥にたいして、企業経営の透明性向上、系列企業間の相互債務保証の解消、財務構造の改善、系列企業の整理と業種専門化、オーナーの経営責任の明確化、というような企業改革を約束させ、あわせて会長秘書室を廃止させた。会長秘書室は総合企画室とも呼ばれるが、これはグループ全体の「参謀本部」であり、オーナー支配の根幹をなすものであった(7)。財閥は一九九七年の通貨危機をひきおこしたひとつの主要要因とみなされ、この反省に立ってアングロサクソン型「グローバル・スタンダード」を目ざした企業統治構造改革がすすめられたといわれる(8)。

通貨危機を誘引したいまひとつの主要要因である金融システムについては、さしあたりつぎのような概観が的を射ているであろう。韓国の金融システムは「官治金融」と呼ばれるほど政府主導的で銀行を中心としたものであったが、それらが(1)政府主導型から民間主導型へ、(2)銀行中心から市場中心へ、という二重の方向転換をせまられた。(1)については、韓国の経済取引は質においても量においても政府が効率的に判断する限度を越えているため、政府主導型から民間主導型へという転換に議論の余地はなかった。(2)については、先進国キャッチアップをほぼ果たした韓国にとって市場中心の金融システムが不可欠であるため、銀行中心から市場中心へという転換の必要性が、通貨危機後まもなく提起されている(9)。

3 労働市場柔軟化

高度成長のかげには長時間労働をはじめとする劣悪な原生的労働関係のもとに置かれた労働者の犠牲があった。一九六〇年代のいわば高度成長初期段階から労働者は低賃金と無権利状態とを余儀なくされ、それが一九七〇年代の重化学工業化過程で拡大し、労働過重は常態化した。朴正熙政権下では労働争議禁止命令が発布されたり、政府系全国労働団体である韓国労働組合総連盟（韓国労総）をつうじて労働統制がおこなわれたりし、さらに一九七二年の朴正熙維新体制以降は労使交渉が政府監視下の労使協議会に移されるなど、統制体制がつよめられてきたのである。それでも、一九六〇年には月平均二一件であった労働争議が一九八〇年には月平均二〇〇余件になったといわれる(10)。

ここで考察すべきは労働市場の変化である。一九八〇年代なかごろまでの韓国労働者階級は、その大部分が半熟練労働者で産業プロレタリアートの典型というに近く、一様に劣悪で危険な労働条件のもとに置かれていた点で社会人口学的にも労働市場としても同質的であったと思われる。ところが情報化という社会変動により労働市場も変化した。集団労働・同質的労働がもとめられる大量生産体制の産業社会から、個別化された労働・分節的労働がもとめられる知識情報基盤社会へと変化するにともなって、たんなる筋力ではなく、知識情報をあやつる知力が労働力の内実となったというのである。このような急激な社会変動にともなって、一九八七年のいわゆる労働者大闘争以後、労働市場が第一次労働市場と第二次労働市場とに分断されたといわれる。[11]

労働市場の二重構造は欧米のいわゆる先進諸国や日本に一般的にみられる経済的現象としてしばしば論じられており、それによれば労働市場は第一次労働市場（the primary labor market）と第二次労働市場（the secondary labor market）とに二分されているという。第一次労働市場の仕事は高賃金・よい労働条件・雇用安定性・昇進機会・公正性・労働規制の運用における正統な手続きをそなえ、対照的に第二次労働市場の仕事は、賃金と付加厚生給付の低さ・貧弱な労働条件・高い労働回転率・わずかな昇進機会・恣意的で気まぐれな管理に甘んずることが多い。これはグローバル化が、グローバル化の過程に身を置くことのできる主体とそうでない主体との区分を深化させることと軌を一にしているであろう。[12]

第二次労働市場が生まれた背景として移民労働者・下請中小企業・「非標準的」雇用が指摘されるが、この人々は「経済的不確実性にたいする防御の諸権利および組織力」をそなえた第一次（primary）労働者とは対照的な「産業労働の世界に明確に統合されていない」第二次（secondary）労働者であるが、だからといってこの人々の「経済的重要性」が乏しいわけではなく、逆にこの人々は「規制の網目」の外にあり使い捨てやすいために、経済体制にとって機能的価値があるとされる。[13] 韓国においてこの分断ないし二重構造はＩＭＦ事態によっていっそう強固になってゆく。

一九九七年一一月二四日に当時の金泳三政府はＩＭＦに救済融資を要請し、一二月三日に政府とＩＭＦとは約五七〇億ドルの救済金融協定に署名した。この救済金融の条件として韓国政府につきつけられたＩＭＦ改革パッケージの主要内容は「しばしば財閥企業の構造調整・金融改革・公企業改革・労働・労働改革に要約されるが、四大経済改革はみな労働問題とむすびついている点を強調しなければならない[14]」。とりわけ「海外資本と先進諸国が緊急救済援助金融を提供し追加投資を断行する条件として公式的・非公式的にはっきり要求したのが、労働市場の柔軟性を高めること[15]」であった点を銘記すべきである。

柔軟性とは'flexibility'にあたり、日本でいう弾力性に近い概念と思われる。ほんらい柔軟な労働市場とは労働者が再就職しやすい労働市場を意味する。たとえば企業間・産業間の障壁を低くして労働移動を円滑にする、労働市場情報を労働者や企業に伝える、再就職のための教育訓練体系を強化する、社会保障や安全網によって基本的生活安定を保障することなどが労働市場柔軟性の前提条件なのであるが、それが韓国ではあまりに狭小化され歪曲されていることは、労働市場柔軟性を世界的規範の現象とみなす立場の論者によっても指摘されている[16]。この労働市場柔軟化の動きは以前よりみられたものだが、一九九七年ＩＭＦ事態ののち柔軟化はいっそう明確な政策とされた。そして、これによって「韓国社会は……多くの人々の生活基盤をも崩壊させかねない過激な社会変動に不可避的に巻き込まれた[17]」のである。

一九九八年二月に発足した金大中政権はもともと「相対的親労働者」性をもち、市場民主主義を指向していたといわれるが、しかしそれは大統領とごく少数の周辺人物の属性にすぎず、政府官僚のほとんどは従来の官僚であり、政権全体が「相対的親労働者」的であったわけではない[18]。ＩＭＦから労働市場柔軟性の増大をもとめられた韓国は「ＩＭＦ信託統治」下にあって外資の信頼を得るためにも整理解雇制を導入し、派遣労働を拡大していった。いうなれば必要にせまられ、労使関係に市場原理を導入するような改革を余儀なくされたのである。

IMFの要請を受けて韓国政府は、労働組合の政治活動の合法化、複数労組、教員の組合結成の自由などをみとめるかわりに、労働者の整理解雇制導入を労働組合側に受け入れさせた。労働組合側はとうぜん整理解雇制には抵抗していたが、〝労働組合出身〟である金大中大統領の熱意に押し切られたという。整理解雇制導入によって銀行や大企業がつぎつぎに余剰人員を解雇しはじめた。こうしたなか労働組合・財界団体・政府および政党によって構成される労使政委員会が設置された。労働組合からすれば、整理解雇制明文化を受け入れるかわりに、それまで閉ざされていた政治参加・政策決定参加への道がひらかれるという見方がなかったわけではないが、しかし整理解雇制と派遣勤労制とをめぐっては、韓国労働組合総連盟（韓国労総）ならびに全国民主労働組合総連盟（民主労総）という二大ナショナルセンターが猛反撥した。最大の自動車会社「現代《ヒョンデ》」が、従業員四万五〇〇〇人のうち八二〇〇人の整理解雇を通告したさい、とうぜん民主労総はこれに抗議し、政府の介入によって、整理解雇者は二七七名にとどまったが、会社側はそのほかに一年半の無給休暇や希望退職などを実施し、あわせて九九五七名が会社を去ることになったという。

失業率は急減したが、年俸制や契約職の比重が急増した。労使政委員会にたいする労働者の目はきびしく、一九九九年二月には民主労総が労使政委員会を脱退し、他方の財界側の韓国経営者総協会も一九九九年四月に脱退を決定した。こうした犠牲の産物として、労働市場の流動性・雇用の弾力性・賃金の弾力性という点で、また景気変動による雇用調整速度の点でも、いまや韓国はOECD諸国のなかで一位になったといわれ、韓国労働市場柔軟化が急激にすすんだことが窺われる(19)。

4 正規職と非正規職

労働市場柔軟化の実態として容易に想像されるのは、正規労働者を減らし非正規労働者を増やすことであろう。労働者のなかでも常用労働者（被雇用正規職）は一九九六年には三五・五％であったのが二〇〇〇年には二八・三％に下がっている。対照的に臨時労働者および日雇い労働者（被雇用非正規職）は逆の傾向をしめし、一九九六年には臨時労働者が一八・六％、日雇い労働者が八・七％であったのが、二〇〇〇年には臨時労働者が二〇・四％、日雇い労働者が一五・三％に増加している。べつの調査では、一九九八年には常用職が五三・〇％、臨時・日雇い職が四七・〇％、一九九九年には常用職が四八・四％、臨時・日雇い職が五一・六％であったという。また二〇〇〇年八月の時点で非正規労働者は賃金労働者の五八・四％をしめていたともいわれ、これは一九九九年の日本における非正規労働者の割合二七・五％の二倍以上である。

一九八〇年代後半から三％以下という低い数値を維持してきた失業率は、一九八八年には六・八％、一九九九年にも六・三％まで増大した。そののち二〇〇〇年には四・一％、二〇〇一年には三・七％にまで失業率は下がったが、しかしこれは「整理解雇された正規労働者の欠員や業務を非正規労働者で充当」したためで、「労働力の非正規化」にほかならない。この傾向はとくに銀行や病院で目立つようで、病院の掃除・洗濯・食堂といった非医療職で非正規職がふえ、それが看護師・看護助手・医療技師・行政事務職にもひろがっているという。さらに韓国には「いつ解雇や雇い止めにあってもおかしくない、長期不安定雇用ともいうべき『長期臨時労働者』が……賃金労働者の三八・五％、非正規労働者の六六・〇％にも達して」おり、この人々の比重の大きさが「韓国の非正規労働者の構成上の顕著な特徴」をなすと指摘されている。

労働市場柔軟化の結果、労働生産性は向上し、賃金費用と単位労働費用は削減され、はたして一九九九年以後、景気は恢復に向かったかにみえるが、それは「雇用労働者の労働強度の強化と非正規職雇用の拡大」の産物というべきであり、「経済危機後の回復過程での生産稼働率の上昇は、一人当たり労働時間の延長で補われている」のである。とりわけ非正規職雇用者は長時間労働を強いられている。二〇〇〇年八月の時点で正規職雇用者の週当たり平均労働時間が四七・一時間であったのにたいし非正規職雇用者は四七・五時間と長く、さらに非正規職のなかでも長期臨時労働者は四八・八時間にまでふくらんでいる。または非正規職労働者は平均して正規職労働者の賃金の五三・七％しか得ていない[20]。

このような柔軟化は実質的に、大量解雇と臨時労働者の大量導入とをはじめとする施策によって労働市場で企業利潤のために有利な条件をつくり、企業の蓄積条件を恢復しようとする「市場的柔軟化」であり、労働市場の二重構造をもたらすものといえる。韓国では、労働政策として労働市場の柔軟化をうちだした金泳三政権につづき、金大中政権も「一生涯一職場から一生涯雇用へ」という看板を掲げ、企業構造調整や労働市場柔軟化を精力的に推進した。こうした結果、韓国の労働市場は非正規職が全体労働者の半数をこえ、労働市場の数量的な柔軟性（すなわち雇用不安）や不平等が深刻化している。韓国の進歩的学者たちが金大中政権の労働政策を「従属的新自由主義」とよんで批判してきたにもかかわらず、盧武鉉政権下でも、韓国の労働市場は非常に硬直的だ、いっそうの労働市場柔軟化が必要だ、という主張のもと、労働市場の柔軟化をさらに促進しようとする動きが強くみられたのである。

労働市場の柔軟化によって、雇用の不安定性が高くなり、非正規職の割合が増加する。一九六〇年代の経済開発初期段階では六割が非正規職であったが、一九七〇年代にかけて非正規職の比率は減少しつづけ、一九八二年に三割以下にまで減少した。けれども、これを境に非正規職労働者はふたたび増加して一九八六年には五割に近づき、今日では非正規職の比率は正規職の比率を上まわっている。

非正規職が増加した原因としては、労組組織率が下落し労使間の力関係が変化したことや、産業構造が変化して非正規職を受け入れやすい業種であるサーヴィス産業が伸長したことなど、いくつかの背景が考えられているが、やはり労働需要の側面でグローバル化とそれにともなう競争の激化と需要の不確実性の増加という経済環境の変化を見落とすわけにはゆかないだろう。グローバル化の進展は規制緩和と柔軟化とによって非正規職増加をうながしているのである。韓国で昨今、両極化（二極分化）と新自由主義グローバル化とが社会的論点の様相を呈しているが、これらが象徴的に指し示す集団は、いずれも非正規職である。韓国の非正規職問題は、他国の研究論文を参照する必要がないほど深刻だともいわれる[21]。

5　グローバル化の苦悩

「不透明な経営構造」「クローニズム（縁故主義経済構造）」「不公正な競争」「無謀な拡張」「過大な債務」といった欧米諸国による東アジア経済制度批判は、たしかに当たっている面があるだろうが、しかしそれでも韓国を通貨危機・金融危機・経済危機に陥れたのはほかでもなく「IMFの誤った処方箋であった」といわれる。東アジア経済の実情は「債務超過による破綻ではなく、一時的な外貨準備不足という流動性の問題」であり、「外貨流動性の危機にすぎなかった」と考えられるのである。東アジア経済制度をクローニー資本主義として批判してみても、その批判は「経済危機の主要因の解明に関して的をはずしている」のであり、緊縮財政や金融引き締めや構造改革を画一的におしつけるIMFの処方箋は欧米諸国の自己満足でしかない。IMFの処方箋により労働者はいっそう不安定な状態に追いやられ、企業がいっそうの収益向上を可能にする「富益富、貧益貧」の社会がつくられてゆく。社会の変化には相応の時間が必要なのであり、強引な変革ないし構造調整は社会の不安定性を増すだけで、かえって労働者がささえる韓国経済の競争力を削いでしまうおそれがある。ＩＭＦの経済思想はじつは経済の混乱をひろげるものでしかなく「このことを再度はっきり認識しておくべきだ」と思われるし、さらにはＩＭＦの経済思想を「ＩＭＦ帝国主義」と批判する向きもある。(22) またＩＭＦ事態後に、韓国のある経済学者がつぎのようなことを書いている。

後発国の産業化が、先進国が提供する技術的蓄積に依存するかぎり、開発途上国の発展には貿易・技術移転・投資をとおした先進国との開放的な関係が必須である。すなわち開発途上国にとっては、ちかごろよく世界化（globalization）として規定される資本主義世界体制への編入が一次的成長条件になる。かつて従属理論家の人々が考えていたように、開発途上国は、先進国との関係を断絶（delinking）したうえで経済成長をなしえないのである。(23)

これは、ラテンアメリカの低発展の説明とその解決とのために一九六〇年代なかばに提起された従属理論とほぼ同じ趣旨にみえる。従属理論は輸入代替工業化理論を批判しつつ形成されたもので、不平等な国際交易という観点から世界資本主義体制の中心部による周辺部収奪構造を説くものであったが、しかし「韓国経済においては産業構造の高度化とともに経済構造が次第に自立化している」のであり、いま韓国経済は従属理論が適用されるべき状態とは思われない。(24)

ほぼ同様に、近年さかんに喧伝されているグローバル化にたいしても、やみくもにこれに同調すればよいはずがない。むしろ「韓国経済がグローバル化にうまく適応できないことがいっそうはっきりした(25)」のが一九九七年の経験であったというべきであろう。

韓国ではグローバル化とその政策的内容は一九八〇年代序盤から賦課されはじめた。自由市場主義・民営化・規制緩和・競争力強化などは、ひとつのイデオロギーとなり、政府が代わるたびに国際化だの新経済だの多様な修飾語をつけて、先をあらそってグローバル化の要求を受け入れようとした。金泳三政権においてグローバル化を意味する「世界化」は錦の御旗のごとく強調され、韓国がOECDに加盟するさい、ときの金泳三大統領は「サッチャリズムを旗印に掲げて、経済をグローバル・マーケットにもっと深く統合させないと韓国経済の将来はないと、国民につよく呼びかけた」。汎政府的なグローバル化推進委員会が構成され、グローバル化を主題にした学術研究支援が急激に増加し、輿論の言論媒体でグローバル化特集があふれるなど、金泳三政権期はグローバル化推進の頂点をなすようにみえた。だが、それ以上に急進的なグローバル化が受容されたのは一九九七年以降のIMF管理体制の時期であった。グローバル化は、リストラ・海外投資・雇用形態の多様化・所得格差の拡大にみられるように、国民の運命にたいするグローバル企業の関心を低下させたり、規制緩和・社会保障削減などをとおして国民統合の基礎をほりくずしネイション内部に経済的政治的分裂を顕在化させたり、グローバル企業と進出する発展途上国の諸国家・諸国民との対立を生み、また先進諸国家による発展途上国の抑圧を生みだすといった変容をもたらした。具体的にいえば、市場自由化・民営化・規制緩和・緊縮財政が代表的なグローバル化政策であるが、これらは米国に主導された〝世界標準〟の経済政策サイクルを受容することにほかならない。グローバル化とはいうなれば米国政府が提唱する新世界秩序にもとづいた、市場の単一化に向かう世界再編過程である。市場とは企業と企業との争いの場であるが、国際化のなかではその争いが世界全体にひろがり、世界最強の米国企業とたたかうために他の九九%の弱小企業は労働者を押さえこもうとし、国際競争はこうして労働者攻撃を世界的に強めるにいたる。これがグローバル化であり、とりわけ経済のグローバル化は労働者に否定的に作用する。世界標準とはまぎれもない米国基準であり、それを国際的に通用させることがグローバル化と称されるのである。[26] グローバル化の局面は多々あるが、ここでは労働市場に目を向けよう。

金泳三政権がグローバル化の労働政策として第一に打ち出したのが労働市場の柔軟化であったのとおなじように、ＩＭＦ管理体制期にもとりわけ労働市場柔軟性を高めることが韓国労働市場を世界標準に合わせることとみなされた。当時の盧武鉉大統領も二〇〇三年六月には「国があってこそ労組もある」「経済の足をひっぱる労働運動は自制されなければならない」などと労組をつよく牽制する発言をおこない、また、韓国労働組合の長年の闘争と犠牲にもとづく既得権を特恵とよび、世界標準に合わせてこの特恵は廃止されるべきだとする経営側の主張に同調しはじめたという。[27] グローバル化はほかに選択の余地のない不可避の道であるととらえられているのだろうか。

グローバル化とりわけ経済グローバル化は資本の柔軟性の恢復を企図する。かつて産業の高度化状況に対応して労働市場の柔軟性を保障してきたのは「農村などから必要に応じて供給される追加的労働力と産業予備軍と呼ばれた失業者層による低賃金労働力の供給」であったが、農村人口の減少により、人手不足が深刻になった。他方では完全雇用の維持が経済政策の基本とされていた。こうして資本の柔軟性の喪失はまず労働市場における硬直性としてあらわれる。そこで企業は、一方で生産の拠点を外国に移すとともに、他方で移民労働者の流入をうながし、第二次労働市場形成の契機をつくったのである。グローバル化はいわばパイの奪い合いである。しかも低成長下のきびしいグローバル化は、販売市場をめぐる古典的市場争奪戦にとどまらず、労働市場・金融市場をまきこんだ争奪戦の様相を呈している。[28]

労働市場柔軟化を実態とする構造改革ないし構造調整をささえているのは「新古典派理論にもとづいた新自由主義の論理」である。労働市場二重構造の「基盤となるイデオロギーは新自由主義」にほかならない。そこでは

「すべてが市場経済への転換、経済から政治の論理を排除する方向に染まっているからである。こうした新自由主義イデオロギーは財閥と言論によって強く主張されているのみならず、学界でも支配的な位置をしめている」。じっさい韓国の労働運動は政府の政策を「新自由主義的構造調整」と定義づけて、これに反対している。[29]

註

（1）姜萬吉編『韓国資本主義の歴史』二六六頁以下をみよ。
（2）崔培根『韓国経済の歴史的認識』三七五頁をみよ。
（3）高龍秀『韓国の経済システム』五四―六頁をみよ。
（4）池尾和人ほか『日韓経済システムの比較制度分析』日本経済新聞社、二〇〇一年、九四頁をみよ。
（5）池尾和人ほか『日韓経済システムの比較制度分析』一一九頁をみよ。
（6）国際高麗学会日本支部第七回学術大会全体討論「グローバリゼーションと韓国社会」での柳町功報告「グローバリゼーションと韓国的経営」による。
（7）朴一『韓国ＮＩＥＳ化の苦悩 増補二版』同文舘出版、二〇〇二年、二三〇―一頁をみよ。
（8）池尾和人ほか『日韓経済システムの比較制度分析』一一九頁をみよ。
（9）池尾和人ほか『日韓経済システムの比較制度分析』一九〇―一頁をみよ。
（10）高龍秀『韓国の経済システム』六〇頁／涌井秀行『アジアの工業化と韓国資本主義』文眞堂、一九八九年、二頁をみよ。
（11）李邁源「世界化と労働部門改革」尹永寛ほか編『世界化と韓国の改革課題』〔韓国〕ハヌル、二〇〇三年、二三三―四頁／朴昌明『韓国の企業社会と労使関係』ミネルヴァ書房、二〇〇四年、七一頁／Hagen Koo, *Korean Workers : The Culture and Politics of Class Formation*, Ithaca, 2001, p. 205. をみよ。
（12）朴昌明『韓国の企業社会と労使関係』一五頁／Peter B. Doeringer, and Michael J. Piore, *Internal Labor Markets and Manpower Analysis*, Lexington, Massachusets, 1971, p. 165.／伊豫谷登士翁『グローバリゼーションとは何か』平凡社、二〇〇二年、九〇頁をみよ。
（13）See John H. Goldthorpe, "The End of Convergence : Corporatist and Dualist Tendencies in Modern Western

Societies,"in : John H. Goldthorpe, ed., *Order and Conflict in Contemporary Capitalism*, Oxford, 1984, pp. 330-334.

(14) 崔章集『民主化以後の民主主義』一六九頁。

(15) 李遧源「世界化と労働部門改革」二二九頁。

(16) 李遧源「世界化と労働部門改革」二三〇頁をみよ。

(17) 横田伸子「韓国における労働市場の柔軟化と非正規労働者の規模の拡大」『大原社会問題研究所雑誌』第五三五号、二〇〇三年、五二頁。

(18) 金基元／金元重訳「金大中政府の構造調整政策（下）」『大原社会問題研究所雑誌』第五一九号、二〇〇二年、三三頁をみよ。

(19) 朴一『増補二版　韓国ＮＩＥＳ化の苦悩』二二三－三四頁／朴泰鉒・呉建昊「非正規職、現代版身分制か」『創作と批評』（韓国）第一四〇号、二〇〇八年、二〇二頁をみよ。

(20) 以上、横田伸子「韓国における労働市場の柔軟化と非正規労働者の規模の拡大」三九－五二頁／梁官洙「韓国の経済危機と構造調整」平川均ほか編『新・東アジア経済論　改訂版』ミネルヴァ書房、二〇〇三年、一八五－九二頁／Hagen Koo, *Korean Workers*, p. 207. をみよ。

(21) 以上、尹辰浩／金元重訳「韓国労使関係の新たな実験（下）」『大原社会問題研究所雑誌』第四九三号、一九九九年、四一－二頁／国際高麗学会日本支部第七回学術大会全体討論「グローバリゼーションと韓国社会」での金裕善報告「通貨危機以降の韓国における労働市場の変化」／金元重「韓国労働者の〝夏闘〟と揺れ動く盧武鉉政権」『飛礫』四〇号、二〇〇三年、一五頁／金基元「金大中政府の構造調整政策（上）」二九頁／朴泰鉒・呉建昊「非正規職、現代版身分制か」一九四－五頁をみよ。

(22) 梁官洙「韓国の経済危機と構造調整」一九七－八頁／原洋之介『アジア型経済システム』中央公論社、二〇〇〇年、一〇二－一八頁／郭洋春『韓国経済の実相』柘植書房新社、一九九九年、一四七頁、二〇四頁をみよ。

(23) 李濟民「韓国の産業化と産業化政策」安秉直編『韓国経済成長史』（韓国）ソウル大学校出版部、二〇〇一年、四九〇頁。

(24) 韓福相『韓国の経済成長と工業化分析』勁草書房、一九九五年、一四六－六二頁をみよ。

(25) Hagen Koo, *Korean Workers*, p. 201.

(26)　崔章集『民主化以後の民主主義』一六四頁、郭洋春『韓国経済の実相』一九六頁、二〇四頁／中谷武「持続可能経済と市場メカニズム」第一五回総合学術研究集会『持続可能な文明をめざして』日本科学者会議、二〇〇四年、一五〇頁／渡辺憲正「グローバル化とネオナショナリズム」『ポリティーク』第八号、二〇〇四年、二一五頁をみよ。

(27)　崔章集『民主化以後の民主主義』一六四頁、一七一頁、李達源「世界化と労働部門改革」二三一頁／金元重「韓国労働者の〝夏闘〟と揺れ動く盧武鉉政権」一八頁／原洋之介『アジア型経済システム』一〇七－八頁をみよ。

(28)　伊豫谷登士翁『グローバリゼーションとは何か』一四一－七頁／中谷武「持続可能経済と市場メカニズム」一五一頁をみよ。

(29)　崔章集『民主化以後の民主主義』一七三頁、二一四頁／梁官洙「韓国の経済危機と構造調整」一八四－一五頁／朴昌明『韓国の企業社会と労使関係』一八頁をみよ。

第7章　ＩＭＦ事態以降の貧困と労働

1　貧困

ＩＭＦ事態以降の韓国には「前代未聞の不平等と貧困」が蔓延している。これは労働市場の構造的変化や不平等体系再編の当然の帰結として貧困が拡大した現象とみられる。(1) 視野をひろげれば「貧困は、経済的剥奪・社会的排除・文化的疎外などの複合的状況であるので、社会的不平等の函数といえる」(2) だろう。本章ではこの韓国の貧困と社会的不平等を把握し、それにともなう階級の再形成を展望したい。

「かつては、たとえ貧しい家庭に生まれても自分の努力でよい暮らしをすることができたが、いまは、まじめにはたらいても暮らしてゆけないし、自分だけでなく子どもも暮らしてゆけない」(3) といわれるように、多くの人々が低所得による呻吟と将来にたいする不安をかかえて「生きづらい」日々を送っている。

韓国開発研究院のユ＝ギョンジュン研究委員の試算によると、一九九六年に七・七％であった韓国の貧困率は、二〇〇〇年には一一・五％に上昇した。(4) すくなくとも全体的に韓国の貧困がいっそう深刻化していることがわかるし、後述するように、これは日本の昨今の貧困と類似する点が多い。

韓国の貧困は、日本植民地下および米軍政下での財産収奪や差別的社会関係、朝鮮戦争による破壊と荒廃とを背景として有するが、爾後の高度経済成長下でも依然として解消しなかった。農村が分解を余儀なくされ、離農民は都市の産業部門に吸収されたが、この離農民は都市産業の核心部門には近づけず、たいていは周辺的経済活動に従事せざるをえなかった。いわば離農が都市産業部門の雇用能力を超える規模ですすんだのであるが、それも韓国の産業化・資本主義化が自生的内生的なものでなく、外部移植された従属的資本主義の道を歩むものだったからである(5)。都市部には離農民のほかにも、解放後に帰国した海外同胞や越南者が流入し、都市貧困層は増大していった。

高度経済成長期にも韓国では物質的財貨不足が一般化し、都市住民の大多数は貧しかったのであり、かりに貧困を絶対的貧困と相対的貧困とに分けるとすれば、一九六〇年代から一九九〇年代はじめまで絶対的貧困は八〇%台、相対的貧困は二〇%で推移した。その意味でこの時代の貧困を普遍的貧困とよぶ向きもある。

二〇世紀の韓国は、植民地収奪、解放、分断、戦争、軍部クーデター、急速な産業化、というように社会的激動にさらされてきた。そこでは社会体制の安定を期待することができなかったが、これは裏を返せば、大胆な社会移動が可能であったともいえる。貧農の子息が財閥総帥になり、大地主の子息が貧民になることもあったという。これは〈開放型階層構造〉とよばれることがあるが、そこでは貧困層が貧困を抜け出すことがありえ、すくなくとも貧困の世襲を防ぐこと不可能ではなかった。

けれども激動の時代から安定の時代に入り、階層間上方移動が閉ざされ、開放型階層構造は閉鎖型階層構造に変貌した。そして階層的地位の世代間継承が日常化するという階層構造の固着現象があらわれはじめた。貧困層の世代内貧困脱出が不可能になり、その世代間再生産が一般化したのである。こうして、多少とも希望のあったかつての貧困に、泥沼から抜け出せない絶望の貧困が取って代わったのである。

持続していた高度経済成長が減速もしくは停止すると、全社会階層の地位上昇も所得増大も停止し、貧困層への下方階層移動が始まる。高度経済成長はいわば「みえざる社会的安全網」であったが、これが消滅したのである。

一九九〇年代に入ると物質的欲求が基本的に充足される反面、非物質的条件が相対的に欠如する現象が目立つ。貧困が特定の少数者に集中しはじめたのである。後述するように雇用が不安定になるなかで、家庭生活においても不安が増大し、現状から抜け出せないという近年のこの貧困は、新貧困ともよばれる。文化的財貨や「生の質」の享受を妨げ、自己実現を困難にする新貧困は、特殊的貧困・構造的貧困ともいわれる。(6)

たしかに高度経済成長期には、雇用機会が拡大し、家計別所得不平等が緩和し、冷蔵庫のような耐久消費財が普及し、都市農村間の生活格差が縮小し、家門意識が弱化するなど、国民全体の生活条件が向上する傾向がみられ、基礎材の配分が平準化された。これにたいして、たとえば自家用車を所有しているか否かの相違はたかだか千余万ウォンの事柄かもしれないが、小型車か高級大型車かの選択の相違はその何倍かの金銭的支出にかかわるという例にみられるように、上級材にかんしては不平等が厳存するのである。(7)

あらためていえば旧貧困と新貧困とは、対比的につぎのように特徴づけられる。旧貧困はそもそも経済活動にかかわれないのにたいして、新貧困は経済活動にかかわりつつも貧困を抜け出せない。旧貧困は都市住民大多数の貧困であるが、新貧困は特定の少数者もしくは労働貧困層（ワーキングプア）の貧困である。流動的雇用体制が新貧困を生む一因であり、新貧困の人々は就業と失業との境界線上にある。ちなみに日本のばあいは、最低賃金制度の脆弱が喫緊の問題であるが、非正規職のフルタイム化および自立生活化が進行しているのが現状といえる。総体的欠乏状態である旧貧困はいうなれば絶対的貧困であるが、高度経済成長期成長をへて生活水準向上を経験したのちの新貧困では貧富の差の拡大が焦点になり、それは相対的貧困といわれる。

日本の旧貧困の時代は高度経済成長によって徐々に全社会階層の生活水準が向上していった時代でもあり、そこにおいては経済成長が「みえざる社会的安全網」であったともみなされる。日本型開発主義的国家形成のなかでいわゆる日本型雇用が定着し、はたらいていれば市場収入でなんとかやってゆけたため、絶対的貧困層は減少していた。これにたいし経済成長が減速するなかで発生した新貧困においては、所得増大や地位向上は期待できない。そこでは生活水準向上の機会剥奪が中下層に集中し、貧困層への下方階層移動が起こる。

また旧貧困は経済的次元の物質的欠乏であるが、新貧困は社会的関係の断絶や文化的疎外をふくむ多次元的・複合的貧困である。新貧困が社会的不平等の函数といわれるゆえんである。さらに新貧困においては中産層との経済的格差が増大し、貧困層が社会的および心理的に孤立する。

旧貧困は開放的階層構造のなかで生じたもので、そこでは貧困者の上方移動の可能性があり、その意味で旧貧困は脱出可能な貧困、希望の貧困ともいわれる。それにたいして新貧困は、脱出できない貧困の沼であり、絶望の貧困であるといわれる。新貧困の当事者は、空間的隔離と社会的距離感とによって心理的孤立を余儀なくされている。韓国・日本・米国は、公的社会支出に乏しく、勤労世帯を支える社会制度が貧弱であるとされる。

新貧困の社会構造的要因としては新自由主義的経済体制があげられる。新自由主義的経済体制は福祉受恵対象を縮減し、福祉水準を引き下げているし、また福祉受恵対象者を「社会的落伍者」として求職の列に並ばせようとしている。ここでは社会的安全網は弱化し、労働市場の柔軟性ないし流動性により雇用不安が増大する。このような現象は韓国と日本とに共通するであろう(8)。

2　労働市場の不安定

前述のごとく新貧困層は経済活動にかかわりつつも貧困を抜け出せない集団であり、これは端的には労働貧困層、すなわちワーキングプアを指すものといえる。

高度経済成長期までは韓国労働者たちの大多数が半熟練労働者で、産業プロレタリアートの典型の態をなし、ひとしなみに劣悪で危険な労働条件のもとに置かれており、そこでは同質的な労働市場が形成されていた。ところが一九九〇年代に入り産業構造が高度化し尖端化するなかで、労働条件は個人の属性および職業能力におうじて異なってゆく。それにともなって雇用はとうぜん不安定になり、そこに韓国の新貧困が発生する。(9)

雇用の不安定に拍車をかけたのが韓国経済のグローバル化であり、とくにＩＭＦ事態以降の労働市場柔軟化政策である。一九九七年一一月に韓国政府はＩＭＦに救済支援を要請し、翌一二月に両者のあいだで約五七〇億ドルの救済金融協定が調印されるが、その救済金融の条件として「ＩＭＦ改革パッケージ」が韓国政府につきつけられた。「財閥企業の構造調整・金融改革・公企業改革・労働改革に要約される」この改革パッケージは総じて労働のありかたの〝改革〟に眼目が置かれていたとみられる。(10) じっさい緊急救済援助金融を提供し追加投資をおこなう条件としてＩＭＦに束ねられた先進諸国や海外資本は韓国政府に「労働市場の柔軟性を高めること」を明確に要求したのである。(11)

柔軟性は景気変動にたいする緩衝装置として、配置転換などによって市場の生産量需要の変化に対処する機能的柔軟性・賃金の柔軟性・労働時間の柔軟性のごとき内的柔軟性を指すものであった。また柔軟な労働市場といえば、社会保障や安全網によって労働者の安定した生活条件がととのえられるとともに、未経験の職種の職業訓練が受けられ、他の企業や他の業種への労働移動を容易にする労働市場、つまり労働者の転職や再就職を容易にする労働市場を意味したはずである。

ところが韓国では、労働の柔軟化が数量的柔軟化・外的柔軟化と、つまり解雇の自由と曲解される傾向が強まった。いわば柔軟性や柔軟化という概念が狭小化されたのである。それと並行して、正規職を減らし非正規職を増やす傾向が、日本と同様に韓国でも強まった。一九九七年以来の「三年間におよぶ経済危機過程で労働市場にあらわれたもっとも際立った現象のひとつは、労働市場の非正規化である」。かんたんにいえば「IMF経済危機以前には四〇%台であった非正規労働者の比率は、二〇〇三年八月には全賃金労働者の五六%にいたった」。非正規労働者の割合はその後も増えつづけ、二〇〇七年には六〇%に迫ったという。とりわけ新規雇用労働者に占める非正規労働者の割合は、七〇%とも八〇%ともいわれた。

IMF事態以降、階層間所得格差はいっそう広がっており、所得不平等の度合いをしめすジニ係数は、一九九七年の〇・二八三から二〇〇一年の〇・三一九に上昇している。上位二〇%階層と下位二〇%階層との所得格差は、一九九五年=四・四二倍、一九九六年=四・六三倍、一九九七年=四・四九倍、一九九八年=五・四一倍、一九九九年=五・四九倍、二〇〇〇年=五・三二倍、二〇〇一年=五・三六倍、というように、IMF事態を境に上昇した。また、正規職の月平均賃金を一〇〇としたばあいの非正規職の月平均賃金を年ごとに示すと、二〇〇〇年=五三・五、二〇〇一年=五二・七、二〇〇二年=五二・七、二〇〇三年=五一・二、と下降していることがわかる。(12)

非正規職問題は一九九〇年代中盤に勤労者派遣法の制定がとりざたされてから起こったものである。当時の政府や企業は、勤労者派遣法はどこの先進国にもあるよい制度であると嘘をならべ、また企業の立場に立つ学者は、雇用増大のために派遣関連の規制を緩和するのは世界の趨勢だと強弁して、派遣業種拡大を誘導した。(13)

3　社会的不平等

非正規雇用の拡大は低賃金および雇用不安定性をもって特徴づけられ、賃金所得の不平等、労働所得の不平等をいっそう深めた。労働市場柔軟化政策は非正規職を拡大することによって、貧困と生活不安定とに苦しむ階層を増大させ、所得の不平等を深刻化させたのである[14]。

韓国の貧困が日本植民地下および米軍政下での社会のありかたを背景として、植民地収奪、解放、分断、戦争、軍部クーデター、急速な産業化、従属的資本主義化というような社会的激動のなかで深化してきたのと同様の長い来歴を、韓国の不平等も有している。一九九〇年代以降、人々の物質的欲求が基本的に充足するにつれて不平等にたいする関心は薄れ、あわせて階級にたいする意識も薄れた[15]。これはいわば豊饒化にともなう関心低下であるが、このほかに個人化の傾向にともなう関心低下が指摘される。すなわち生活水準の持続的向上や教育機会拡大、福祉制度にたいする注目などによって、近代ブルジョワ形成期の個人化とは異なる形態の個人化が傾向としてあらわれて不平等現象の隠蔽がすすみ、不平等にたいする関心が低下するというものである。この不平等現象の隠蔽にともない、個人化過程のなかであらわれる社会的抵抗は各種各様の差別に転換されてしまう[16]。

欧米社会科学界においては近年、階級的視点は不平等の視点に席を譲ったとし、階級と不平等とを異質のものとして、ばあいによっては対立的にとらえる向きもある。このとらえかたは、いわば個人主義の深化にともない、人々がもっぱら個人的栄達を求め、集団としての社会的進歩を求めなくなっていることをふまえたもので、不平等という抽象概念は大衆行動の芽を摘むと主張する[17]。この見解にも一理あるが、人々が個人的栄達を求め集団的社会的進歩を抛棄する態度をとるようになった背後にはイデオロギー攻勢があると考えられるので、この態度そのものを問い直し、個人の不平等としてでなく集団的な不平等として把握されるような不平等概念を追求するべきではないか。こうして、階級や階級意識には不平等にたいする批判的論点もふくまれている、あるいは階級や階級意識は不平等にたいする批判的論点をふくむべきであると理解し、不平等概念は階級概念と対立するものではないと把握しておきたい。階級や貧富といった不平等は資本主義の基本であるとして[18]、相互関連のもとにとらえられる。

もっとも、こと韓国においては階級と不平等とについて、それと異なる指摘がなされている[19]。一九八七年のいわゆる労働者大闘争および「民主化」ののち、韓国人の関心は変革でなく改革に向かったといわれる。労働運動や革命よりも、細部領域の改革にたいする関心のほうが高まったのである。それに重なるように一九八九年には東欧の既存社会主義諸国が崩壊し、階級に寄せる関心はいっそう薄まり、階級分析にたいしても否定的な風潮が広まった。そして階級や階級分析にたいする関心稀薄化の動向にともない、不平等にたいする関心も稀薄化し、一九九〇年代後半には韓国社会学界でも不平等はあまり取りあげられなくなったという。

けれども不平等が解消されたわけではなく、それは経済グローバル化のなかで、むしろ全地球的規模で深化していった。韓国においては労働市場の構造的変化とともに不平等体系が再編され、前代未聞の不平等と貧困とが韓国を襲うことになる。経済学界では所得不平等の研究がすすみ、産業社会学や労働社会学の研究者らが労働市場の構造的転換にともなう不平等を論じはじめる。一九九〇年代以降の韓国において典型的には不動産価格上昇により貧富の差が拡大し、貧困に苦しむ人々の周辺には家族解体や犯罪が出現する。経済的不平等による疎外意識と社会葛藤とが深刻化し、不平等はたんに所得の不平等や経済的不平等にとどまらず、社会的不平等、階級的不平等に深化する。多くの人々が経済的不平等やそれによる疎外を経験することになるが、これはとりわけ階級的不平等の意識として束ねられることが多いのである。こうして社会全体としても階級的不平等にたいする関心があらためて呼び起こされるにいたる。

今日の階級的不平等は、一九六〇年代や一九七〇年代と異なり、一国の現象ではなく地球規模の現象である。階級間の所得分配は外国投資家の活動によって大きく左右される。新自由主義グローバル化は経済の不安定をもたらし、経済の不安定は労働市場と雇用と所得とにおいて不安定をひきおこし、それらの不安定は社会全体の経済的不平等をもたらす。このような一連の経済的社会的動向によってあらたな形態の貧困層が生まれるのだが、労働貧困層はその一例である。

4 正規職・非正規職と労働組合

労働市場柔軟化は労働者を企業にとって都合のよい形態で雇用することを促し、勤労基準法の改変はそれを法的に支えた。当然のように正規職が激減し、非正規職が急増した。ひとつの職場に正規職と非正規職とが混在して労働に従事することになったが、両者の所得には大きな差が生じる。さらには、非正規職のなかでも臨時雇用と日雇いとのあいだで待遇に格差が生じた。一九九六年には、労働者のうち常用労働者は三五・五%、臨時労働者は一八・六%、日雇い労働者は八・七%であったが、二〇〇〇年には常用労働者が二八・三%、臨時労働者が二〇・四%、日雇い労働者は一五・三%になった。[20]

韓国労働組合総連盟中央研究院が二〇一〇年に雇用および労働市場にかんする調査をおこなったが、そのうち「会社での地位」にかんする日常的な雇用不安の程度は、正規職平社員で「比較的大きい」が二二・六%、「非常に大きい」が六・六%、非正規職平社員で「比較的大きい」が三四・七%、「非常に大きい」が一四・三%であり、正規職と非正規職とのあいだで雇用不安の差は歴然としている。[21] 政府系ナショナルセンターというべき韓国労働組合総連盟ですら、非正規職問題の深刻性をとりあげざるをえないのである。

日本で改正労働契約法が施行され、いわゆる五年ルールが導入されるのに先立って、韓国ではいちはやく二〇〇七年に非正規職保護関連法が施行されている。韓国の非正規職保護関連法では、非正規職労働者が二年をこえて勤務すれば無期契約あつかいになることが定められており、これはいうなれば二年ルールである。ただし、非正規職労働者が二年以上の勤務をへて無期契約になっても就業規則は正規職とは別建てで、賃金は正規職の約半分という待遇は変わらないという。非正規職労働者の雇用は依然として安定しないといわざるをえない。二年をこえる非正規職労働者の約三割は、雇い止めか離職かという結果になっているのが実情である。二年をこえて労働者を雇うか否かの決定は使用者にゆだねられており、民間部門では労働者にとって不利益が生じているが、ただ公共部門では労働者の待遇が向上する例がみられると金裕善《キムユソン》はいう(22)。

こうして同じ職場にいながらも労働者の経験がおのおの異なるという現象が一般化した。いわば労働者が分断され、労働者階級が分化したのである。すると、労働者どうしの仲間意識や連帯が形成されにくくなり、労働者階級意識の共有も困難になる。労働組合はもともと正規職労働者によって構成されていたため、正規職のことしか目に入らず、非正規職の権利や待遇を論点とすることはほとんどなかったし、また非正規職労働者が労働組合に加入することもできず、正規職と非正規職とのあいだに溝が生じてきた。既存労働組合が「飯のタネを握って離さない」ことが批判され、正規職と非正規職との溝は深まってゆく。

「正規職中心の労働運動が非正規職を同じ労働者『階級』の一員として受け入れるのでなく、非正規職を雇用の安全弁、賃金引き上げの補完物として……利用してきた」として「労働運動が韓国社会で批判され疎外されている」ことが指摘される。この批判をふまえて「いまや非正規職のほうが正規職よりも多いのだから、労組にとっても非正規職は核心的な組織資源」であり、「労働運動があらたに発展するためには非正規職をとりこみうるアイデンティティの確立も必要である」といわなければならないだろう(23)。

正規職からはじきだされた非正規職労働者たちは他方で、日本の首都圏青年ユニオンなどを参考にしつつ、韓国で二〇一〇年に「青年ユニオン」を結成した。

なお韓国において大学院博士課程を出ても定職に就けない研究者の生活苦は、日本での事情に勝るとも劣らない。手許にある『95～96全国大学講師労働組合活動報告書』という、かなり古い文書によると、大学教育の三～四割は非常勤講師によって成り立っているにもかかわらず、非常勤講師が週に九時間の授業を担当しても、三人家族の最低生活費の三分の一にもならない。なかには非常勤講師室のない大学、非常勤講師が図書館で図書の貸出を受けられない大学もある。こうした状態をふまえ、労働者大闘争後の一九八七年一一月にソウル大学校講師協議会が旗揚げし、それにつづき成均館《ソンギュングワン》大学校・嶺南《ヨンナム》大学校・全南大学校・延世《ヨンセ》大学校・釜山大学校などで講師協議会が結成された。そののち、各大学校の全国的組織というべき全国大学講師協議会が一九八八年八月に発足し、これを引き継ぐかたちで、二六大学校の参加のもと、一九九〇年四月に全国大学講師労働組合が創立された。それにともない各大学校の非常勤講師組織は全国大学講師労働組合の分会として再編成された。韓国労働部は当初この全国大学講師労働組合を任意団体とみなしていたが、組合のねばりづよい交渉により、一九九四年七月に全国大学講師労働組合はようやく労働組合と認定された。全国大学講師労働組合が発行したパンフレットには「いまや大学講師は専任教員にいたる短い通路でなく、ひとつの独自の教員として職業化されているといえるでしょう。……講師たち……を〝教授になるのを待っている人〟というぐらいにみている大学社会にたいして全国大学講師労働組合は、大学講師もひとつの独自の社会的地位をもった存在であることをあきらかにしたいのです」としるされている。

けれども「ＩＭＦ信託統治」下に入った一九九八年以降、全国大学講師労働組合の活動は停滞した。その後、韓国の各大学では「研究教授」と称する研究員制度ができたが、定職のない若手研究者の生計と将来とを保障するものではない[24]。

非正規職をもとりこんで再編成される労働組合、正規職労働者と非正規職労働者との連帯を可能にする労働組合がとうぜん模索されているが、これはいまだ実現途上にあるといわざるをえない。

労働市場柔軟化の経験をつうじて労働組合による雇用保障は不可能と思い知った労働者たちは、生きのびるためには市場経済のなかで自分の力をつけることが必要であると感じ、道具主義・能力主義を内面化する傾向がみられる。そこでは、労働者どうしの対抗関係・緊張関係ばかりが労働者の意識にのぼり、いわば新自由主義に反発する意識は薄まるという。さらには、政府や資本が推進する新自由主義的経済政策や構造調整の必要性を支持する向きもあるとされる。新自由主義的風潮のなかで生活条件・物的条件の悪化を経験した労働者が、みずからの属する集団の連帯に向かうのではなく、自分ひとりがうまく立ちまわってゆく傾向をみせている[25]。

こうして社会的不平等は、労働者たちの連帯ないし階級的連帯の模索へと論点を移してゆく。

註

（1）申光榮『韓国の階級と不平等』〔韓国〕乙酉文化社、二〇〇四年、一一二頁をみよ。

（2）張世勲「韓国社会に〈新貧困〉は存在するのか」韓国都市研究所編『韓国社会の新貧困』〔韓国〕ハヌル、二〇〇六年、一七頁。

（3）朴泰鈺・呉建旲「非正規職、現代版身分制か」一九四頁。

（4）尹ドヒョンほか『韓国の貧困と不平等』〔韓国〕民主化運動記念事業会／先人、二〇〇四年、八三頁をみよ。

（5）曺喜昖『階級と貧困』〔韓国〕ハヌル、一九九三年、三〇七頁をみよ。

（6）張世勲「韓国社会に〈新貧困〉は存在するのか」一五－二〇頁／趙明來「新自由主義的産業構造調整と新貧困」韓国都市研究所編『韓国社会の新貧困』〔韓国〕四九－五〇頁をみよ。

(7) 金文朝『韓国社会の両極化』〔韓国〕集文堂、二〇〇八年、一二三頁をみよ。
(8) 以上、張世勲「韓国社会に〈新貧困〉は存在するのか」一八―二三頁／渡辺治ほか『新自由主義か新福祉国家か』旬報社、二〇〇九年／後藤道夫『ワーキングプア原論』花伝社、二〇一一年をみよ。
(9) 趙明來「新自由主義的産業構造調整と新貧困」五〇頁をみよ。
(10) 崔章集『民主化以後の民主主義』一六九頁。
(11) 李違源「グローバル化と労働部門改革」二二九頁。
(12) 尹ドヒョンほか『韓国の貧困と不平等』一〇〇―五頁。
(13) 河ジョンガン「非正規職労働者」『黄海文化』〔韓国〕二〇〇七年秋号、二二一頁をみよ。
(14) 尹ドヒョンほか『韓国の貧困と不平等』一〇六頁をみよ。
(15) 申光榮『韓国の階級と不平等』一〇三―一一二頁をみよ。
(16) 金文朝『韓国社会の両極化』二五頁をみよ。
(17) J・シーブルック／渡辺雅男訳『階級社会』青土社、二〇〇四年、六七―八頁をみよ。
(18) 竹内章郎『平等の哲学』大月書店、二〇一〇年、二六頁をみよ。
(19) 以下、申光榮『韓国の階級と不平等』一〇三―一四頁をみよ。
(20) 横田伸子「韓国における労働市場の柔軟化と非正規労働者の規模の拡大」四〇頁をみよ。
(21) ノジンギほか『雇用・労働市場意識基礎調査報告書』〔韓国〕韓国労総中央研究院、二〇一〇年、二一三頁をみよ。
(22) 朝日新聞二〇一三年四月五日、一二日、一九日「韓国の非正規」をみよ。
(23) 朴泰鉒・呉建昊「非正規職、現代版身分制か」一九九一―二〇〇頁をみよ。
(24) 以上、『94~95全国大学講師労働組合活動報告書』〔韓国〕一九九五年／『95~96全国大学講師労働組合活動報告書』〔韓国〕一九九六年／全国大学講師労働組合『三万大学講師の力づよい連帯！』〔韓国〕一九九六年／大学非常勤講師問題会議編『大学危機と非常勤講師運動』こうち書房、二〇〇〇年、二二七―三八頁をみよ。
(25) 趙敦文『労働者階級形成と民主労働運動の社会学』〔韓国〕フマニタス、二〇一一年、三七六―九九頁をみよ。

第8章　階級

1　階級の形成

近年の貧困と不平等とを把握し分析する考察と並行して、貧困と不平等とを克服する手がかりの模索も不可欠であろう。これらの模索のひとつとして集団的自立、階級形成が論点になると思われる。

グローバル化がすすむ韓国社会で階級構造にあらわれたもっとも大きな変化は、階級の分節化と再構成である。分節化とは、資本家階級（上流層）・中間階級（中産層）・労働者階級（庶民層）という従来の三大階級内に起こる内部分化である。この分節化によって経済的格差のみならず社会的・文化的格差が日増しに拡大していることが指摘される。(1)

もともと資本制社会は階級社会を必然とするが、その社会において、人間の「自然発生的な共通の生活感情」にもとづき、「経済的諸条件、諸利害が客観的に同一であり、他の諸階級のそれと区別され、対立している人間集団としての階級」が必然的に形成される。いわば貧富や所得の相違によって階級が形成されるのである。これを即自的階級とよぶとすれば、この即自的階級は、「全国的に結合し、共同の階級利害を個々人の利害に優先させ、共同利害を代表する政治組織をもつ、政治的存在となった階級」、マルクスのいう対自的階級（Klasse für sich）に発展する。(2) 階級の形成は、階級構造内で同一位置を占める個々の労働者が集団的な連帯意識をもち、労働組合のような組織をつくり、労働者階級の利益を追求する過程なのである。(3)

土台の変化に対応して上部イデオロギー構造が変化し、即自的階級は組織化と階級闘争とをつうじて変革主体である対自的階級に転化するのだが、近年では、社会変動の過程で土台の変化と上部構造の変化とのあいだに、すなわち即自的階級の形成と対自的階級の形成とのあいだに乖離が生じ、階級形成が困難になっていると論じられることがある。即自的階級の位置は構造的に規定されており、階級意識は、この構造によって論理的に規定されるか、あるいは副次的形態とみなされ、集合的行為や意図は限定的であり、構造論もしくは土台決定論の枠内で語られるにすぎないというのである。(4)

また、そもそも階級ないし階級理論はもはや意味がないとみなす向きもある。じっさい、あらたな社会的不平等が生じているにもかかわらず階級理論が深化しているとはいえない現状をふまえて、階級不在仮説と理論的遅滞仮説とが示されている。

階級不在仮説とは、もはや階級がとりざたされることがないほどに社会の階級的秩序が解体されているという仮説で、「階級はない」という標語によって示されるものである。これは、父母の経済的地位の継承、交友関係・近隣関係・通婚関係などの人間関係、生活様式、集団帰属意識、円滑な階級間移動、集団的活動、政治的関与、文化的指向などを分析した米国の社会学者が、階級は消滅したと結論づけ、これらの特性は米国のみならず西欧にも共通してみられるとする「無階級社会論」に典型的にあらわれている。このような無階級社会論もしくは脱階級論・階級解体論は、物質的豊饒を土台として成り立っているともいえる。高度成長期に、雇用機会拡大、家計別所得格差緩和、冷蔵庫などの耐久消費財の普及、都市‐農村間生活格差縮小、階層間地域間進学格差縮小、家門意識弱化などにともない、収入と生活とが安定するにつれて尖鋭な階級対立の発生が減少することは、みやすい道理である。けれども、たとえ基礎材の配分が標準化した「豊かな社会」においても上級材の配分にかんする不平等発生の余地は残るし、じっさい上級材にかかる韓国の不平等は深刻の度を増している。それゆえ階級的秩序が消滅し階級が無意味化するという階級不在仮説は今日の社会的現実の適切な診断とはいえないであろう。

他方の理論的遅滞仮説とは、変貌した今日の社会不平等体系ないし階級的現実について、従来の階級理論ではじゅうぶんに解明できない、いいかえれば現実より理論が立ち遅れているとする仮説である。理論的遅滞には主として三つの局面があるとされる。第一は豊饒化命題とよばれる論点で、ある種の社会的高低の根拠として、かつてのような有形無形資産の所有いかんでなく、知識・技術・象徴財のような非物質的資産が今日では注目されるが、非物質的資産は測定基準が主観的になりうるため、階級的な位相や格差が隠蔽されることが多い。第二は複雑化命題とよばれ、かつてのようにたんに労働者という人口層を対象とするのでなく、中心と周縁という枠組みや、国籍・性別・年齢などの属性を考察対象に入れ、複雑で多元的な階級的現実を分析すべしとするものである。第三は個人化命題とよばれる論点で、経済成長による生活水準の向上や教育機会の拡大など社会の豊饒化にともない、個人化ないし個人主義化の傾向があらわれ、それが社会的不平等の集合的土台をくずし、集合的現象としての階級的不平等を個人の責任に帰するものである。個人化ないし個人主義化によって階級的不平等は隠蔽され、公共的争点から抜け落ち、社会的課題としての認識が弱まるのである。このような不平等の隠蔽は、問題の解消ではなく偽装であり、階級対立としてあらわれていた種々の社会的抵抗は、多様な差別に転換される。これら三つの局面において階級理論は、日増しに強固になり緻密になる階級的秩序のなかで、斜陽化しているとみなされる。(5) なおこの動向は、「労働者階級内部の階層分化が、社会的・政治的に大きな意味を持ち始め、この階層問題を組み込めない『階級』把握は、社会分析の武器として無力になってきた」(6) 一九七〇年代中葉以降の日本と類似しているであろう。

このような論点は、今日の階級形成困難の原因であるとともに、向後の階級形成において課題とすべき論点でもある。これについては本章末尾でとりあげる。

2 階級意識の概念

現代世界の根本的傾向としてあらゆる階級のうちにしだいに階級意識が芽生えることをマンハイムは示唆している。(7) 階級意識そのものの規定は本節全体で浮かびあがるだろうが、古典的にはマルクス、ルカーチ、ブハーリンらによって社会科学的に階級意識が論じられてきた。

「哲学一般は実際には存在しない。存在するのはさまざまな哲学や世界観であり、人はつねにそれらのなかからひとつの選択をおこなうのである」(8) というグラムシの言葉をもじっていえば、階級一般なるものは存在せず、存在するのはさまざまな階級である。しかも人は階級を選択することはできず、特定の階級に偶然的に置かれるにすぎない。

世界観は、人が真空のなかでこしらえるものではない。人はおのおのの現実のありかたのなかで、おのおのの存在諸条件のもとに、おのおのの世界観をかたちづくるのであり、人がおのおのの存在諸条件から離れて、世界観を自由に「選択」することは例外的であろう。そして「人はみずからの世界観によって、つねに特定の一集団に属する。正確にいえば、思考と行動とにかんする同じひとつの流儀をわかちもつ社会的構成分子全体〔という集団〕に属する」(9) というように、世界観と階級とは相即する。

とりわけ近代社会の分業体制のもとでは「個人的関係が必然的に不可避的に階級関係へと進展し固定」し、諸個人の人格的・個人的関係の「一般的階級関係のもとへの包摂」が起こるとすれば、また端的には、諸個人の利害が共同の利害ないし階級利害へと自立してゆくとすれば、人間の社会意識は階級的性格を帯びることになる。[10] ゆえに「私たちの時代の社会意識は階級意識である。それはつねにそのときどきの階級利害に焦点をあわせて、人間の物質的生活様式を反映する[11]」。

資本制社会の発展のなかで階級利害とともに階級意識が必然的に形成され、そこでは諸個人の人格的なものが特定の階級諸関係によって制約され規定される。そのような階級諸関係にあるとき人間は、個人ではなく、階級構成員なのである。[12]

階級意識形成が近代の分業社会ないし資本制社会において必然であるとすれば、あらためて、それはいかなる要素にもとづき、いかなる過程によって形成されるのだろうか。

階級意識発生の順序としては、意識もしくは反省的意識の形成に先立って、感情・情緒・感覚といった感性的要素が考えられる。これらは人間の日々の生活からおのずと生まれる感情である。また、人間の生活が本質的に他者との共同のもとに成り立つことを考えれば、この感情は自分ひとりの感情ではなく、他者と共通する感情である。つまり「自然発生的な共通の生活感情[13]」がまず生ずるといえる。これはいわば感性的に形成される、階級意識の原型であろう。

「韓国の労働者たちが労働の現実にたいしてひときわ感情的に激烈に抵抗してきた[14]」のに類する場面は、地域や時代を問わず、世界史のなかで無数にみられたことであろう。「人が、自分の階級の利害と歴史的役割とを科学的に知らずとも、自分が自分の階級と結合していることを感じとる」のは、人間の「階級的本能」であること[15]を述べる向きもある。ここでは集団的利害が反省的に意識され自覚されているというより、「自然発生的な共通の生活感情」による自分と階級との結合感が重視されるのである。

人間の「自然発生的な共通の生活感情」にもとづきつつ、人々は、階級社会を必然とする近代資本制社会において、自分たちの集団的利害を意識し、その利害が階級にもとづいて発生することを意識するようになる。「経済的諸条件、諸利害が客観的に同一であり、他の諸階級のそれと区別され、対立している人間集団としての階級」[16]が必然的に形成される。

このような階級概念にもとづき、貧富や所得の相違によって階級が形成され、それに附随する利害関係によって階級意識が形成されることが、しばしば指摘される。ただし、ここで留意すべきは、階級発生の要素は貧富の指標や所得の分配にかぎられないし、階級意識は利害関係によってのみ形成されるものではないことである。

階級関係の基礎をなすのが人間の分配やものの分配という生産の指標であることは、ロシアの大知識人ブハーリンがつとに論じている[17]し、その後も、「階級は……社会的生産諸関係内部で共通の位置を占める社会的集合体と定義されうる[18]というように論じられている。それにともなって階級意識は、けっして経済的政治的利害の共通性によってのみ規定されるのでなく、労働の経験のごとき社会的生産過程との結びつき、労働者の組織形態、および闘争のごとき社会的政治的経験もまた、階級意識形成の大きな要因であろう[19]。

韓国労働者研究の第一人者というべき具海根《クヘグン》によれば、韓国労働者たちは物質的抑圧と象徴的抑圧という二つの抑圧を日々経験してきた。前者の物質的抑圧は労働者の物質的条件にかかわることであり、これにたいしては最小限の労働条件が要求される。後者の象徴的抑圧は階級関係の象徴的文化的次元にかかわることであり、これにたいしては労使関係改善が要求される。韓国労働者のアイデンティティと階級意識を研究するさいには、この両側面に注意を払わなければならないし、それらをふくむ労働の現実にたいして韓国労働者たちはひときわ感情的に激烈に抵抗してきたのである[20]。

3　階級意識の発展

けれども「自然発生的な共通の生活感情」、自然発生性によって生まれる階級意識の原型が、いまだ対自的階級意識に達していないことは、グラムシもしるしている。[21] 右にみた「経済的諸条件、諸利害が客観的に同一であり、他の諸階級のそれと区別され、対立している人間集団としての階級」を即自的階級とよぶとすれば、この即自的階級は、「全国的に結合し、共同の階級利害を個々人の利害に優先させ、共同利害を代表する政治組織をもつ、政治的存在となった階級」、マルクスのいう対自的階級に発展するのである。[22] これにともなって階級意識も対自化される。

労働者は、最小限の物質的労働条件を要求するのみならず、労働者にたいする人間的待遇をもとめるような労使関係改善の要求をつきつけることによって、労働者のアイデンティティ、階級意識を身につける、という先の具海根の洞察も、対自的階級意識に言及したものといえる。

階級意識は歴史的にとりわけ労働者階級にそくして語られることが多かった。たとえばプルードンは、個人ないし集団のごとき主体が「自分自身についての、……社会のなかで占める位置についての、……その主体においてあらわれ主体が体現する利害についての、意識を有する」ことの必要性を強調するが、ここでのプルードンの論旨は、労働者階級が「社会や国家との関係という点で労働者階級自身の意識を獲得する」こと、ブルジョワ階級と自己とを区別し分離させることを主張するところにあった。[23]

サルトルもまた「あきらかに階級意識は、通常よりはっきりと構成されたある集合的状況における、ある固有のわれわれを仮定するものだ」と論ずるとともに「ブルジョワは階級の連帯に、ひとつのより大きな連帯、〔労働者と資本家との争いをなくすような」国民的連帯を対置する」ことを指摘し、労働者階級にそくして階級意識を主題化している[24]。

階級意識についてまとまった論考を残したルカーチの「生産過程における特定の一類型的状態に組みこまれ、それに合理的に合わせた反応が、階級意識である[25]」という階級意識概念も、労働者階級もしくはプロレタリアの階級意識を念頭に置いたものである。ただルカーチは「……階級意識は……みずからの社会的・歴史的な経済状態について階級適合的に定められる無意識である」とも述べ、日常的意識を捨象し、階級意識を経験から分離し理念化してとらえるきらいがある[26]。他方でルカーチは「階級意識は、個々のプロレタリアの心理学的意識でもなく、プロレタリア全体の大衆心理学的意識でもなく、階級の歴史的状態にかんして意識にのぼった感覚である」と述べるとともに、プロレタリアートは「〈資本にたいして〉のみならず〈自己自身にたいして〉も階級にならなければならない。すなわちプロレタリアートはみずからの階級闘争の経済的必然性を、意識された意欲に、実効的な階級意識に、高めなければならない」とする[27]。

こうして社会科学で論じられてきた階級意識、とりわけ労働者の階級意識は、おおむね「みずからの階級位置、階級利益、階級構成員の同質性・連帯性、階級関係の敵対性、階級関係実現闘争の不可避性、階級支配関係顛覆のためのプロレタリア革命の歴史的任務、に目覚めている状況やその程度」を意味するとみなされる。そして階級意識の「程度」におうじて階級形成の「過程」が現出することを、韓国労働運動研究の専門的研究者が指摘している[28]。

4　韓国の階級意識形成

韓国の支配イデオロギーと文化的環境とのもとで労働者アイデンティティは必然的に「抵抗アイデンティティ」を意味するものであった。一九八〇年代はじめ、韓国の工場労働者たちが「おれは労働者だ」といえば、それはほぼ確実に、産業体制と社会とにおける自己の位置について、ある断固たる態度を、すなわち工場労働者たちを低く卑しいものとみなす社会にたいする敵対的で抵抗的な態度を示すと同時に、ほかの同僚労働者たちとの連帯意識を表明するものであったといえる。労働者アイデンティティは階級意識を発達させるうえで必須の要素である。階級意識が認知的（もしくは科学的）要素をふくんでいるとすれば、労働者アイデンティティは感情的で情緒的な要素を帯びる。けれども、はっきりした階級意識が発展するまえに強い階級的感情が発達するのは必須といえる[29]。

韓国の階級意識、とりわけ労働者階級の階級意識は、どれほど形成されているのであろうか。

一九八七年の労働者大闘争の各種記録をもとに金東椿が労働者の対応を類型化している[30]。それによると、第一類型は労働者が集合的抵抗に訴えることなく沈黙したり、あるいは使用者の施恵に満足して協力的態度をみせたりするものである。第二類型においては労働条件改善や賃上げなど労働者処遇改善のための初歩的要求が提起される。第三類型は労働者がたんなる処遇改善に満足せず、それを制度的に保障させる組織、すなわち労働組合の結成にすすむものである。第四類型において労働者はたんなる事業所単位の労働組合結成に満足せず、労働組合間の連帯、制度改善運動、政治参加に乗り出す。これらの四類型は時間的・質的に労働者意識の一定の発展段階を示すものであり、時間の経過とともに第一類型から第四類型に移行してゆくので、それらは四つの段階ともいうる。質的側面でいえば、これらの移行は労働者の階級意識の漸進的上昇過程である。

ただし労働者の連帯が階級闘争に直結するとはかぎらないことを金東椿は指摘する。連帯意識ないし階級的アイデンティティとは、みずからが労働者階級に属しており、生産過程や社会のなかで占める位置の共通性のゆえに他の労働者と同じ条件にあるという意識である。連帯意識はたんに持てる者と持たざる者という図式で自己と社会とをみるさいにも堅持されうるのであり、かならずしも連帯意識は社会を階級闘争の視角でみる意識であるとはいえない。連帯意識と水準の高い政治的階級意識とがつねに一致するとはかぎらないのである。

出身地域にたいする根づよい帰属意識や、選挙時の有権者すなわち「市民」意識によって、韓国の労働者たちは労働運動から引き離され、労働者の階級的アイデンティティは破片化されてしまう。けっきょく労働者は、地域単位の団結意識と連帯意識とに依拠し、その階級的アイデンティティは労働条件の同一性という初歩的水準にとどまっていた。いいかえれば韓国労働者は、同一業種・同一産業の労働者との連帯、規模の異なる企業の労働者との連帯をなしえず、「労働者一般」の階級的アイデンティティ、全国的・政治的次元であらわれる階級的アイデンティティを形成しえなかった。韓国労働者は対自的階級をなしえなかったのである。

労働者の自己意識・階級意識の形成が焦点となるのだが、具海根によれば、一九七〇年代には産業労働者のアイデンティティが発達し、一九八〇年代には抵抗のなかで労働者の階級意識が形成されることがあったものの、今日では、労働者は現状から離脱したいという願望を有しており、これでは労働者のアイデンティティの発展は望めない。現状から離脱して身分上昇をはかるのでなく、身分上昇がしがない望みであることを悟り、みずからの地位を肯定的に認識してこそ、集団的アイデンティティや階級意識が高まるという。

同時にまた具海根は、階級意識がまっすぐ成長するものでなく、かならず非連続的で矛盾する要素をふくんでいるとし、とりわけ政治的・イデオロギー的に労働者階級意識が押さえつけられてきた韓国においてこの傾向が強いのであるから、たとえいまは労働者の階級的アイデンティティが薄れているようにみえても、今後その成長が期待できることを指摘している。(31)

5　韓国の階級意識弱化

韓国労働者階級の弱化にかんして、労働組合の階級的活動の低下、労働者階級の階級意識の全般的保守化が指摘されている。後者の階級意識の全般的保守化については、支配階級のイデオロギー攻勢と、労働市場や生産現場で失業ないし非正規職を経験した労働者の階級意識のさらなる保守化とが、その原因としてあげられる。労働者たちのうちには、構造調整にたいする集団的解決より、個人的解決をはかる傾向がみられる。階級意識ないし階級敵対意識が消え去ったわけではないが、階級敵対状況のなかで他の労働者たちと連携して対抗するより、個人単位で対応する例がふえたといえる。こうして構造調整を経験した労働者たちは、生きのびるためには市場経済に適合する力をつけることが必要であると思い、生産効率性と能力主義とを内面化することが多いという。そこでは、労働組合による雇用保障は不可能であることを思い知り、生きのびるための強い「道具主義的態度」があらわれる。一九九一年以降、新自由主義や構造調整が蔓延するなかで、労働者階級意識が弱化し、新自由主義に反撥する意識が低下している。この背景には、古典的ともいえる支配階級のイデオロギー効果が指摘される。労働者階級が少なくとも階級としては委縮する現象、韓国労働者階級もしくは韓国社会全般が保守化する現象は、このように説明されうるが[32]、これについては後述する。

さきに金東椿にそくしてみたように韓国においては、出身地域にたいする帰属意識や「市民」意識によって労働者の階級的アイデンティティが地域単位の団結意識と連帯意識とにもとづく労働条件の同一性という初歩的水準にとどまり、破片化され、「労働者一般」の階級的アイデンティティすなわち全国的・政治的次元であらわれる階級的アイデンティティとなりえず、対自的階級を形成しえなかった。これは日本の労働者階級の「市民」化にともなう衰退と類似しているであろう。「現代の労働者の生活は、市民社会の文化・生活の質によって深く浸透され、市民社会の成員たる形式をむりやりにまとわされていながら、しかし同時に、市民社会の能動的成員たるだけの実質を獲得してはいない。したがって以前の労働者階級がもっていた自然発生的な共通の生活感情や、即自的な連帯と集団主義の可能性を掘り崩されながら、同時に、市民的自立の能力を獲得していないということができる」。市民社会の根源的批判がもとめられる理由もここにみいだされる。「労働者個々人が、市民社会批判をくぐりぬけることなしには、現代の政治的階級形成は困難である。……批判を介することによってはじめて、自己の社会的位置にたいする能動的自覚も可能となる。労働者は闘うことによってはじめて自立できるのである」。さらにいえば、西欧型市民社会が名望家社会から大衆社会に移行するのと異なり、非市民社会型の名望家社会が、開発独裁型政治体制から「自由主義を十全に経由しない」まま大衆社会に移行するばあい、すなわち日本や韓国のようなばあいは、画一的で同調主義的ないし全体主義的な社会が形成されやすい。そこにおいて「市民」の形成は困難といわざるをえない(33)。

従属的資本主義化過程で広汎にあらわれる資本主義的核心部門に雇用されない周辺的労働類型であり、韓国の都市貧困を象徴する「小生産部門と周辺大衆(34)」は、「労働者一般」の階級的アイデンティティを形成しがたいであろうし、当該労働者間の連携・連帯の感覚すら生じにくいであろう。このように労働者たちが分断されている状況のなかで労働組合の組織は容易とはいえない。

労働者階級の分断ないし分裂は昨今の韓国社会において深化しており、この克服なくして、労働者階級再形成はもちろん、社会的連帯も貧困解消も階級的不平等解消も果たされないであろう。

労働者階級の分断は、出身地域にたいする帰属意識や選挙時の「市民」意識によって韓国の労働者たちが労働運動から引き離され労働者の階級的アイデンティティが破片化されるという金東椿の指摘する現象から、労働市場柔軟化政策下での雇用形態多様化により正規労働が縮小し非正規労働が拡大するなかで正規職と非正規職とが分断される現象、さらに非正規職のなかでの臨時雇用労働者と日雇い労働者との分断現象、また正規職労働者の利益を追求するばかりで非正規職労働者を顧慮しない既存労働組合をめぐる正規職と非正規職との分断ないし対立の現象まで、多様な局面でみられる。分断が多様化すればするほど、労働者どうしの連携や連帯は弱まり、「労働者一般」の階級的アイデンティティはいっそう遠ざかるであろう。「自然発生的な共通の生活感情や、即自的な連帯と集団主義の可能性」はますます衰退し、「市民的自立」を身につけぬまま大衆社会に放りこまれた労働者は、いっそう「破片化」の度合いをつよめ、両極化が進行する韓国社会のなかで孤独な生きかたを強いられかねない。

6　対抗イデオロギー形成

前述の多様な分断は、あたかも自然かつ必然的に生じた現象であるかのように思いこむ向きがあるだろうが、じつは支配階級によって用意された分断というべき側面もある。労働者階級の解体は社会の多様化にともなういわば自然現象であるとして人々に納得させ浸透させるイデオロギー、支配イデオロギーが、そこにみとめられる。支配イデオロギーとは資本家階級のイデオロギーであり、それは「被支配階級にたいする階級関係を正当化し、階級関係を再生産する」ものである。そこで形成されるイデオロギーの内容は階級気質の内容に関連している。(35)

労働者が多様な場面で分断され、労働者階級内部で階層分化がすすんでいる現状を、いかに克服するか。

経済生活の豊饒化および社会階層の細分化にともなって同じ立場にある他者との連携・連帯が衰退し、個人化ないし個人主義化が進行している。社会に不平等があっても、それを集合的現象でなく個人的現象とみなし、不平等の原因や責任は個人が負うべきと考える風潮が広がっている。これは日本のいわゆる自己責任論と軌を一にする論理である。

この風潮をくつがえすには、みかけのうえで種々の細かい分類にさらされ、所属集団を異にするようにみえる労働者たちが、社会の全体的構造のなかでは同じ利害関係にあることの認識、すなわち同じ〈階級〉にあることの自覚が必要である。破片化された労働者たちが、みずからの破片化は自然発生的なものでなく与えられたものであることを認識し、分断の垣根をこえて結束し団結することが不可欠である。いいかえれば分断的個人主義から連帯的集団主義への転換が必要である。これは後藤道夫のいう〈階級への再定位〉にほかならない。そして「市民的自立の能力を獲得していない」労働者たちが、大衆社会化のなかで押しつけられた「市民」化に対抗して、集団的自立に向かうことが大切である。集団的自立は即自的階級を形成し、それを対自的階級に発展させる歩みでもあるけれども、ここには階級意識の形成と進展とがともなう。

自分とは異なる性質の集団のように思われた労働者たちがじつは自分と同じ利害関係にあり紛れもなく労働者階級として自分と同じ集団に属すること、これまでみずからの見方を方向づけていた破片化や個人主義は支配イデオロギーによって植えつけられたものであること、これらを認識し自覚することが階級意識形成のおおきな意義であり、労働者たちを集団的自立へと促す。近年、支配イデオロギーにたいする韓国労働者の抵抗が弱化しているといわれるが、支配イデオロギーや既存イデオロギーにたいする分析と批判、対抗イデオロギーの醸成と、右にみた労働者の〈階級への再定位〉および階級意識形成とは、並行してすすむ。

一方で、非正規職に象徴される韓国労働者の現前にある困難を個別的具体的に除去し解消する努力におおきな意味があるのは当然であろう。他方それとならんで、目にみえない階級構造を社会科学的に把握し、支配イデオロギーを分析し対抗イデオロギーを形成することが、思想的課題として浮かびあがる。後者は主として知識人に負わされた課題であるかもしれない。

労働者の〈階級への再定位〉と、知識人の〈イデオロギー分析〉とは、車の両輪なのである。

註

(1) 具海根「世界化時代の韓国階級研究のための理論的模索」二七三―八四頁以降をみよ。

(2) 後藤道夫『収縮する日本型〈大衆社会〉』旬報社、二〇〇一年、二五六頁、二八二頁／Karl Marx, Das Elend der Philosophie, *MEW*, Bd. 4, Berlin, 1959, S. 181. をみよ。

(3) 申光榮「労働者階級の今日的意味」『経済と社会』〔韓国〕二〇〇七年秋号、三四八頁をみよ。

(4) この種の見方は、分析的マルクス主義者・新マルクス主義的階級論者・合理的選択論者にみられる。金文朝『韓国社会の両極化』一六―八頁をみよ。

(5) 金文朝『韓国社会の両極化』二二―五頁をみよ。

(6) 後藤道夫『戦後思想ヘゲモニーの終焉と新福祉国家構想』旬報社、二〇〇六年、八四頁。

(7) Vgl. Karl Mannheim, *Ideologie und Utopie*, 8 Aufl., Frankfurt/M., 1959, S. 139.

(8) Antonio Gramsci, *Quaderni del Carcere*, vol. 2, Torino, 2. ed., 1977, p. 1378.

(9) Antonio Gramsci, *Quaderni del Carcere*, vol. 2, p. 1376.

(10) Vgl. Karl Marx, Friedrich Engels, Deutsche Ideologie, *MEGA*, 1 Abt. Bd. 5, Berlin, 2017, SS. 495-497.

(11) Alfred Kosing, *Leitung u. Redaktion, Marxistische Philosophie*, 2. Aufl., Berlin, 1967, S. 669.

(12) Vgl. Karl Marx, Friedrich Engels, Deutsche Ideologie, SS. 95-100.

(13) 後藤道夫『収縮する日本型〈大衆社会〉』二八二頁。

(14) 具海根／申光榮訳『韓国労働者階級の形成』〔韓国〕創批、二〇〇二年、一八七―八頁。

(15) Götz Redlow, usw., *Einführung in den dialektischen und historischen Materialismus*, Berlin, 1971, S. 260.

(16) 後藤道夫『収縮する日本型〈大衆社会〉』二五六頁。

(17) см.Николай Иванович Бухарин, *Теория Исторического Материализма*, Москва, 1923, стр. 326-328.

(18) Alan Hunt, Theory and Politics in the Identification of the Working Class, Alan Hunt, ed., *Class & Class Structure*, London, 1977, p. 98.
(19) 見田宗介『価値意識の理論』弘文堂、一九六六年、三〇三－六頁をみよ。
(20) 具海根『韓国労働者階級の形成』一八七－八頁をみよ。
(21) cfr. Antonio Gramsci, *Quaderni del Carcere*, vol. 1, Torino, 2. ed., 1977, p. 328.
(22) Karl Marx, Das Elend der Philosophie, S. 181, 後藤道夫『収縮する日本型〈大衆社会〉』二五六頁をみよ。
(23) Voir Pierre-Joseph Proudhon, *ŒUVRES COMPLETES DE P.-J. PROUDHON : De la Capacité politique des Classes ouvrières*, Paris, 1924, pp. 89-91.
(24) Voir Jean-Paul Sartre, *L'être et le néant*, Paris, 1984, pp. 471, 180.
(25) Georg Lukács, Geschichte und Klassenbewußtsein, *Georg Lukács Werke*, Bd. 2, Neuwied und Berlin, 1968, SS. 223-224.
(26) Georg Lukács, Geschichte und Klassenbewußtsein, SS. 224-225.／石井伸男『社会意識の構造』青木書店、一九八六年、一八二頁をみよ。
(27) Georg Lukács, Geschichte und Klassenbewußtsein, SS. 248, 251.
(28) 趙敦文「韓国労働階級の階級意識と保守化」『経済と社会』〔韓国〕二〇〇六年冬号、一三頁をみよ。
(29) 具海根『韓国労働者階級の形成』二二二頁をみよ。
(30) 金東椿『韓国社会労働者研究』〔韓国〕歴史批評社、一九九五年、四一－二頁、一二二－三頁、一三二頁、三九七頁、四一五頁をみよ。
(31) 具海根『韓国労働者階級の形成』二〇八－二一頁、二九八頁をみよ。
(32) 趙敦文『労働者階級形成と民主労働運動の社会学』三九九－四〇〇頁／申光榮「労働者階級形成と労働運動」『経済と社会』〔韓国〕二〇〇一年冬号、四〇一頁をみよ。
(33) 後藤道夫『収縮する日本型〈大衆社会〉』一七〇－一頁、二八二頁、二九三－五頁をみよ。
(34) 曺喜昖『階級と貧困』三〇八頁。
(35) 徐ジェジン『韓国の資本家階級』〔韓国〕ナナム、一九九一年、三三頁をみよ。

第9章　社会構成体論争

1　論争の経緯

韓国資本主義論争ともよばれる韓国社会構成体論争は、一九八〇年代に高まりをみせ、当時の韓国社会科学においてひとつの中心的論点となった論争である。「八〇年代韓国の社会構成体論争のように、自国の社会性格を解明するために数多くの運動家・学者たちがあれほど熱心に論議にくわわった経験は、世界の歴史のなかでもみいだしがたい(1)」といわれるほど、それは韓国社会科学史において画期的な論争であった。

韓国の社会構成体論争が「複雑・難解きわまりないもので、さまざまな理論グループや分派があるだけでなく、その理論展開のスピードが極めて速く、整理すること自体困難なほどである(2)」ことは、多くの研究者がみとめるところである。それは、論争を鳥瞰するために韓国で編輯《へんしゅう》された『韓国社会構成体論争』と題された論集が全四巻で構成されていることでもわかる(3)。この社会構成体論争の全体像を描写するのは容易でないが、ごくかんたんに論争についての経緯をしるせば、つぎのようにいえるだろう。

一九七〇年代末より韓国に従属理論が伝播したが、この影響のもとに周辺部資本主義論の立場をとった李大根《イデグン》の論文と、いわゆる正統マルクス主義の系統というべき国家独占資本主義論の立場にあった朴玄埰の論文とが、一九八五年に『創作と批評』誌にならべて掲載されてから、韓国社会構成体論争ないし韓国資本主義論争は本格化した。前者は、韓国資本主義には西欧資本主義と同一視しえない特殊な性格があるとし、韓国の第三世界的特殊性や民族矛盾を強調するものであった。後者は、韓国も西欧社会と同じ資本主義社会構成に向かうのであり、現在は国家独占資本主義段階にあるとし、階級矛盾を強調するものであった。こうして韓国社会に第三世界的性格もしくは社会発展における特殊性をみいだす立場（周辺部資本主義論）と、資本主義や独占資本主義がもつ普遍性をみいだす立場（国家独占資本主義論）とが対立する。これが社会構成体論争の第一段階といわれる。(4)

こののち周辺部資本主義論は棄却され、かわって植民地半封建社会論が国家独占資本主義論と対立する。けれども植民地半封建社会論と国家独占資本主義論とは相互浸透し、とりわけ「民族運動という否定できない実践的当為性」をもって登場した植民地半封建社会論をあるていど受け入れざるをえなくなった国家独占資本主義論は、新植民地国家独占資本主義論・従属的国家独占資本主義論・従属的独占資本主義論という修正理論に改変され、これらはそのうちの新植民地国家独占資本主義論に収斂される。こうして植民地半封建社会論と新植民地国家独占資本主義論とが対立する構図をとったのであるが、これが社会構成体論争の第二段階である。狭義の韓国社会構成体論争とは、この第二段階の植民地半封建社会論と新植民地国家独占資本主義論とによる論争をさす。このふたつの立場については、じつは前者が一九五〇年代の韓国社会に適応する理論、後者が一九六〇～七〇年代の現実から抽象された理論なのであり、いずれも一九八〇年代以降の韓国社会には適合性を有しえないとする批判もある。一九八〇年代以降の韓国社会は、第五共和国（一九八一～八七年）の抑圧的統治体制が第六共和国（一九八八年～）の擬制的民主主義体制に移行するとともに社会運動のなかに漸進主義的潮流を生み、韓国資本主義が発達し、またソ連・東欧の社会主義改革に影響を受け、あらたな局面をむかえた。こうして理論と現実との乖離が指摘され、論争はつぎの段階に入る(5)。

論争の第三段階とよばれるのは、第二段階の植民地半封建社会論と新植民地国家独占資本主義論とのほかに、中進資本主義論が加わった段階である。中進資本主義論とは、一九八〇年代韓国の経済成長を受けて、韓国資本主義の自生的蓄積基盤確立、および韓国社会の西欧化と社会運動の改良の可能性を、いいかえれば高度蓄積と従属弱化とを前面に打ちだしたものであるが、これはじっさいには近代化論の延長線上にあるもので変革の観点を欠くともいわれる(6)。

一九八〇年代に熾烈なまでにくりひろげられたこの社会構成体論争は、しかし韓国社会や韓国資本主義の性格を究明するという当初の目標を達成することなく、「きちんとした結論も残せないまま瞬く間に消滅してしまった(7)」。一九九〇年代に入ると論争は事実上中断され放棄されたのである。

2　論争の消滅

韓国社会構成体論争が一九九〇年代に入って「瞬く間に消滅してしまった」理由として、大きく二つのことが指摘される。

第一に、社会理論としての社会構成体論があまりに抽象的であったことがあげられる。抽象的な理論は必然的に現実の社会と乖離してゆく。社会構成体論争も現実からはずれて理論ばかりを量産するという結果におちいり、一九九〇年代韓国の支配関係や利害関係を解明しえなくなったことが決定的弱点になったという。実質的に社会構成体論争の中心を占めていた民族経済論がブルジョワイデオロギーに埋没し、具体的な階級分析をおこたり、韓国資本主義の特殊性を階級関係の特殊性にではなく国民経済の特殊性にみいだしたことが、この論争が一九九〇年代の社会的変化を説明しえなくなり現実適合性を喪失した原因だとする見解があるとしても、そうして階級分析を強調する論者も理論を具体化しえたとはいえず、これもまた抽象的一診断にすぎないと批判される。こうして学界においてはあらゆる争点が理論的争点に還元され、実践的争点も理論のなかで解決しようとする偏向さえみられた。社会構成体論争は理論のなかで自己運動し、理論偏重傾向をおびて慣性的に展開していったといえる。(8)

第二に、社会構成体論は運動論として変化する現実の要求に応えられず、労働運動と乖離し、大衆から見放されたことが指摘されている。これは第一の理論偏重傾向から必然的に生ずる結果と思われるが、学界でくりひろげられた社会構成体論争は実践運動から独立し、理論一辺倒で展開していったのである。そもそも社会構成体論争は、とうじ国家主義反共イデオロギーが強固にはりめぐらされていた韓国学界の保守的で権威主義的な研究のありかたにたいして異議をとなえ「アカデミズムの自己反省」のもとに研究と実践との結合を果たそうとする意図をも有していたはずで、たしかにそれは既存学界の風潮にたいして抵抗的意味があったといえるが、前述のとおり現実の実践から乖離した理論主義的傾向をつよめ「具体的な現実についての具体的な分析」は掛け声倒れになってしまい、観念的で非歴史的な論争におちいってしまったとみなされている。さらにいえば、社会構成体論争をふくめ当時くりひろげられた社会批判的・社会変革的運動は、統一的変革運動の中心組織なき運動、いうなれば「党なき論争」であり、理論と実践とを媒介させ相互浸透させるための組織的基礎が欠如していたことも指摘される。韓国社会構成体論争などにより変革論的論争はたしかにひろがったが、それらを体系的に収斂する基盤がなかったというのである。ある見方によれば、学界での論争といえども、そこで理論的に深化した成果が組織の経路をつうじて収斂し、実践的資産へと転化されなければならないのだが、この構造が当時の韓国には欠けていた。こうして社会構成体論争はしだいに「実践的自閉性」の色彩を濃くしてゆくのである。(9)

さらには社会構成体論争が消滅した理由として、やや異なる見解も示されている。それによれば、のちにとりあげるマルクス主義は一般に階級闘争に重きを置くものであるが、韓国社会構成体論争においては韓国資本主義の特殊性が分断と第三世界的条件とによって規定された階級関係の特殊性としては理解されず、植民地半封建社会論も新植民地国家独占資本主義論も階級矛盾より民族矛盾を強調し、従属性と自立性とを焦点とした。具体的にいえば韓国資本主義の特殊性が国民経済の対外従属性のうちにもとめられたのである。そうであれば、民族矛盾を克服し自立的経済を確立しようという点では労働者階級と資本家階級とのあいだに本質的な違いがないことになってしまう。じっさい韓国資本主義経済の自立性が高まり、そして帝国主義的属性を帯びるようになる一九九〇年代に社会構成体論争が消滅したことは、それを物語るものといえる。[10]

3　マルクス主義のありよう

韓国社会構成体論争は、現実の労働運動や社会運動との関連という外的要因においてのみならず、論争そのものの内容という内的要因においても、未解決の問題をふくんでいた。まずなによりも社会構成体論争のマルクス主義としての位置づけ、ないしマルクス主義との関係が注目される。

社会構成体論争が本格化する以前は、社会科学の基盤としてマルクス主義の枠組みにたいする否定・無視・言及回避を維持したまま種々の論争がなされてきたが、社会構成体論争はマルクス主義を積極的に受容し、マルクス主義的認識にもとづいて展開されたと評価されている。第一節で示した三段階も、第一段階はマルクス主義にいたる道、第二段階はマルクス主義を抜けだすあらたなパラダイムが提起された段階とみなされる。ただ、ここで留意すべきは、社会構成体論争の経緯が韓国におけるマルクス主義定著の「逆説的なありよう」を象徴的に示していることである。世界史において一般的には、伝統的ないし教条的マルクス主義の一国的・単線的発展段階論にたいする反省のなかでネオ・マルクス主義的諸潮流がひろがってゆくが、韓国ではそのようなネオ・マルクス主義的諸潮流の受容が先行し、この諸潮流が批判的に克服される過程で伝統的色彩のつよいマルクス主義が整備されてゆくという歩みをたどったというのである。具体的には、そうとうの水準の内的整合性と論理的完結性とをそなえていた新植民地国家独占資本主義論は、伝統色のつよいマルクス主義の階級的立場をとっていた。これにたいし植民地半封建社会論は、資本主義発展法則より、米国・北朝鮮の政治的役割に注目し、広範囲の階級連帯をうったえるもので、民主主義革命論としていっそう実践的なものであったが、この植民地半封建社会論はおおきくみればマルクス主義にふくまれるものの、伝統的なマルクス主義からは外れるものとみなされた。このようなネオ・マルクス主義的諸潮流を一身にになうものとみなされたのはアルチュセールの構造主義やアミンの周辺部資本主義論であったが、それらの方法論的土台は社会構成体論争の過程で全面的に批判されるにいたったといわれる。ネオ・マルクス主義的諸潮流の立場、いいかえれば周辺部資本主義論側と、伝統的マルクス主義の立場、いいかえれば国家独占資本主義論側とは、相互作用を重ねて「マルクス・レーニン主義の諸原則」に近づいていった。一九八〇年代中盤の社会構成体論争を支配していたのはスターリン主義だと述べる論者もある。こうして結果的には、呈示された理論がどれだけマルクス主義に忠実であるかという点が争点になった。そして内部の非マルクス主義的要素がいわば不純物としてひとつひとつ取り除かれていったのが、このころの論争のありかたであったという(11)。

もちろん韓国の社会運動にマルクス主義が取り入れられたのは、このときが初めてではない。朝鮮半島では一九二〇年代の植民地時代よりマルクス主義の理論と実践とが経験されているし、いわゆる解放八年間にも米軍政や李承晩政権にたいする闘争においてマルクス主義は生かされていた。けれども、これらのマルクス主義の伝統は朝鮮戦争によって一掃された。朝鮮戦争は韓国社会の思想風土や国民意識そのものを根こそぎ転換させる、とてつもなく大きな出来事だったのである。朝鮮戦争で植えつけられた反共イデオロギーは、それ以降、韓国の社会規範として人々の行動様式を制御するにいたる。そのようななか、マルクス主義は「一種の社会的禁忌」となり、韓国の社会科学や社会運動が大幅に妨げられることになったが、一九八〇年代の社会構成体論争により、伝統的なマルクス主義理論がもういちど韓国の社会科学や社会運動の一基本潮流となるのである(12)。

けれども、そのさい社会構成体論争が基礎にしていたのは「教科書的マルクス主義」であったと指摘されている。一九八〇年代韓国のマルクス主義はソ連の教科書的マルクス主義に依拠しており、社会主義にたいする韓国人の認識もたぶんに原則的性格を帯びていた。このためマルクス主義の多様な潮流は「改良」的とみなされ、多様なマルクス主義的遺産によって韓国の変革理論が豊富化されることはなかった。グラムシ、アルチュセールといった特定の思想家は「改良主義」「修正主義」の烙印を押され、その理論内容や韓国社会への具体的適用可能性を検討することすら禁忌視されることが多かったという(13)。

韓国社会構成体論争がはじまったのは、朝鮮半島分断ののち封じこめられてきたマルクス主義理論が本格的に読まれる段階であった。社会構成体論争には、マルクス主義理論の蓄積がないまま韓国資本主義の現実に理論を適用させる必要にせまられたり、性急に結論を得ようとしたりする傾向がつよく、論議を尽くすより自己の観点をひたすら強調する論調もあった。そこには「正統」の権威によりかかり、現実ではなく正統主義ないし伝統主義との親疎によって理論の正しさが判定される傾向があったといわれる(14)。

4 〈社会構成体〉の議論

社会構成体（Gesellschaftsformation）とは地質学でいわれる累層ないし成層の概念をマルクスが社会認識に転用したものである。[15] いまかりに「経済的な社会形成が、その全範疇展開をとげつつあるとき、それは、みずからにふさわしい政治的・社会的・精神的諸契機を、おのが経済構造としての展開そのもののうちに、すでに上部受胎している」とみなし、〈形成〉は〈構造〉として自己展開するととらえるならば、[16] 韓国における社会構成体論争は、変化する社会、あるいは変化させるべき社会の〈形成〉の姿を韓国社会経済の〈構造〉として認識しようとする努力であったといえるであろう。韓国社会構成体論争の第二段階の中心を占めた植民地半封建社会論（ないし植民地半資本主義論）と新植民地国家独占資本主義論とは、いずれも論理的一貫性と実践的検証過程とをへて論じられたものであり、変化する韓国社会の現実をそれなりに反映しているとみなされるとおり、それはまさに韓国の社会構成体をめぐる論争だったのである。[17]

日本でも一九七〇年代に社会構成体論争がおこなわれたが、それが社会構成体概念のマルクス主義理論上の議論であったのと異なり、韓国社会構成体論争は、韓国の社会経済的構造の変革を指向するという実践的意味をおびた議論であった。したがって韓国社会構成体論争においては、マルクス主義理論ないし社会科学理論のうえでの概念把握のみならず、韓国社会の現状認識がかなり大きな比重を占め、具体的現実と社会科学理論との緊密な連関がもとめられた。つまり、現実を説明しえない既存の理論体系を批判し克服することがもとめられたのであるが、それにこたえるために、それまで禁忌視されてきた理論体系が導入され、韓国資本主義の現実についての説明がこころみられたのである。[18]

労働運動や学生運動など社会変革運動陣営は社会構成体論争に期待をいだいた。けれども、もともと社会構成体論は社会変革論のひとつの領域であるにすぎない。それにもかかわらず、社会変革運動上のさまざまな論点を社会構成体論上の論点に置き換えて論ずるという偏向が生じ、社会構成体論争という学界の議論が社会変革論の中心になるという奇妙な現象が起こった。これが韓国社会構成体論争のおびた特異性といえる。韓国社会構成体論争においては、現実の韓国社会の多様な要素や実践的闘争の多様な要素が捨象され、総論的で構造的な議論がくりひろげられたが、それがそのまま具体的な現実の争点にかんする論争と受けとめられる弊害もあった。新植民地国家独占資本主義か植民地半封建社会（植民地半資本主義）かというような社会構成体的規定をめぐる議論と、韓国社会が当面する情勢の規定をめぐる議論とは、同一視されえず、両者間には多くの媒介が考慮されねばならないはずであるが、当時は社会構成体的規定から当面する情勢の規定が導出されたという。社会構成体論争は社会変革運動の期待を一身に受けることになったが、じつはこの期待は社会構成体論争にとって荷が重かったといえるであろう。さらにいえば、社会構成体論争が韓国社会の現実から乖離し、それにもかかわらず韓国社会変革論争の中心的位置を占めるようになったことによって、変革運動勢力どうしの連帯の基礎を縮小するという副作用をも生んだことも指摘される。

内在的問題点としても、韓国社会構成体論争は〈本質還元論的分析〉に傾きすぎた。マルクス主義的視角による分析においても、それを韓国社会の多様な現実分析として豊富化しえず、ただ現状の階級的「本質」を指摘して終わる「本質評価」的研究も多かった。学者たちは「現象は本質を隠蔽する」という前提のうえで本質の究明に集中し、多様な現実についての分析が放棄されてしまったのである。韓国社会構成体論争が「各論の蓄積なき総論的論争」に終始し「骨があるだけで肉がない」論争におちいってしまったのも、こうした本質論的分析の結果とみなされる(19)。

5　結びにかえて

抽象性と具体性とを兼ねそなえた社会構成体論、マルクス主義理論にもとづいて韓国社会の現実を認識し分析して社会の変革を理論的に基礎づける社会構成体論が期待されたのかもしれない。けれどもそれはもともと呈示困難な理論と思われるし、そのための蓄積が韓国にはなかったといわざるをえない。ただし韓国にこの蓄積がなかったのは、けっして韓国の学者や運動家の怠慢によるものではない。すくなくとも一九二〇年代から存在したマルクス主義が朝鮮戦争によって根こそぎにされ、その後も反共国家主義イデオロギーによってマルクス主義は韓国社会の表舞台から駆逐されてしまったのである。そのようななか、わざわざ日本語を学んで日本の左派の著作を読みマルクス主義理論を学習したというような、韓国の学生たちのかくれた努力が積み重ねられてきたことは、むしろ敬服に値する。[20]

ひるがえって二〇〇〇年代の韓国社会の現状はというと、いわゆるグローバル化の渦に巻きこまれ、通貨危機後のＩＭＦ改革パッケージの処方箋にもとづく新自由主義的色彩の濃い経済政策がつぎつぎに実施されてきた。「ＩＭＦ信託統治」下において、日雇い労働者や長期臨時労働者といった非正規労働者を急増させてきた労働市場柔軟化に代表される「新自由主義構造調整」の政策と、グローバル化とは、一体のものである。たとえ韓国社会構成体論争は当時の未熟な理論的基盤と性急な現実的要請が結合してあらわれたものであったとしても、また現実を理論化する論者たちの能力も努力も足りなかったと批判されようとも、韓国社会においては今日でも、従属やグローバル化の問題意識まで捨ててしまうことはできず、この点で「社会構成体論争の問題意識をよみがえらせる当為性」がみいだされる。[21]

この社会構成体論争にかかわった若き研究者たちの問題意識には、たしかに韓国現代史のなかで特筆すべきものがある。一九八〇年代はじめに大学生ないし大学院生として学生運動に参加した人々は、外来の進歩的社会理論を貪欲に吸収し、既成学界の保守性や図式性に抵抗して社会変革のあらたな枠組みを呈示しようとしたのである。[22]おそらくこのような学生集団は、正義の社会がかならず到来するのだと信じて純粋な情熱をもって固陋な国家主義体制にぶつかっていった集団的運動や、そこで形成された道徳共同体とも、連動していたものと推測される。[23]若いときに韓国社会構成体論争の渦中にあった人々が、こんにち韓国の進歩的社会科学を先導する存在になっているといえる。

註

（1）金東椿『韓国社会科学のあらたな模索』三一八頁。
（2）尹健次『現代韓国の思想』岩波書店、二〇〇〇年、一九頁。
（3）朴玄埰・曺喜昖編〔韓国〕ハヌル、のち竹山、一九八九―九二年。
（4）李大根／郭洋春訳「韓国資本主義の性格に関して」本多健吉監修『韓国資本主義論争』世界書院、一九九〇年、六頁／金鎮業・シン＝ヨンボク・チョン＝テイン「社会構成体論争の再検討」金鎮業編『韓国資本主義の発展モデルの形成と解体』〔韓国〕ナヌメチプ、二〇〇一年、五二頁／金東椿『韓国社会科学のあらたな模索』三二五頁をみよ。
（5）丁聲鎮／高龍秀訳「八〇年代韓国社会構成体論争と周辺部資本主義論」本多健吉監修『韓国資本主義論争』九七―九頁／李在煕／呉輝邦訳「社会の性格と発展展望」『韓国社会論争』社会評論社、一九九二年、一九頁／金東椿『韓国社会科学のあらたな模索』三一六―七頁／金鎮業ほか「社会構成体論争の再検討」五四頁をみよ。
（6）金東椿『韓国社会科学のあらたな模索』三一五頁／李在煕「社会の性格と発展展望」二〇頁をみよ。
（7）金鎮業ほか「社会構成体論争の再検討」五五頁、五九頁。
（8）曺喜昖『韓国の民主主義と社会運動』〔韓国〕當代、一九九八年、一二九頁／金鎮業ほか「社会構成体論争の再検討」五五―六一頁をみよ。

(9) 曺喜昖『韓国の民主主義と社会運動』一二八頁／金鎭業ほか「社会構成体論争の再検討」五五頁、六〇頁をみよ。
(10) 金鎭業ほか「社会構成体論争の再検討」五六－九頁をみよ。
(11) 丁聲鎭「世界システム論　マルクス主義的批判」『進歩評論』〔韓国〕第二号、一九九九年、二五八頁／金東椿『韓国社会科学のあらたな模索』三一四－五頁、三一八頁／金鎭業ほか「社会構成体論争の再検討」五四頁／文京洙「市民社会の胎動」鄭章淵・文京洙『現代韓国への視点』大月書店、一九九〇年、一七九頁／文京洙「韓国における社会変革論争」『季刊 窓』第四号、一九九〇年、二六一－七頁をみよ。
(12) 文京洙「市民社会の胎動」一八〇頁／文京洙「韓国における社会変革論争」三〇頁をみよ。
(13) 曺喜昖『韓国の民主主義と社会運動』一三二－三頁をみよ。
(14) 金鎭業ほか「社会構成体論争の再検討」六〇頁をみよ。
(15) Vgl. Karl Marx, Zur Kritik der Politischen Ökonomie, S. 9, ditto, Das Kapital, *MEW*, Bd. 23, Berlin, 1962, S. 16, usw.
(16) 平田清明『市民社会と社会主義』岩波書店、一九六九年、六二－三頁をみよ。
(17) 金東椿『韓国社会科学のあらたな模索』三一七頁をみよ。
(18) 金鎭業ほか「社会構成体論争の再検討」六〇頁をみよ。
(19) 以上、曺喜昖『韓国の民主主義と社会運動』一二九－三二頁をみよ。
(20) 金東椿『近代のかげ』青木書店、二〇〇五年、二六〇頁、二七七頁をみよ。
(21) 崔章集『民主化以降の民主主義』一七三頁／金東椿『韓国社会科学のあらたな模索』三一八頁／金鎭業ほか「社会構成体論争の再検討」六〇頁、六一頁をみよ。
(22) 尹健次『現代韓国の思想』二〇頁をみよ。
(23) 金東椿『近代のかげ』一二八頁をみよ。

第10章　グローバル化から連帯へ

1　グローバル化の原理

世界の随所にグローバル化の妖怪があらわれている。この妖怪は実質的にはすでに一九世紀前半にマルクスによって論じられていることに着目すべきである。

ブルジョワジーは、世界市場の開発利用をつうじて、あらゆる国々の生産と消費をコスモポリス的なものにした。……旧来の地方的ないし国民的な自給自足や閉鎖性に代わって、諸国民相互の全面的な交通、全面的な依存関係があらわれる。……ブルジョワジーはあらゆる国民に、没落したくなければブルジョワジーの生産様式を取り入れるように強制する。いわゆる文明を自国に導入すること、つまりブルジョワになることを、あらゆる国民に強制する。一口でいえば、ブルジョワジーはみずからの姿に似せてひとつの世界を創造するのである。(1)

グローバル化の原理は資本制社会に構造的に組みこまれていたというべきであろう。たてまえとしてグローバル化は国際的標準による経済の自由化であり開放であるとしても、事実上は「新自由主義」もしくは「ワシントン・コンセンサス」とよばれる特定の政策内容の受容であったといわれるように[2]、グローバル化はこんにち新保守主義と一体化した新自由主義の性格を鮮明にしつつ顕在化している。近年グローバル化論者は韓国をはじめ東アジアの社会や経済のありかたが縁故（クローニー）的経済構造をなし不公正な競争下にあると批判し、構造調整や緊縮財政を押しつけてきた。

新自由主義グローバル化の進展は韓国社会に二極分化をもたらしている。「ＩＭＦ信託統治」以降、企業がいっそうの収益向上を可能にする条件をととのえる一方、下層に属する人々はいっそう不安定な状態に追いやられ、所得格差が拡大した。韓国の所得水準をみると、上位二〇％と下位二〇％とのあいだの所得格差がすでに五・四倍をこえている。「かつては、たとえ貧しい家庭に生まれても自分の努力でよい暮らしをすることができたが、いまは、まじめにはたらいても暮らしてゆけない、自分だけでなく子どもも暮らしてゆけない」と感じている人は少なくないという[3]。グローバル化は韓国の階級内部に分化をもたらし、階級の不平等を深化し再生産する機制として作用している[4]。グローバル化、「富益富、貧益貧」、貧困拡大のなかで、社会構成員は階級に再定位される。階級意識・階級的連帯が今日あらためて喚起されているともいえる。

「世界化」と銘打ったグローバル化を招来した韓国社会は、いわば反共イデオロギー・発展イデオロギーの底流のうえに新自由主義イデオロギーを受容したのである。ただし一口にグローバル化といっても、これをめぐる経済思想は一枚岩でなく、それらはおおよそ三つに分類されるという[5]。

(1)　現在の経済グローバル化が依然として人類全体の繁栄につながると主張する「新自由主義（ネオリベラ

ル）的グローバリズム」

(2)　現在の経済グローバル化を軌道修正することによって人類の福祉改善が期待できると主張する「修正グローバリズム」

(3)　現代のＩＭＦ、世銀、ＷＴＯ体制の抜本的改革や解体までをも視野に収めたラディカルな「反グローバリズム」

このうち「反グローバリズム」の運動がナショナリズムに回収されずに展開されるには、つぎのような条件が必要であると渡辺憲正は論ずる。第一に、グローバル企業の民主的規制がもとめられるが、そのためには最終的に資本主義とネイションの階級的構成そのものが変革されなければならないであろう。第二に、国家をより国民的な国家に、つまり福祉国家に編成しなおす必要がある。第三に、他の諸国民との共同や連携、いいかえれば抑圧的でない国際的関係がもとめられる。具体的には戦争と暴力に抗議し反対することである。第四に、イデオロギー的には新自由主義と偏狭な国家主義・民族優越意識とを批判し、これに反対することがあげられる。(6)

グローバル化はＩＭＦや米国が要求するものに限られるわけではなく「生産のグローバル化に対応して労働の分かち合い（ワークシェアリング）の検討など、新たな雇用制度の創造を目指すことも諦めてはならない」。そうした社会をつくる一方策として「アジア通貨・経済危機後に急速に東アジアで進展した地域協力の枠組み」を積極的に検討すべきだという主張もみられた。(7)

2 「東アジア共同体」の論調

〈東アジア〉が人々の耳目をひいて久しい。もちろん〈東アジア〉というくくりかたには疑問の余地があるし、その範囲は恣意的にもなりうる。(8) じっさい〈東アジア〉を語る者の多くは、もっぱら経済圏としての東アジアに関心を寄せ、たぶんにEUを意識した東アジア（ないし東北アジア）共同体を俎上にのせており、あたかも〈東アジア〉のとらえかたはこの種の論調に支配されているようにみえる。だが、そうした東アジア共同体構想は、この地域の歴史的経緯や社会文化的特質や民族意識を二の次にして遠ざける経済的支配の論理のようにみえ、容易に新自由主義的グローバル化に溶けこんでしまいかねない。新自由主義的グローバル化は富者と貧者との格差を拡大し、貧者の犠牲のうえに東アジアの経済的繁栄を獲得しようとするものである。こうした巷間みられた経済圏としての「東アジア共同体」の主張はおおむねつぎのような論調といえるだろう。

東アジア経済共同体を設立して経済的協力体制を強固なものにし、そのうえに政治および安全保障にかんする地域協力をくわえた東アジア共同体へと発展させてゆく道が考えられる。政治的に共同体意識が生まれにくい東アジアでは環境問題にかんする連帯感を育成するべきで、また、かぎられた石油資源を競って買いあさる事態をさけるためにもエネルギーの安定供給と地域協力とにつとめる必要がある。あるいは、東アジアの後発貧困農村地帯の環境問題と衛生保健とに協力し、安全保障リスク対処能力強化にむすびつけた域内共通農業・環境政策が呈言される。EUがEU自身の手でEUを守ろうとしているように東アジアもみずからの手で東アジアを守ろうとする意識を共有することにより、東アジアの共同体意識はつよめられるという。(9)

このような経済共同体を土台とする東アジア共同体の構想は、それを実現するための課題が東アジアで共同体意識を醸成するところにあることを意識している。ただしそれは、経済的利益の共有にとどまらず共通の価値観を生みだし、それにもとづく相互信頼関係の確立が不可欠だという、一般論に終わる論調がめずらしくない。あるいは「興隆するアジア」という高揚感を共有し「ひらかれた共同体」が形成されはじめているとする見方もあり、そこでは「発展的ナショナリズム」が国境をこえた地域主義に転形しうることが展望される。(10)ここでいわれる「発展的ナショナリズム」の内実は不明であるが、これは東アジア共同体形成の原動力ととらえられており、地域主義がこれに重ね合わせられている。

この「ひらかれた共同体」たる東アジアには共通の価値観が熟成されつづけているという。それは第一には、脱国家的で脱近代的な都市型社会の共通意識であるが、都市中間層のひろがりとともに、これは都市中間層文化として共有されはじめている。第二に基層文化としての儒教文化があげられ、アジアの成長のなかでこれは市民主義化している。かつて喧伝された儒教資本主義論はアジア通貨危機とともに衰弱し、儒教文化圏の縁故（クローニー）的資本主義の根源として批判されたが、それが通貨危機収束過程でかたちをかえて蘇生してきた。危機を生みだしたのは儒教主義の過剰ではなく市民主義の不足であり、それゆえ市民主義的に変容した儒教主義が必要とされる。市民主義的儒教主義は、他者を踏みしだく個人主義より家族や集団や合意を重視し、過酷な契約型競争主義社会よりゆるやかな調和型人本主義社会を指向するもので、それが二一世紀のアジア興隆とあいまってアジアのアイデンティティを芽生えさせている。第三は相互信頼を熟成し予防外交をおこない、危機勃発時には協働で平和処理をはかる、アジア独自の強調的安全保障体制の構築である。これらのうち、とりわけ第一の共通の都市型文化と第二の儒教的調和的人本主義文化とをもとに、アジアは共通の価値観をつちかう方向にすすんでいるとされる。(11)

また、韓国・中国・日本にモンゴル・ロシアをふくめた東北アジア共同体がいっとき語られたものの、のちに現実味を帯びてきたのは東アジア共同体であるという。東アジア共同体と東北アジア共同体との相違が東南アジア諸国連合（ASEAN）をふくむか否かにあるとすれば、東南アジア諸国連合がふくまれることで「共同体」の実現可能性が高まることになる。(12) 穿《うが》った見方をすれば、日本と中国および韓国という未清算の歴史をかかえる国家間の緊張関係が、東南アジア諸国連合をふくめることによっていくらか薄められるために、「共同体」の実現可能性が高まるともいえるであろう。

ともあれ「東アジア共同体」を旗印に地域協力ないし地域統合を目ざす論調は、地域協力の制度化という点でいまだ低い段階にあるうえ、基本的に「経済に偏った地域協力メカニズム」であるといえるが、これまで東南アジア諸国連合をふくめ「東アジア」各国の首脳が東アジア自由貿易圏・自由経済圏・共同市場・自由貿易協定などを提唱してきたことは、それを象徴しているだろう。こうして経済共同体を形成したうえで、東アジア共同体は究極的に安全保障共同体を構想するものだといわれることもある。(13)

世に喧伝されてきた東アジア共同体はこうして経済協力を軸とした地域協力であることがわかる。けれども地域協力は、なんのための、だれのための協力であろうか。地域協力は、どこに向かうのであろうか。

たとえば東南アジア諸国連合やアジア太平洋経済協力会議（APEC）は、ヨーロッパ地域統合（EU）や北米自由貿易地域（NAFTA）の動きに刺戟されながら進展してきたともいえるし、年来のグローバル化の風潮のなかで地域協力がさかんに語られるようになったともいえる。ただ留意すべきは、地域協力がグローバル化にたいする対抗や抑止であるというより、グローバル化が生みだす負の側面をむしろ補完するものとして推進されうることである。東アジア経済共同体の構築がグローバル経済システムのなかで存続してゆくために有益であり必要であるという見方や、グローバル化が東アジアにあたえた影響はここでの地域主義化の急展開であり具体的にはそれは経済にあらわれているという受けとめかたは、このことを示唆しているだろう。(14) 地域協力はグローバル化に抵抗するのではなく、いわばグローバル化の歯車のなかに巻きこまれているのである。なぜなら、それらの地域協力は、当該地域の資本家たちの経済戦略という色合いが濃いからである。

3　連帯へ

グローバル化を下支えする思想は新自由主義であり、それは労働者階級をますます窮地に追いこむものである。地域協力や東アジア共同体の構想がそうしたグローバル化や新自由主義に加担するものであってはならない。地域協力や東アジア共同体をただ唱えればよいのではなく、その理念が問われるのである。この点では「社会の理念を共有することなく東アジア共同体といってみても、所詮は規模の大きな自由貿易圏（ＦＴＡ）しかできない」(15)という指摘は適切であろう。

そもそも東アジア共同体がなぜ要請されるのか。それは主として、グローバル化の風潮のなかでたぶんにヨーロッパ地域統合や北米自由貿易地域を意識した経済的地域協力の必要から、さらには政治的安全保障の必要から、呈示されたのであろう。ではその経済的・政治的な地域協力は、だれを主体として推進されるのか。さきに韓国労働市場にそくしてみたように、それは、米国の意向を受けＩＭＦにしたがったグローバル化推進の経済政策に同調する勢力を主体としているといえるだろう。この経済的・政治的な地域協力、このかん喧伝されてきた東アジア共同体の構想は、労働者階級をいっそう窮地に追いこむ〝協力〟にほかならない。

国家の枠をこえた地域協力や国際的連携は、この東アジア共同体のようなありかたに限られるものではない。「社会のそれぞれの成員が民族・国家にあたえる意味は、それぞれの階級的位置によって変わらざるをえない。被抑圧地域の民衆が民族主義を堅持するのは、民族の成員として手にしうる利益が、超民族的階級として行動するさいの利益よりいっそう重要で目にみえるためである」との見方は適切であろう。社会の成員が民族や国家に依拠して利益の増大をはかるばあいには民族主義的態度が生まれるが、民族や国家が「国際化された経済秩序のなかでしだいに不利になる自分たちの立場を助けてくれる展望のない」ばあいには、民族は観念的共同体とみなされるだけで、成員のあいだに「超民族的階級」意識があらためて芽生えるであろう。[16] 昨今のようにグローバル化がすすみ、韓国労働市場のごとく労働者が貧困状態に追いやられる現状においては、民族意識や国家意識は、ほとんど労働者の助けにならない。ここに、東アジアにおいて民族や国家をこえた超民族的階級の連帯が生まれる素地がある。「現在のアジアの状況からすれば、共通の敵も、強権的な支配勢力も、存在しないとみるべきであろう[17]」との観測は、残念ながら的を射ているとはいいがたい。

社会の成員の〈階級への再定位〉は、なんら唐突な話ではないし、「現在の激しい社会変動は、『搾取』と『抑圧』という古典的概念を直接に適用できる状態を急速に拡大している[18]」と評される状態は、日本に限ったことではない。韓国の新自由主義的構造調整にみられるように、経済グローバル化に侵蝕された地域では労働者階級に同様の状態が現出している。そもそも労働者階級については[19]、経済的諸条件・諸利害が客観的には同一であり、他の階級のそれと区別され、対立している人間集団としての階級（経済的階級）が、全国的に結合し、共同の階級利害を個々人の利害に優先させ、共同利害を代表する政治組織をもつ、政治的存在となった階級（政治的階級）に発展するという展望が示されている。経済的階級が「全国的に結合」して政治的階級になるのであるが、グローバル化にともなって結合の規模が大きくなり、「全国的」が「国際的」に移行すると思われる。労働者階級の「即自的連帯」が、一国内の連帯のみならず、国家をまたいだ連帯、地域的な連帯へと拡充しうるのである。

そのさいの依拠地点は自分の置かれた場であり、「いま自分たちがやるべきことを離れた連帯とは、抽象的でしかありえない[20]」。人々はそれぞれの場にそくして、他の地にありながらおなじ境遇にある人々と連帯するのであるが、この連帯は、自分と他の地の人々とが課題においてつながっているという認識のうえに成り立つ。

東アジアにおいてはこのような課題として、新自由主義的経済グローバル化による搾取と抑圧とともに、未清算の歴史があげられる。いまみた、自分の眼前の課題が他の地の人々の課題とつながっているという認識とは、この未清算の歴史を示唆している。日本の朝鮮半島植民地化が一九六五年の日韓条約によって政治的に形ばかりの清算をみただけで朝鮮半島と日本の国民が納得するようには清算されていないことに象徴されるように、日本はいまだ帝国主義時代の負の遺産をかかえたままである。

このことの自覚は依然として日本人にとって不可欠である。たとえばつぎのような感覚を日本人はある程度そなえていなければならないだろう。

日本民族の一員としての僕は、韓民族の一員としての君に対して、個人の力では跨ぎ越せないほどの大きな裂け目を感じて戸惑わざるをえない。……二一世紀における東アジアの未来をともに語ろうという……提案を受け入れるためには、日本民族の一員としての僕は、日本帝国の犯した過去の罪悪への謝罪と償いという民族的な課題を果たすことなしには、二一世紀における連帯や共同作業を軽々しく口には出来ない気持ちを持っている……。ここで僕が、「未済の過去」を背負う日本民族の一員だという現実から逃げて何かを語れば、民族的・人間的主体性の回復・確立も、国際的連帯も、個人的友情も、すべて内容空疎な、虚しいものとなる、ということだ。日本人の多くが、『日韓連帯』だの、『日米間の緊密な連携』だのということを大変気楽に口にする光景を、最近特にしばしば見かけるだけに、僕は君との関係ではこのことを言わずにはいられないのだ。(21)

さらにいえば、かつて日韓条約締結をまえにおこなわれた討論会での中原浩のつぎのような発言は、今日なお重みをうしなっていない。

……われわれが過去に犯した植民地主義に責任をとるということは、なにも一億総ざんげして、頭をまるめて坊主になるということじゃない。また賠償金を山ほど積み上げて、のしをつけて進呈するといったことでもない。まさにこのような植民地主義を必然としてきた、いままた必然としつつある、日本独占資本主義の経済的・社会的体制を根底から打倒すること以外に、この問題の真の解決はないと思います。そして、こうしたわれわれの側の反体制的・革命的行動を媒介として、はじめてわれわれは朝鮮人の側の民族的統一を求めるナショナリズム運動と国際的連帯を結ぶことができる、そんな風に考えるわけです。

一般的に言って、植民地本国の人民と植民地の人民との国際的連帯、プロレタリア国際主義というものは、こうした屈折した形態をとるべきであって、『共通の敵の共通の被害者』といった、虫のよいものではないと思います。私たちは、今まであまりにも、自分自身の社会変革の問題は棚上げしたままで、安易に既存の社会主義国家との連帯、植民地諸国のナショナリズムとの連帯を、語りすぎてきたように思われるのです。(22)

これはすでに半世紀以上まえの発言であるが、こうした自覚がいまなお日本で十分に浸透しているとはいえない。これをさらにつきつめて「思想的にいちばん重要なことは、政治的な意味での天皇制と同時に、われわれのうちにある天皇制的な人間関係をどうしたら克服できるか……これができなければ、日本人がアジア人民と真に責任をとる主体として対応していくことはできないだろう。中国との国交にしろ労働運動や左翼、新左翼のアジア人民との連帯にしろ、安直に他者と自分を同一化するのでは、真の関係〔や〕真の連帯は生まれないだろうし、隷属か虐殺かという過去の図式を突破できないと思う[23]」ということもできるだろう。韓国をふくめた東アジアとの連帯や協力を語るさいに日本人はみずからの負の遺産にかんして少なくとも一度はこのように省みて然るべきではなかろうか。

韓国にも負の遺産はある。解放後の米軍政下およびその後の反共軍事政権下でなんら処罰されずに官僚に再起用されて財産も保全された植民地時代の親日派にたいする処罰、朝鮮半島南半部単独選挙に協力しない済州島民にたいして政府軍や警察が暴行をくわえ二万五〇〇〇人とも三万人ともいわれる人々を死にいたらしめた済州島四・三事件にかんする政府の謝罪、一九八〇年のソウルの春を弾圧した全斗煥政権を批判し民主化をもとめて全羅南道庁舎にたてこもった光州民衆抗争を武力で鎮圧した政府軍の暴行にたいする謝罪、などが盧武鉉政権においておこなわれた。このことは、解放後の韓国において国民が抑圧されてきた歴史を物語るとともに、それらが急速に清算されつつあることをしめしている。そして、韓国のこうした負の遺産を知るにつれて、日本がそれらと無関係でないことがわかるであろう。

親日派は日本敗戦の前も後も日本の政財界と癒着してきたし、それにささえられてきた。民衆を抑圧しつづけてきた李承晩・朴正熙・全斗煥・盧泰愚《ノテウ》らの独裁政権は概して親日政権であり、日本の政財界はそれらの政権を経済的にささえてきたといえる。したがって韓国の民衆と連帯する日本人の運動は、たとえば「朴政権にテコ入れして、なにがなんでも独裁と暴力と腐敗の政権を維持しようと懸命に努めている」日本政府の「韓国政策に反対する運動」となるべきである。日韓条約締結にさいして韓国でつよい反対運動が起こったことは周知のとおりであるが、日本でも、たとえ「暗部における両国反動の密接強力な関係に比べれば、比較にならないほど脆弱であり、断続的であり、非組織的なものであった」としても、韓国の人々との連帯を意識した反対運動がくりひろげられた[24]。反体制運動の象徴的存在ともいえる詩人金芝河《キムジハ》が一九七四年に国家保安法違反のかどで死刑判決を受けたさいには日本で「金芝河らをたすける会」が結成された。民主化運動の代表的存在であった金大中の一九七三年の拉致事件や、一九八〇年の逮捕および国家保安法違反・内乱陰謀罪などによる死刑判決のさいには、日本で抗議運動が起こった。これらにさいして、金大中の「正直なところ、私のなかに日本への反感や憎しみがなかったとはいえない。しかし私の人権のために、多くの日本の人びとがたたかってくれた。私は心からありがたいと思う。このことを通して、日本の民衆と私は対話ができたと考えている」という発言、また金芝河が提唱した「韓日両国民衆の反独裁共同戦線の結成」は、示唆的である。(25)

これらの運動は、韓日両国の民衆がおなじ課題を引き受け、それぞれの地でその課題にとりくんだことを示している。さらに近年では、済州島四・三事件、居昌良民虐殺事件、朝鮮戦争時の左派抹殺にかんする書籍が日本で上梓され、(26)それらの出来事が知られはじめている。これらの書籍には抑圧された韓国左派の逃避所として日本が登場することがあり、日本の読者のなかには韓国の抑圧された人々にたいする共感を深める人がふえているようである。このように、いまだ十分には知られておらず補償もなされていない未清算の歴史をあきらかにする課題が韓国にも日本にも存在し、そうした課題の遂行において両国民の連帯が可能になるであろう。

近年とりざたされてきた東アジア共同体にかんする論調の欠陥はすでにみたとおりであるが、それをいくらか是正しようとこころみる見解もある。それはたとえば、これまで国家の思惑や市場の利害が先行し、市民社会の価値や課題という視点が大きく欠落していたとして、市民社会の視点を取り入れた東アジア共同体戦略や、「国家＝市場＝市民社会」の三者構成の制度化などを提起する論調であり、(27)それはそれで意味なしとはしないが、東アジア地域で安易に「市民社会」を語ることには疑問の余地がある。労働者上層とは異なり労働者中・下層は市民的諸形式を「押しつけられている」のであり、「中・下層に十分な階級的連帯が形成できない場合、さしあたりは、市民的形式をまとった一種の『カースト』が出現することになろう」(28)という洞察は、東アジア世界の考察においても必須と思われる。

市民社会構成員による「東アジア共同体」以上に、現在と過去の抑圧的状況に抵抗する連帯が考えられるべきである。さしあたりそれは具体的には、新自由主義的グローバル化による搾取と抑圧とにそくした連帯、および、未清算の歴史にそくした連帯であろう。

註

（1）Karl Marx, Friedrich Engels, Manifest der Kommunistischen Partei, *MEW*, Bd. 4, Berlin, 1959, S. 466.／渡辺憲正「グローバル化とネオナショナリズム」二一二―三頁をもみよ。
（2）崔章集『民主化以後の民主主義』一六四頁。
（3）朴泰鈺・呉建昊ほか「非正規職、現代版身分制か」一九四頁。
（4）具海根「世界化時代の韓国階級研究の理論的模索」二五五頁。
（5）山脇直司「グローバル化に対する視座とグローカル公共哲学」山脇直司ほか『グローバル化の行方』新世社、二〇〇四年、三頁をみよ。
（6）渡辺憲正「グローバル化とネオナショナリズム」二二〇頁をみよ。
（7）梁官洙「韓国の経済危機と構造調整」一九八頁をみよ。
（8）たとえば田島英一『弄ばれるナショナリズム』朝日新聞社、二〇〇七年、二〇―一頁の指摘をみよ。
（9）谷口誠『東アジア共同体』岩波書店、二〇〇四年、七六―二二三頁／進藤榮一『東アジア共同体をどうつくるか』筑摩書房、二〇〇七年、二二一頁をみよ。
（10）谷口誠『東アジア共同体』四六―九頁／進藤榮一『東アジア共同体をどうつくるか』二三三―六頁をみよ。
（11）進藤榮一『東アジア共同体をどうつくるか』二三七―五一頁。都市中間層については、青木保「『混成文化』の展開と広がる『都市中間層』」伊藤憲一ほか監修『東アジア共同体と日本の針路』日本放送出版協会、二〇〇五年、九八―一〇八頁をもみよ。
（12）進藤榮一『東アジア共同体をどうつくるか』一六四―五頁をみよ。

(13) 天児慧『中国・アジア・日本』筑摩書房、二〇〇六年、一三七―四六頁／井上寿一『アジア主義を問い直す』筑摩書房、二〇〇六年、二四―六頁をみよ。
(14) 天児慧『中国・アジア・日本』一三六―四六頁／シー・ポーンキム「東アジア経済共同体とその構築」西口清勝ほか編『東アジア共同体の構築』ミネルヴァ書房、二〇〇六年、一〇二頁／滝田賢治編『グローバル化とアジアの現実』中央大学出版部、二〇〇五年、八頁をみよ。
(15) 田島英一『弄ばれるナショナリズム』二四六頁。
(16) 金東椿『近代のかげ』二八六頁、二九七頁をみよ。
(17) 田中明彦『アジアのなかの日本』NTT出版、二〇〇七年、iv頁。
(18) 後藤道夫『戦後思想へゲモニーの終焉と新福祉国家構想』三八八頁。
(19) 以下、後藤道夫『収縮する日本型〈大衆社会〉』二五六頁、二八二頁―三頁をみよ。
(20) 韓洪九「〈東アジア〉の歴史的現在性と連帯の可能性」孫歌ほか編『ポスト〈東アジア〉』作品社、二〇〇六年、一六六頁。
(21) 伊藤成彦『東北アジア平和共同体に向けて』御茶の水書房、二〇〇五年、一二八頁―九頁。
(22) 『現代の眼』一九六六年二月号、五九―六〇頁。
(23) 久野収・神島二郎編『『天皇制』論集』三一書房、一九七四年、三九六頁におさめられた竹内芳郎発言。
(24) 青地晨「真の連帯と友好へ新しい出発」青地晨ほか『日韓連帯の思想と行動』現代評論社、一九七七年、一二五頁／倉塚平「民主主義のための連帯」青地晨ほか『日韓連帯の思想と行動』一〇八頁をみよ。
(25) 青地晨「ソウルで日韓関係を考える」青地晨ほか『日韓連帯の思想と行動』二五頁／金芝河「宣言一九七五・三・一」青地晨ほか『日韓連帯の思想と行動』二〇七頁／韓国の民主化運動を考える日本人の会編『金大中氏を殺すな！』晩聲社、一九八〇年をみよ。
(26) 小説としては、金石範『火山島』全七巻／金源一『冬の谷間』／趙廷來『太白山脈』全一〇巻、研究書としては、中村福治『金石範と「火山島」』／「済民日報」四・三取材班『済州島四・三事件』第一巻―第六巻／文京洙『済州島四・三事件』などがある。
(27) 李鍾元「韓国の東アジア地域戦略」進藤榮一ほか編『東アジア共同体を設計する』日本経済評論社、二〇〇六年、一九九頁。ほかに環日本海学会編『北東アジア事典』国際書院、二〇〇六年、五一頁などをもみよ。

(28) 後藤道夫『収縮する日本型〈大衆社会〉』二九一頁。

第二編　人間を取り巻く今日的論点

第11章　環境運動と環境思想

1　社会思想形成の背景

思想はそもそも真空のなかで生まれてくるものではなく、環境思想も特定の状況のなかで形づくられてくる。たとえ環境思想が欧米から輸入された思想であっても、輸入後はそれぞれの社会における特定の社会的・客観的条件のもとで変形し彫琢されてくる。とりわけ環境思想は実践的指向性が強いため、それぞれの社会での環境運動に刺戟されて、それと相互作用をおよぼすといえる。

韓国において環境思想が展開するさいの社会的・客観的条件として、まず一九四五年以降の激烈な社会的経験をみなければならない。朝鮮半島では、日本の植民地支配から解放されたのち一九四八年までのいわゆる解放三年史のなかで、親米派と反米派、右派と左派との熾烈な闘争がつづき、一〇月人民抗争、済州島四・三抗争、麗州順天反乱などが起こったこと、そして左右の対立がついに南北分断および朝鮮戦争という事態にいたったことは、第1章でみたとおりであるが、このかん朝鮮半島で現出した凄惨な世界は、多くの日本人の想像をはるかに超えるものであった。

一九五三年の休戦後も韓国歴代政権は、北側の脅威を理由に韓国内に軍事独裁体制ないし反共安保体制をしき、国家にしたがわない者を処罰してきた。南北分断は今日にいたるまで韓国社会を根本的なところで方向づけており、韓国現代史はこの分断国家という性格を抜きにしては考えられない。そこでは民主化の要求はもちろん労働争議や学生運動も反政府運動とみなされて弾圧の対象になり、社会思想も当然この南北分断の制約下で形成される。みずからに身の危険がおよぶのを恐れて、人々は口をつぐみ、知識人たちは国家の意に沿わない思想活動を封印せざるをえなかった。いわば〈生存の論理〉が韓国全体に広がっていたのである。

一九九三年までつづく韓国軍事政権下で社会思想や社会運動は大幅に制限され、とうぜん社会主義文献やマルクス主義文献の自由な発行は許されなかったし、マルクス主義文献の閲覧さえ自由でなかった。そのため一九七〇年代末以降、韓国の大学生たちはわざわざ日本語を覚え「日本の講壇マルクス主義者の著作をとおしてマルクス主義理論を学習した」(1)。一九六九年生まれのある韓国人が大学生のときに『資本論』を隠し持っていたら父親にみつかって捨てられたというぐらい、世間的にマルクスは禁忌の対象とされていた。マルクスやグラムシやトロツキーの韓国語訳が普及するのは一九九〇年代に入ってからであったように思われる。

韓国社会はまた、戦後日本以上に急速な近代化を推進した。朴正熙時代に象徴される韓国の近代化とは、経済的な高度成長(発展イデオロギー)と政治的な反共安保体制(反共イデオロギー)との強硬な推進にほかならず、それらの推進を統括するのが国家主義であった。開発独裁という言葉はまさにこのことを指している。じじつ朴正熙大統領は「現代」建設を起用して高速道路をつくって国土を土建国家的に「開発」し、また外資導入による輸出志向型工業化政策にもとづき嶺南地方(慶尚道)に工業都市をいくつも建設して、経済成長をはかったが、そのさいに厖大な環境破壊が生じたことは想像に難くない。二〇〇三年に始まった李明博《イミョンバク》政権が掲げた四大河川事業も、朴正熙時代の国土「開発」を想起させるものであった。

朴正熙の「よい暮らしをしよう」という掛け声に象徴されるように、一九七〇年代までは人々がものを食べることに汲々とし、「ごはん食べましたか」が挨拶の言葉になった日常があり、そうしたなかでは公害の認識や反公害の論調はひろがりにくかった。安全保障という政治的な体制維持の論理と経済成長という経済的な体制維持の論理とが、人々の健康より優先されたのである。

2　生活環境と労働環境

「漢江の奇蹟」とよばれた急速な近代化は、たしかに国民総生産の値を上昇させた。一九六〇年に二四四九億ウォンであった国民総生産は、一九七〇年に二兆七五一七億ウォン、一九八〇年に三七兆三二一億ウォン、一九九〇年に一七八兆六二八三億ウォン、二〇〇〇年には五一四兆六三五四億ウォンに増大した。(2) こうして韓国は「中進国」に、そして一九九七年にOECD加盟を果たすことによって「先進国」に仲間入りした。けれどもその裏面で、つぎのような種々の歪みを社会にもたらした。

①劣悪な労働条件

これは一九七〇年から八〇年までの労働時間を他国と比較するとはっきりする。一九七〇年、七五年、八〇年における製造業生産労働者の週労働時間が、英国においては各々四四・九時間、四二・七時間、四一・九時間、日本においては四三・三時間、三八・八時間、四一・二時間であったのにたいし、韓国では五二・五時間、五〇・五時間、五三・一時間であった。一九八〇年時点では台湾の五一・〇時間と比べても韓国のほうが長い。(3)

また一九七〇年代に韓国で労働争議が多発したことはよく知られている。重化学工業への過剰投資政策の結果、軽工業の労働条件はいっそう悪化していた。一九七〇年一一月にソウルの平和市場で被服工場労働者の全泰壹が

「勤労基準法を遵守せよ」「労働者を酷使するな」「おれたちは機械ではない」と叫びながら焼身し、炎に包まれたまま路地から道路に向かって駆けていった出来事(4)は象徴的であるが、ほかにもＹＨ貿易女子労働者一八七人の抗議籠城など、数々の労働争議がくりひろげられた。

②人口の都市集中

工業化政策により産業構造の変化が生じたことは、一九六二年に一六・三％であった鉱工業従事者が、一九七一年に二二・二％、一九八一年に二九・五％に増加したこと、逆に一九六二年に三六・六％であった農林漁業従事者が、一九七一年に二八・八％、一九八一年には一五・八％にまで減少したことにあらわれている(5)。ただし工業化と、農村から都市への人口移動とは、かならずしも並行していない。一九七〇年代後半になると工業化による雇用拡大は減少するが、それにもかかわらず都市への人口流入はいっそう加速したという。これは都市の工業化にともなう農村の衰退によるものとみられている。

人口が大都市に集中するにつれ、大都市ではところかまわず住宅地が開発され、緑が激減する。同時にスラム地域が形成され、各地に不法居住が増加するとともに、一九七七年四月の全羅南道光州市郊外での無等山ターザン事件のような悲惨な出来事も起こった(6)。

③地域偏向

慶尚道出身の朴正熙は慶尚道にいくつも工業団地・工業都市を建設し、いわば経済成長の中軸をなす工業化の拠点を慶尚道に置いた。これと対照的に全羅道には農業を固定した。とうぜん慶尚道と全羅道とのあいだで経済的格差が生じ、格差は一九七〇年代の経済成長を経てさらに拡大する。慶尚道のひとり当たり総地域内生産は、全羅道のひとり当たり総地域内生産を上まわっており、一九七〇年＝一・三八倍、一九八〇年＝一・四四倍、一九九〇年＝一・二四倍、であったという(7)。こうして「このかんの韓国の経済成長が、とくに重化学工業の慶尚南北道への重点的投資によって産業構造に著しい地域間偏倚をもたらし、それにともなって韓国社会の社会階層的特質も地域間アンバランスの拡大として顕在化してきた」(8)ことがわかる。韓国の経済成長は農村ないし全羅道地域を排除する構造を本質的にふくんだ不均衡発展であり、それを土台とする韓国の近代化とは、差別的な近代化だったのである。

④公害

かならずしも全国的な社会問題として公害が認識されたわけではなかったとしても、一九六〇年代より各地域で散発的な公害は起こっている。釜山の甘川《カムチョン》火力発電所から排出される煤煙、蔚山工業団地周辺での大気汚染による農業被害、麗川《ヨチョン》の工業団地での廃油による漁業被害や大気汚染被害、全羅南道潭陽《タミャン》での農薬による水銀中毒事件は、その例である。慶尚道で発生した温山《オンサン》病（温山イタイイタイ病）は、慶尚道の温山工業団地周辺で発生した病気である。これは全身の麻痺や神経痛など種々の病苦や漁業被害をもたらす複合汚染による病気であったが、原因究明や患者の治療と補償、事後の公害防止策はけっして十分におこなわれたとはいえず、温山病は韓国で起こった公害問題の縮図のようにいわれることがある。さらに牙山《アサン》湾の干拓事業による海苔被害、魚介類の大量死や河川の汚染、水道水汚染、ソウルの大気汚染やゴミ排出、産業廃棄物処理場、密集する原発、ゴルフ場建設などの公害問題が起こる。とりわけ一九八九年に表面化した水道水の重金属汚染は、環境汚染がけっして他人事ではないことを多くの市民に実感させたという。

⑤市民社会の抑圧

朝鮮半島では解放ののち今日にいたるまで南北分断がつづき、韓国では分断体制にともなう安保体制を大義名分として、権威主義国家によって国民の自由が制限されている。権威主義体制と安保体制の補償として歴代政権は経済成長を誇示し、国民の政権支持をねらってきた。経済成長はまた北側にたいし南側の優位を宣伝する材料とされた。権威主義国家による安保体制下において、いわゆる市民社会は抑制されてきた。

ヘーゲルは「法哲学」において、人間精神の活動領域として家族－市民社会－国家という図式を示したが[9]、韓国においては家族と国家とが直結し、あいだの市民社会が抜け落ちている。そこでは市民社会が存立する場がなかなかみいだせずにいるというべきかもしれない。韓国のある社会学者が「国家の過剰発展にともなう市民社会の低発展」という現象を指摘したが[10]、ここで留意すべきは、国家が過剰発展したにもかかわらず市民社会が発展しなかったのではなく、国家が過剰発展したからこそ市民社会が発展しなかったことである。市民社会を封じこめてこそ、国家の過剰発展が推進されたのである。いうなれば韓国の国家とは、資本主義秩序維持のために反市場勢力を政治的に抑圧し、資本主義的蓄積の無制限の拡大を保障する強圧一辺倒の権力にほかならない[11]。

3 市民運動と環境運動

開発独裁下の韓国において企業や国を非難する反公害運動の展開はきわめて困難であり、そのため反公害運動は積極的に民主化運動の一環をなしていたとみなしうる。環境汚染という現象だけでは環境運動は起こりえず、とりわけ政治的風潮のなかに社会運動が成り立つ余地があってこそ環境運動は始まる。すくなくとも一九八七年の「民主化」以前の韓国において反公害運動ないし環境保護運動は日本人が想像する以上に民主化運動的色彩を濃く帯びていたのである。大半の人々は長いこと、政治的な主義主張を訴えるより〈生存の論理〉に追われていたのが実情であり、自由と人権のいっそうの進展や反公害をもとめる市民運動が自在にくりひろげられる余地は当時ほとんどなかった。

市民運動は、一九八七年のいわゆる民主化宣言以降、急速に伸張した。よく知られた市民運動としては経済正義実践市民連合（経実連、一九八九年七月発足）や、参与民主社会市民連帯（参与連帯、一九九四年九月発足）がある。韓国の市民運動は、参与連帯に典型的にみられるように、特定分野の運動にかぎらず、より広い活動をおこなう市民運動、曺喜昖の言葉を借りれば総合市民運動という性格を帯びたものが多い。それは、このような市民運動が、大枠では民主化運動として展開されていることを意味するであろう。環境運動もまた民主化を指向するのである。

環境にかんする市民運動としては環境正義市民連帯のほかに、キリスト教環境運動連帯（一九八二年四月発足）、環境運動連合（一九九三年四月発足）、緑色連合（一九九四年四月発足）、韓国仏教環境教育院（一九九四年六月発足）をはじめ、種々の運動体がこの時期に集中して組織されている。

歴史的経緯をみれば、公害が各地で社会問題になるなか、一九八二年五月には、韓国市民運動の草分けというべき韓国公害問題研究所が設立され、温山病の調査活動などをおこなった。公害にたいする抗議運動組織もいくつかつくられ、大きな流れとしては、複数の反公害運動体と韓国公害問題研究所とが統合されて、一九八八年九月に公害追放運動連合が結成された。そして公害追放運動連合は各地の運動体を統合しつつ一九九三年にあらたに環境運動連合を組織するのだが、この改組は、反公害運動から環境保護運動へという韓国環境運動の変遷を象徴しているであろう。総じて一九八〇年代には公害被害と住民の健康問題とが運動の主要論点であったが、一九九〇年代には公害という論点は後景にしりぞき、かわって自然や生命や地球環境問題が意識されはじめたのである。[12] 一九九二年にリオデジャネイロで開催された「環境と開発にかんする国連会議」も地球規模で環境思想が語られるひとつの契機となったであろう。環境問題は第一段階の公害問題から第二段階の地球環境問題へと深化するという指摘は、韓国の経緯にそくしてもうなずける。そして第二段階はさらに環境問題の内面化・反省化・哲学思想化という第三段階へとすすんでゆく。[13]

4　一九九〇年代以降の環境思想

韓国では一九九〇年代以降に環境思想の研究が急速に進展した。たとえば、エコロジー危機をめぐる環境思想を、エコロジー権威主義・持続可能発展論・緑色浪漫主義・緑色合理主義に分類し、このうち緑色合理主義から〈省察的なエコロジー的近代化〉理念をひきだす具度完《クドワン》の環境社会学や、経済を環境に屈服させるのではなく消費財の大量生産・大量消費の持続とエコロジー的合理性との調和を模索し、いうなればエコロジー的再産業化の定礎をめざす黄兌淵《フワンテヨン》の環境政治学などの意欲的な著作が上梓されている(14)。

韓国や東アジアの伝統思想のなかから環境思想を汲みとる研究もなされている。たとえば、科学技術指向の西欧文明一辺倒でなく、「人文的性向のアジア的価値」「文化・歴史・哲学が釣り合って発展してきた東北アジアの伝統」に目を向けるべきであり、朝鮮伝統生命思想の理論化が課題であることが論じられる(15)。また朝鮮伝統思想のひとつとしてしばしば語られる風水思想についても、つぎのように評価されている。「自然をひとつの有機体とみなす風水思想において、そしてこうした自然との適切な調和のうちに生（生ける者の生と死せる者の生）を享《う》けようとする伝統風水思想パラダイムを、現代に合わせて適切に再構成するならば、たとえばガイア理論のような西欧のいかなる理論より、いっそう環境問題を私たち流に解決するのによい道具となるだろう(16)」。

朝鮮王朝時代より用いられている〈全〉という朝鮮語にもとづき伝統的人間―自然関係、伝統的生命思想の再構成をはかる韓勉熙《ハンミョニ》の思索も注目に値する。〈全〉という言葉はもともと「百《よろず》」を意味し、全体としての「みんな」を指すが、東アジアでの「みんな」という全体的概念にはふたつの事柄がふくまれるという。ひとつは一心同体・梵我一如という言葉にみられるような「全体がひとつに帰一する」ことである。もうひとつは色心不二・

身土不二という言葉にみられるような「別々ではない」「互いに分離されない」ことである。後者の事柄は、元来ひとつではありえず各々固有性を有するものが、内的に分離せず結びついていることを示している。このふたつの事柄と並行して、有機体全一論と有機的全体論とが区別される。有機体全一論においては、宇宙や地球や社会といった最上位の全体が中心に置かれ、個体や個人は後景に退くことになる。それにたいして有機的全体論においては、固有の諸部分が自律性を保持したまま有機的に結びついている。そこでは他の諸部分とのあいだで生まれる関係的自律性と、固有の自律性すなわち内的固有性との双方が、ともに重んじられる。したがって地球のごとき全体も、上位の生命実体ないし唯一の根源的実体というより、生命の場とみなされる。そこでは諸個人のために全体としての自然が犠牲になることも、全体としての自然のために諸個人が犠牲になることも、みとめられない。いわゆる全体主義の過ちは有機体全一論から起こったもので、有機的全体論はそれと異なるものであり、この有機的全体論の方法として引き出されたのが気-エコロジー主義であるとされる(17)。

韓国では日本に勝るとも劣らない勢いで環境思想の研究がすすんでいる。とりわけ韓国の環境思想家たちが再構成をこころみている朝鮮の伝統的思想は、こんにち東アジアの私たちが共感し納得しうる環境思想をつくりだすうえで豊富な資源となるであろう。

今後の課題として、こうして蓄積されつつある環境思想研究と日常的社会的感覚とを相互浸透させ連携させることが、ひとつ考えられるであろう。いいかえれば、環境思想を日常生活のなかで育ってくる思想として定着させることである。この課題は韓国にかぎらず日本においても意識されるべきと思われる。

註

（1）　金東椿『近代のかげ』二六〇頁。

(2) 李憲昶『韓国経済通史』七五五頁をみよ。
(3) 金仁杰『韓国現代史講義』三四五頁をみよ。
(4) 朴セギル『書きなおす韓国現代史 2』〔韓国〕トルベゲ、一九八九年、二三三頁をみよ。
(5) 金仁杰『韓国現代史講義』三三七頁をみよ。
(6) 金東椿『近代のかげ』二〇〇頁をみよ。本書六一頁および七〇頁註(2)をもみよ。
(7) 尹明憲『韓国経済の発展パラダイムの転換』八四頁をみよ。
(8) 滝沢秀樹『韓国の経済発展と社会構造』一八五頁。
(9) Vgl. Georg Wilhelm Friedrich Hegel, Grundlinien der Philosophie des Rechts, *Werke* 7, Frankfurt/M, 1970, S. 339.
「市民社会は家族と国家とのあいだに入る差別態である」。
(10) 金皓起『現代資本主義と韓国社会』二七四頁をみよ。
(11) 金東椿『分断と韓国社会』八六頁をみよ。
(12) 具度完「韓国環境運動の論調」『経済と社会』〔韓国〕第六九号、一二九頁をみよ。
(13) 尾関周二編『環境哲学の探求』大月書店、一九九六年、九頁をみよ。
(14) 拙著『抵抗の韓国社会思想』青木書店、二〇一〇年、一〇五頁―八頁、一一五―二五頁をみよ。
(15) 高昌宅「伝統生命思想と環境倫理理論」慶熙大学校ソソン学術研究院編『伝統思想と環境』〔韓国〕国学資料院、二〇〇四年、一七一―二頁をみよ。
(16) 金科圭「環境と風水」『伝統思想と環境』一二五頁。
(17) 韓勉熙『東アジア文明と韓国の生態主義』〔韓国〕哲学と現実社、二〇〇九年、二八二―五頁をみよ。

第12章　尊厳の論調（Ⅰ）

1　人権

尊厳は〈dignitas〉の訳語として用いられることが多いが、〈dignitas〉には品格、ふさわしさという意味がふくまれており、この言葉は人間たるに「ふさわしい」ありかたを示すものと受けとめられる。この言葉が哲学・倫理学・宗教学・法学・政治学など多くの分野でもちいられることは、それだけ人間の幅広い活動領域で尊厳ないし尊厳性が語られてきたことを意味するであろう。

今日の社会的事象にそくしても人間の尊厳が取りあげられる場面がしばしばみられるが、韓国において、尊厳はどのような脈絡で語られるであろうか。ここでは尊厳について近年まとまった著作で示されている韓国の論調を概観することにしよう。

韓塡独で法学・哲学・神学を学んだ韓国イエズス会の金《キム》ヨンヘ神父は、宗教的要素を意識し、人権とも関係づけつつ、「人間尊厳性」すなわち人間の尊厳を基礎づけようとする。

金ヨンヘによれば、国連世界人権宣言文の前文、ドイツ基本法や大韓民国憲法など各国の基本法は「おおむね人権の本質が人間の尊厳性と密接に関係していることを闡明している」し、「人権の発展史を省察すると、人間の尊厳性が主として人権の内容の母体であり根拠であること」が推定される。根源的に人権は、人間の尊厳性に根ざすこと、人間の尊厳性を根拠とすることが、ここで示される。そのさい金ヨンへは、チャールズ=テイラーにもとづき、人間の尊厳性をヒューマニズムとほぼ重なるものととらえているようである。

人間の尊厳は、どの文明圏でも尊重されたもので、普遍性がある。「人間尊厳性の理念は古代ギリシャ・ローマ時代にはじまり、今日にいたっている」が、これにたいし「人権の理念は一七世紀にジョン=ロックの不譲渡的自然権として構成され」て以降に形成された。したがって「人権の理念は、他の文明圏において提起されているように、西欧社会の近代化の歴史を背景としている」といえる。人権の理念が西洋近代において形成され確立されてきたものであり「人権の普遍性があらゆる文化圏にとって自明なことでは」ないのにたいし、人間尊厳性の理念は洋の東西を問わず普遍的であるとされる。いわく、イスラーム文化圏・儒教文化圏・アフリカ文化圏など、かならずしも「人権の理念を自分たちの理念として全面的に同意しようとしない文明圏も、人間尊厳性の理念は普遍的価値として正当化している」。このように尊厳と人権との相違をふまえつつ、他方で「広い意味で人権を指向する理念は今日、人類的問題を解決する重要な価値をもって〈人間尊厳性〉という議論の場で普遍的合意を導き出しうることをあきらかに」する意図が示される。

また金ヨンへは「……人権の形成史を分析してみると、人権が主として、人間の尊厳と価値という、多少包括的であり、宗教的で道徳的な自然法的規範に由来し根拠づけられていたことがわかる」としるし、「私は人権の根拠は人間尊厳性であり、したがって人間尊厳性の議論の場において異なる文化主体が人権の理念について対話をすすめれば、人権の普遍性が合意されうるものと考える」と述べる。いわば、特殊的価値に甘んじていた人権を、普遍的価値としてみとめられている〈人間尊厳性〉に組みこむことによって、金ヨンへは人権の普遍性を基礎づけ担保しようとするのである。

テイラーにならって金ヨンへは人間の生命権を例にとり、「人々は一般に人を殺すのは悪いということを経験によって知っている」ところから始める。そこから「〝他人が私を殺すのは悪い〟という主観的当為が導き出され」、「つづいて〝私は生命権をもっている〟という定式で主観的権利が宣言される」という。「これは私がただ人間であるという理由で得られる、つまり自然法的に主張される自然権であり、社会関係によって導き出されるものではない」ことを金ヨンへは論ずる。生命権は自然権の根幹ともいうべき位置に置かれるであろうが、西洋社会の近代化のなかで「主観的権利である生命権はどこのだれも譲渡しえないものと宣言される」。それが「生命にかんする不譲渡的権限」にほかならないと金ヨンへはいう。

西洋近代社会のこのような潮流と異なる反近代主義者たちや非西洋社会の人々は、近代市民社会的な「ただ人間であるという理由で得られる」生命権や人権を承認しないように思われることが多いであろう。けれども「東洋文化と西欧の一部共同体主義者たちは、このような人権の主観的権利の側面を問題にしているのでなく、ただ主観的人権主義が、共同体や国家に寄せられた信頼を傷つけ、その積極的で肯定的な役割を無視している点を指摘しているのである」と分析する金ヨンへは、「これは個人より共同体ないし全体を優先する伝統と思考方式が背景をなしている」ことを指摘しつつ、西洋近代以外の文化圏においても人間尊厳性は普遍的に尊重されており、この普遍的な人間尊厳性に根拠を置く人権の理念は「異なる文化主体」間の対話によって合意されうるし、人権も普遍性をそなえうると論ずる。

ただし、西洋近代の人権理念が人類の文明に大きな影響をおよぼしたことはみとめられるとしても、「それがそのまま政治的に宣言されてはならず、現代では〈人間尊厳性〉という、より広範囲の目標にすすみ、世界の諸問題を解消しなければならない」と主張するチャンドラ＝ムザファに、金ヨンへは共鳴しているようである。これらのことをふまえて金ヨンへは、人権と尊厳性とが密接な関係にあり、人権の形成史を考えれば人間尊厳性から人権への発展が生起したことがわかるという(1)。

同時に人間尊厳性の理念には歴史的に宗教がかかわってきたことが指摘される。金ヨンへはつぎのようにしるす。

人間尊厳性は、あらゆる宗教とあらゆる文化が普遍的に追求する理念である。仏教と自然宗教においては、人間中心主義的な見方より、生命ないしあらゆる存在を平等にとらえようとする見方が強いが、それでも人間があらゆる存在者のうちで特別な地位を占めてあらゆる存在者と関係をもっていることに〔私は〕同意する。この地位の上に人間の尊厳性が置かれている(2)。

「あらゆる存在者のうちで特別な地位を占めて」いるがゆえに人間は尊厳性を有する。「あらゆる存在者のうちで特別な地位を占めて」いる人間とは、あらゆる人間、「ただ人間であるという」条件を満たす存在すべて、すなわち全人類を指すはずである。したがって、あらゆる人間に尊厳性がそなわっているはずであり、この尊厳性は「ただ人間であるという理由で得られる、つまり自然法的に主張される自然権」として表象されているようである。そして自然権の根幹の位置にあるのが生命権であることを考えれば、人間の尊厳性を支える根拠は生命権という「自然法的に主張される自然権」であると解釈される。

ところが「生態系破壊を加速する、限界を知らぬ発展至上主義、世界化を主導する新自由主義的経済体制に隠されている資本家たちの正義なき貪欲、そして倫理と人間の尊厳性を考慮しようとしない生命工学をはじめとする科学技術の傲慢」「環境破壊・自然枯渇・生命と種の消滅」によって、〈人間尊厳性〉も人権も脅威にさらされる。この脅威は「無限生産・無限欲求・無限競争の体制」による脅威であるのみならず「勝者と敗者とをはっきり運命づける危険」でもある。人間を「勝者と敗者と」に分けることを「危険」とみなすところに金ヨンへの基本的姿勢が窺えるであろう。こうして〈人間尊厳性〉は包括的な倫理の価値をふくんでおり、「〃人間〃の定義の問題、科学と倫理との緊張〔関係〕の問題、共同体と個人とのあいだの調和の問題、などを論議する」公論の場に人間尊厳性はふさわしいとされる。ただし人間尊厳性の理念からすれば、人権は「道徳的規範の最小限のもの」にすぎず、それは「人間の完成の必要条件であるだけで十分条件ではない」し、「人間にとって人権は……最小限の前提条件と理解されうる。したがって人権は、人間尊厳性のための必要条件であり、十分条件ではない」といわざるをえない。

さらに「ひとつの社会のなかで他文化から来た移住民たちが暮らすことになり、イスラームとキリスト教、ヒンドゥー教とキリスト教などの信念と伝統のちがいによって争いと衝突が増大している」現状にかんがみ、金ヨンへは「多元主義的社会において人間の尊厳と本性は一義的でなく多重的に理解され」うること、しばしば人間の尊厳と本性とについて激烈な論争が起こることをみとめるに吝かでない。すなわち〈人間尊厳性〉は普遍的であるといっても、なんの対話や議論も不要なほどに〈人間尊厳性〉の内実が一義的に定まっているのではなく、たえず討論に附され「談論倫理〔コミュニケーション倫理〕的合意によって」再構成されてゆくべきものであるといえる。(3)

2　生命不可侵

『刑法と人間の尊厳』『人間的法をもとめて』『安楽死にかんする研究』などの著作を上梓している許一泰《ホイルテ》は、

独ヴュルツブルク大学に学び、韓国刑事法学会・韓国刑事政策学会・韓国比較刑事法学会の会長を歴任するとともに、法務部政策委員・警察法務大学院院長の経験もある法学者である。許一泰もまた「なぜ人間は他の動物とちがって特別な尊厳性と価値を有し、国家はそれに責務を負わなければならないのか」(4)と問い、人権や人間の尊厳が主張される根拠を探求する。許一泰はつぎのように論ずる。

……人間としての尊厳性というのは、社会的責務を帯びた主体的人間であるとともに、みずからを開花させる個人的責務を帯びた主体的人間として、まさしく人間の本質とみなされる主体的人間性をいう。このような人間性は、みずからの責任のもとに自由な意思決定権を、他人の権利を侵害しない範囲で、主体的に有するところにある。(5)

ここでは、意志ないし意思をもった自律的人間性、「主体的人間性」が人間の本質であるとの基本的立場が示されるとともに、「みずからを開花させる個人的責務」というくだりからは、人間は知らず知らずのうちに〈自然の意図〉という普遍的自然法則にしたがって自分にあたえられた自然素質を開花させるように仕向けられている(6)というカントの理念も想起され、近代市民社会の自律的人間像を前提した〈人間の尊厳〉論が指向されているように見受けられる。このような「主体的人間性」を人間の尊厳の本質としつつ、他方で許一泰はつぎのようにしるし、人間の生命や生命を宿す身体をも人間の尊厳の本質とみなしている。

人間尊厳の本質が、人間の生命権とこの生命を戴いている身体であることは、だれも否認しえないであろう。こうして、人間の生命にたいする不可侵権こそが人間尊厳の核心である。(7)

人間の意志や自律や主体性という西洋近代思想の主役とならんで、それとはやや趣を異にする生命や身体が、ここで人間の尊厳の本質として示される。両者は心身二元論の各項をなすものといえ、さらには魂と物体との二元論にまで遡りうるものでもある。近代以降には、意志や自律や主体性を基盤とする思想は観念論的形而上学的思想とみなされることがあり、生命や身体を基盤とする思想は唯物論的思想もしくは実存主義的思想とみなされることがある。たしかに両者は西洋近代思想に特徴的な視点の双璧をなすが、両者を齟齬なしに融合するにはしかるべき理論ないし論拠がもとめられるであろう。

「人間の自律的意思にたいする本質的侵害行為のみならず、人間の生命にたいする本質的侵害もまた、人間の尊厳を本質的に傷つける行為と考える」というくだりからも、許一泰が「人間の自律的意思」と「人間の生命」とを人間の尊厳を構成する要素とみなしていることが窺える。これらの要素が相互にかかわりつつ尊厳の根拠としていかに基礎づけられるかが、ここで問われるであろう。

刑法学者・許一泰は「死刑制度は人間尊厳の保障に根本的に反する反人類的制度」であることの論証に主眼を置いているようにみえる。国家存立の根拠はもともと国民の生命保護にあるはずなので、国家が法の名によって国民の生命を奪うことは、まったき矛盾であり、国家の責務に反することである。すなわち国家が死刑制度を有することは、人間がみずからに附与した尊厳を侵害するという自己矛盾というべきである、と許一泰は主張する。(8)

「人間の生命にたいする不可侵権こそが人間尊厳の核心である」という命題には、このような死刑制度批判の意味がこめられている。この点では先にみた、人間尊厳の本質は人間の生命権とこの生命を戴いている身体にほかならず、人間の生命にたいする不可侵権こそが人間尊厳の核心である、という主張が、許一泰の真意であると思われる。

3　臨終過程

金建烈《キムゴニョル》は医学者ないし医師の立場で人間の尊厳をいわゆる尊厳死にしぼって考察し、尊厳死のために宗教界が果たすべき使命を論ずる。

……「神が生命をくださり、神だけが生命を選ぶことができる」、もしくは「生命は神から借りたもの、貸附を受けたもので、神の時間になれば神の意志にしたがって呼び出しを受ければお返ししなければならないもの」であると〔私は〕信じている。神に属する生命を、人為的に短縮したり医療機械によって延命したりすることは、神の時間にたいする、神のみに属する権限にたいする干渉であり、そのような行為は「罪」といえる。(9)

ここから人間の生命は「貴く神聖なもの」であり、人間はみずからの生命を「貴いものとして守らなければならない」ことが引きだされる。人間の生命は、本源的に人間に属するものではなく「神が人間の生命を所有しており、神だけが人間の死を決定しうる」とされる。そこにおいては「人間の自由」より、人間以上の権限によって生命を主張する神があたえる「生命の価値」が上位にある。ここから、たとえ「個人がなんらかの死を望んでいたのであろうと、この生命は維持されなければならず、おそらくは生命に逆らう選択をなしえないであろう」ことが導きだされる。本源的に生命は人間に属するものではないので、人間には生命を維持するか否かという選択がゆるされないことになる。

ただ、あらゆる神学が「人間生命の尊厳性」を訴えるのとは別のところで、「現代医学が〈生命の質〉を向上させることのない〝生命延長医療技術〟（延命医術）をほどこして」いるのが現実であり、「従来の伝統的な神学的〈生命尊厳〉の解釈」がそのままでは立ちゆかなくなっているという。

宗教界が「いわゆる延命医術（heroic medicine）施術」や「恣意的な消極的安楽死（Volintary Passive Euthanasia）」を支持しない姿勢を示すことが、宗教界が「神の役割」をやめる第一段階になる。すなわち宗教界が生命の維持いかんに容喙《ようかい》せず干渉しないことである。それによって「疾病は医療的干渉のない状態で進行し、患者が死ぬことを許すであろう」。

それにつづく第二段階として「死が差し迫った重病患者の〝個人的自律性（individual autonomy）〟のもと」に、神の名によってあたえられた権利として「迅速で苦痛なき尊厳ある死を選択しうる個人の権利」が支持されるべきとされる。「このばあい〝安楽死〟は神の意志に抵触することなく、慈悲深く愛にあふれた神の名において遂行される行為になるであろう」。

不治の病の末期患者にたいし、安楽死（とりわけ消極的安楽死）とは明確に区別されるような「自然死の臨終過程を歩む」臨終治療を、金建烈は呈言する。(10)

ここで尊厳死というさいの尊厳とは、人間の〝個人的自律性〟ないし自律的意志、意志の自律を要件とし、やはりカント以来の尊厳概念・人格概念にもとづくものであろう。

4　死

朝鮮半島の人々が伝統的ないし因襲的に死を〈尊厳〉という感覚と結びつけて表象してきたことを論ずる研究

が、具《ク》ミレ『尊厳ある死の文化史』[11]に示されている。仏教民俗学、とりわけ仏教と民間との出会いのなかで力動的に伝承されてきた無形の仏教文化に関心をいだく具ミレは、韓国人の死生観、臨終の文化、死の尊厳を論じており、そこで、死がいかなる意味で尊厳に結びつけられるかが考察されている。

だれしも「健康で長生きしたい気持ち、死を避けようとする思い」をいだくであろうし、「どんなに辛い人生だとしても、死ぬよりは生きているほうがましだ」と思うことが多いであろう。人間のみならず生きものすべてに必ず死が訪れるのであり「生まれた以上は死ぬしかないことを私たちはよく知っている」が、それにもかかわらず「人々はひたすら生に執着し死から顔をそむけ忘れたまま生きてゆきたがる」。こうして人がふだん死から目をそらせ、死をいまの自分から遠ざけて過ごそうとするのは、なぜだろうか。

なによりも死とは「あらゆるものと断絶した究極の怖さ」であり「人間についてまわる究極の限界」である。どれほど理屈を並べ立てても死はまちがいなく訪れる。人間とはなにか、世界とはなにかを論じ、滔々と人生論を語るときにも、自分には「人間についてまわる究極の限界」があることをみとめざるをえず、納得がゆかぬ理不尽な思いをかかえることが間々ある。いわば人間や自己自身についての「本質主義」を維持できなくなり、その対極にある「実存主義」を意識しはじめるのである[12]。みずからの死を正面から見据え、死ぬことは避けられないのだ、仕方のないことだ、と思うようになった人は、「実存が本質に先立つ」こと、実存が本質を条件づけること[13]を受け入れざるをえない。こうして人間は〈死に臨む存在〉[14]であるという規定が現実味を帯びてくるのである。

「死を認識することは宇宙・自然の理致〔道理〕のまえに実存を悟ることである」としるす具ミレは「死と生とは引き離すことのできないひとつのものであり、死についての見方はとりもなおさず死生観にほかならない」と述べる。この死生観は「生と死とが対をなすものであることを悟り、生のなかで死を真摯に認識し受容」する姿勢であるし、朝鮮半島の人々は伝来そのように死を受容してきた。したがって「死の準備の文化」には「生きているときに死を見越す」姿勢が刻みこまれており、それが朝鮮半島の生活史・生活誌を形成している。

「死をめぐって進行するあらゆる儀礼もまた〈存在の消滅〉という不可抗力の運命を理解するための文化的装置といえる」とみなす具ミレは、民間信仰や宗教的伝承のうちに、朝鮮半島の人々の死にたいする観念をさぐる。それらの源は「巫俗・仏教・儒教など多宗教の複合的背景のなかで形成されてきた」であろうが、そうした種々の源に端を発する複合的観念であっても「民間の心性に適合したものであれば、いくらでも統合的に受容されうる」とする。

生きているときに死を見越すこと、生と死とが対をなすものであると悟ることは、「死を省察する韓国人が生をどのように見て暮らしてきたのか」という視点と表裏一体である。「死は生が終わる瞬間にやってくるのではなく、生のなかに深く根を下ろしている」のであり、それどころか「死の認識は生にとてつもなく大きな影響をおよぼす」ものである。

韓国人の死の儀礼は「死後の世界を信ずることと無関係に、死は永遠の断絶ではないと強調するところに点綴されている。このことはすなわち、生とつながる死、生まれし者と連結する死せる者を意味する」という。このようにして韓国人が「存在の連続性を追求する死生観」を形成してきたことがわかるという。

「死を忘れる者はまことの生命力で生きてゆくことができない」こと、「死にたいする不誠実は生にたいする不誠実を」もたらすこと、「生を正しく直視する力はおのれの死を真摯に考えて生きてゆく人にのみある」ことを人々の肝に命じさせるのが、西洋でよく知られた〈メメント・モリ memento mori〉（死を忘れるな）という言葉である。この思想と類似するともいえる思想が、韓国人のあいだに根づいているというのである。

生死をまたいで存在の連続性をみいだす死生観からすすんで具ミレは「よい生によい死がともなうという理致

〔道理〕とおなじように、死の尊厳のうえに生の尊厳が可能なのであり、ひいては最後の瞬間の尊厳ある死まで見通すことができる」としるす。すなわち、死の尊厳、尊厳ある死についての考察に向かうのである。

かりに死に尊厳があり「尊厳ある死」が存在するとしたら、それは臨終の場での死だけを指すのではなく「生の全過程のなかで認識される死」を指称するものである。「死と生とは引き離すことのできないひとつのもの」であり、死に尊厳があることは死を省察する生のなかで知られるようになるので、その尊厳もしくは「尊厳ある死」は結局のところ「生の全過程のなかで」悟られることになる。

死に尊厳があること、「死の尊厳」は、「生の終わりをより平穏に人間的に迎える」ことを意味する。「命が尽きて生を終える現象はそれ自体が高貴なものである」と具ミレはいう。ここに「死の尊厳」のいちおうの根拠がみいだされる。その先はおそらく人間の理智を超えた神秘の領域としかいえないのであろうが、「生命が神秘的で尊厳あるように、死もまた神秘的で尊厳がある」とされ、死は「生命とともにする神聖な自然の理致〔道理〕」とみなされる。

死にかんする韓国の文化は「生が終わる瞬間に対処する臨終の文化」であり、それが「死を真摯に省察し受容してきた韓国人の尊厳ある死の文化」をなす。「尊厳ある死」とはなにを指すか。前述のとおり「命が尽きて生を終える現象はそれ自体が高貴なものである」ので、「生の終わりをより平穏に人間的に迎える」ことに尊厳性が生じ、そのように迎える死が「尊厳ある死」とみなされる。「尊厳をもって生の終わりを安らかに過ごす」「尊厳をもって人間の死を安らかに保つ」というありかたも、そして「みずからの最期を主体的に敬虔な態度で準備することによって尊厳ある死を迎えようとする」ありかたも、おなじことを意味する。

以上みてきたように、「人間についてまわる究極の限界」である死を避けることができない人間は、「死と生とは引き離すことのできないひとつのもの」「生と死とが対をなすもの」であると悟り、死の認識によって宇宙や自然の道理のもとに自己の実存を位置づけるのであるが、そこで人間は「存在の連続性を追求する死生観」を形成し「生のなかで死を真摯に認識し受容」する姿勢を身につける。

この生死の連続性のうえに尊厳という価値が語られる。「よい生によい死がともなう」のと同様に「死の尊厳のうえに生の尊厳が可能」となる。生の尊厳と死の尊厳とは表裏一体である。尊厳ある死は「生の全過程のなかで認識される死」であり、死の尊厳は「生の終わりをより平穏に人間的に迎える」ところにある。「命が尽きて生を終える現象はそれ自体が高貴なものである」ため、死は尊厳あるものとみなされる。死の尊厳、尊厳ある死は、ここに拠点を置く。

註

（1）以上、金ヨンへ『人間尊厳性の哲学　宗教間の対話にもとづく人間学の定礎』〔韓国〕西江大学校出版部、二〇一五年、五五頁、六七頁−七〇頁をみよ。
（2）金ヨンへ『人間尊厳性の哲学』七〇頁。
（3）金ヨンへ『人間尊厳性の哲学』五六頁、七一頁、三二五−七頁。
（4）許一泰『人間の尊厳と権力』〔韓国〕東亜大学校出版部、二〇〇七年、一〇頁。
（5）許一泰『人間の尊厳と権力』一一頁。
（6）Vgl. Immanuel. Kant, Idee zu einer allgemeinen Geschichte in weltbürgerlicher Absicht, *Kant's gesammelte Schriften*, Bd. VIII, Berlin, 1912, SS. 17-31.
（7）許一泰『人間の尊厳と権力』一二頁。
（8）許一泰『人間の尊厳と権力』一二−三頁をみよ。
（9）金建烈『尊厳死II』〔韓国〕最新医学社、一九九五年、三七頁。
（10）以上、金建烈『尊厳死II』三七−九三頁をみよ。
（11）以下、具ミレ『尊厳ある死の文化史』〔韓国〕モシヌンサラムドゥル、二〇一五年、一三−七頁、八五頁をみよ。

(12) Voir Paul Foulquiè, *L'existentialisme*, Paris, 6e éd., 1951, pp. 5-8.

(13) Voir Jean-Paul Sartre, *L'être et le Néant*, Collection TEL, Paris, 1943, pp. 537, 627.

(14) Martin Heidegger, *Sein und Zeit*, 12 Aufl., Tübingen, 1972, S. 234, usw.

第13章　尊厳の論調（II）

1　平等・不平等

前章につづき本章でも韓国での尊厳の論調を概観する。ここでとりあげるのは、外国の理論家に依拠しつつ尊厳と不平等とがかならずしも矛盾しない旨の主張と、国家安全保障体制による暴力を人間の尊厳にかかわらせる主張である。

チャン＝ウンジュは、正義や平等、貧しさや格差と直結させることなく、人間の尊厳を基礎づけようとする。たとえばつぎのように述べられる。

……あらゆる人々が貧しい社会における貧しさとは異なり、全体的には物質的に豊かな社会において特定の人々に強要された貧しさは、なによりもかれらにたいする侮辱と無視、尊厳性の毀損をもたらす。両極化と不平等の不義はまさしくそのような次元で成り立つものであり、人々が置かれた立場がみな同じでないから〔成り立つの〕ではない(1)。

みられるように、ここでは貧しい人々にたいする侮辱と無視とが人間の尊厳を傷つけ不義を生むと考えられている。これは同時に「人々が置かれた立場がみな同じでない」こと、人々のあいだに貧富の差が生ずることは不平等には当たらず、すくなくともそれらは人間の尊厳を傷つけるものではないと示唆するものであろう。人々にたいする侮辱と無視がなければ、人間の尊厳が傷つけられることはなく、人間の尊厳が傷つけられないかぎり不平等は容認される、と考えられているようにみえる。

チャン=ウンジュは「人間の尊厳性」の価値に焦点を絞った「品位ある社会 The Decent Society」というあらたな規範的社会理念を構想するイスラエルの哲学者アヴィシャイ=マーガリット（Avishai Margalit）になかば依拠しつつ「品位ある社会」と正義の社会との相違を際立たせる。「正義の社会は、各自が寄与したものにおうじてそれぞれ級が異ならざるをえない社会的栄誉の分配に関連するが、品位ある社会は等級をつけられない栄誉が毀損されない社会だという点」に、両者の相違が浮き彫りにされるという。すなわち貧富の差や社会的身分の差は、いわば「人それぞれにみな異ならざるをえない成果や資質」によって必然的に生ずる差とみなされており、このかぎりでは貧富の差や社会的身分の差は、たとえ不平等と呼ばれようとも「問題にされる」には値しないことになる。「不平等が問題にされるのは、不平等それ自体のためでなく、不平等が人間の尊厳性を毀損する次元を有するからだ」というマーガリットの論理を受け、チャン=ウンジュは不平等でなく人間の尊厳こそを論点の核心とみなす。

「人間の尊厳性」は、マーガリットによれば、人間の栄誉ないし名誉（honor）の別名であるが、この尊厳性は〝自己-尊重〟（自尊心）と〝自己-評価〟（self-esteem、自負心）とに分けられる。前述の「人それぞれにみな異ならざるをえない」事柄や「各人が寄与したものにおうじてそれぞれ級が異ならざるをえない社会的栄誉の分配」、「人々が置かれた立場がみな同じでない」ことに由来する貧富の差――それは「人間の尊厳性を毀損する」

ものでないとされる――は、〝自己-尊重〟にかかわるとされる。〝自己-評価〟は「正義の社会」の課題である。それにたいし各人の「正義や平等、貧しさや格差と直結させ」られることのない「等級をつけられない栄誉」、ただ人間であるという理由だけで万人が分かち持っている自尊心は、〝自己-尊重〟にかかわるとされる。〝自己-尊重〟は「品位ある社会」の課題である。(2)

人々がただ人間であるという理由だけで分かち持っており、人間尊厳性の核心というべき〝自己-尊重〟は、カントのいうつぎのような尊厳概念を想起させる。

「人格のうちに宿る人間性の尊厳(3)」
「自己自身の人格のうちなる人間性の尊厳を誇りにする」という〈自己尊重(4)〉
「うしなわれえない尊厳」（内的尊厳 dignitas interna）(5)
「人間性そのものがひとつの尊厳である。なぜなら人は、いかなる人によっても（他者によっても自己自身によっても）たんなる手段（Mittel）としてでなく、つねに同時に目的として扱われるし、そこにこそ人間の尊厳（人格性）が存する(6)……」
「尊厳、すなわち無条件で比類なき価値(7)」
「理性的存在者は……たんなる自然的存在者の一切に優越する尊厳（特権）を有している(8)……」

このようにカントは理性的存在者たる人間の本質的な尊厳をみとめる。けれどもマーガリットもしくはチャン=ウンジュは、人間の本質的な尊厳をめぐる人間の平等を主張しつつも、前述のとおり「人々が置かれた立場がみな同じでない」点では人間の平等を支持しない。

人々がただ人間であるという理由だけで分かち持っている〝自己-尊重〟こそが「人間尊厳性の核心」にほかならず、まさにこの〝自己-尊重〟を万人が有する点でこそ、人間は平等であるとみなされるべきだといわれる。つまり、ただ〈人間である〉がゆえの〝自己-尊重〟、これこそが万人に普遍的な平等の根拠であり、平等とはこの脈絡でのみ「価値のあるものであって、けっしてそれ自体の価値をもつわけではない」し、「人間の尊厳性、とりわけ自己-尊重が平等に優先する価値である」という。〝自己-尊重〟があってこそ平等は価値をもちうるし、〝自己-尊重〟があってこそ平等が主張されうるとチャン=ウンジュはいうのである。

こうしてマーガリットは、そしてある程度はおそらくチャン=ウンジュも、「独立的で優先的な価値としての平等にたいする追求を批判する」し、この主張は〈非平等主義 non-egalitarianism〉と呼ばれるかもしれないが、しかしその主張は「かならずしも反平等主義（anti-egalitarianism）であるわけではない」。ここで遠ざけられるのは「独立的で優先的な価値としての平等」をもとめる主張、〝自己-評価〟にかかる平等と〝自己-尊重〟にかかる平等とを同一視する主張であり、〈人間である〉という点で万人に普遍的に共有される〝自己-尊重〟にかかる平等は、明確に主張されている。そのことは、マーガリットが「なぜあらゆる人間はその能力と持てる金の違いにもかかわらず尊重されねばならないか」と書き、「あらゆる人間は……尊重されねばならない」ことを根拠づけようとするところにあらわれている。

マーガリットおよびチャン=ウンジュによれば、〝自己-尊重〟は人間の根源的で普遍的な尊厳であり、その点で人間はみな平等である。他方で〝自己-評価〟においては人間の「それぞれにみな異ならざるをえない」資質や「人々が置かれた立場」によって、必然的に貧富の差や社会的身分の差が生じ、おのおのの場面で各人は社会的栄誉の等級に組みこまれるが、このような不平等はみとめざるをえない。〝自己-尊重〟においては平等が維持され、〝自己-評価〟においては不平等が容認される。ただし前述のとおり〝自己-尊重〟において平等が維持されるさいも、あくまで〝自己‐尊重〟ないし人間の尊厳性が平等に優先するのであり、平等が主張される根拠も〝自己‐尊重〟にある。したがって平等は「副次的」であらざるをえない。この論理は、マーガリットとは立場が異なるとみられるジョセフ＝ラズ（Joseph Raz）にも共通するものと思われる。(9)

そして〝自己‐評価〟の場面での不平等は、〝自己‐尊重〟における人間の根源的で普遍的な尊厳を損なうものではなく、〝自己‐尊重〟の場面での〈人間の尊厳性〉はなにものにも優先される第一原理であるとみなされる。チャン＝ウンジュが引用するつぎの一節も、この立場を支えるであろう。

たとえば、劣悪な社会的地位と低水準の生の質との結合は、必然的ではない。貧しさは、それ自体が、よき生について道徳的に受け入れられない障碍ではない。重要なのは、あらゆる人にとって、その人が自己自身であるところにしたがって、また、自己が寄与したところにしたがって要求しうる権利・尊重・顧慮・関心などが満たされねばならないことである。(10)

〈人間の尊厳性〉がなにものにも優先される人間の第一原理であることは広く同意が得られやすいであろう。他方、〝自己‐評価〟において人間の「それぞれにみな異ならざるをえない」資質や「人々が置かれた立場」によって必然的に生ずる貧富の差や社会的身分の差という不平等は容認せざるをえないとの主張は、はたしてどこまで賛同が得られるだろうか。各人の資質や各人の寄与におうじて異ならざるをえない社会的栄誉の分配は「正義の社会」において正当にみとめられるのであろうか。そもそも、貧富の差や社会的身分の差、社会的栄誉の分配やこれらの不平等は〝自己‐評価〟の問題にとどまるであろうか。これらの不平等を容認する社会は「正義の社会」といえるだろうか。貧しさを受け入れる「よき生」とは、いかなる生であろうか。——こうした点は、尊厳の概念や正義の概念の核心にふみこむ論点であるが、チャン＝ウンジュの叙述はこのような議論を誘うものといえる。

右にみたような枠組みにのっとってチャン＝ウンジュは韓国現代史の抵抗的闘争を解釈する。一九七〇年一一月にソウルの平和市場で被服工場労働者であった二二歳の全泰壹が「勤労基準法を遵守せよ」「労働者を酷使するな」「われわれは機械ではない」と叫びながら焼身自殺を図り、病院にかつぎこまれてから「私の死をむだにするな」とつぶやいて息絶えた事件[11]は、労働者が置かれた状況の凄惨な産物といえるが、チャン＝ウンジュはこの事件をつぎのように受けとめる。

この事件は、核心において韓国社会の野蛮な近代化過程が生んだ人間性の根源的な侮辱と無視、人間の尊厳性の深刻な毀損にたいする激烈なる道徳的憤怒の表現であった——「われわれは機械でない！」「われわれも同じ人間だ」という叫びは、たんになんらかの社会経済的次元の階級的平等のための叫びというより、社会的に無視され侮辱されて排除された人々の、自分たちと異なる人々と同等な人間として尊重してくれという叫びであった。この叫びはかれらを他者と同じように扱ってくれという要求でなく、かれらの人間としての存在を無視するなという要求であり、たとえ勉強する機会が得られず持てるものがなくとも、他の人々と同様に血と肉と霊魂をもった人間であるかれらの尊厳性を侮辱するなという要求であった。……このような意味で、わが労働運動はまさしくそのような社会の道徳的不義にたいする矯正の努力としてたんになにかの「生存闘争」のごときものではなく、「尊厳性のための闘争」であり、民主化運動もまたたんなる反独裁運動でなく、社会の「人間化のための闘争」なのであった[12]。

このような現代史把握には議論の余地があるだろうが、社会的出来事を〈人間の尊厳〉にひきつけ収斂するチャン゠ウンジュの叙述は一顧に値するであろう。

さいごに附言するとチャン゠ウンジュは民主主義について、たんなる政治的理想にとどまるものでなく「より根源的な人間的-倫理的次元の理想である」と述べ、「ある社会のすべての人々が自己-尊重を享受して暮らしうるための政治共同体の形式がまさしく民主主義なのである」としるす。それによれば、民主主義は「たんなる政府組織の形式の問題でなく、ある社会をつくって暮らしてゆく人々の〈生の形式〉にならねばならない」(13)。そして「希望を社会にたいする道徳的-政治的介入によって絶え間なく制度化し安定させること」こそが進歩政治とみなしうるのであり、進歩政治は「人々の尊厳ある生を可能にする唯一の道」にほかならず、この意味で進歩政治は「尊厳の政治」とよぶべきだとチャン゠ウンジュはいう。進歩政治は「たんに社会経済的不平等の除去や分配の問題のようなことにのみ焦点を絞る政治」を指すというような「古典的な進歩概念」は退けられる。「今日的条件においてはたんに〝成長〟に反対することが進歩ではなく、またたんに〝分配〟に固執することも進歩ではない」とするチャン゠ウンジュは、さらに「尊厳の政治はこうした諸次元を超えるところで問題に迫らねばならない」としるす。こうした諸次元を超えるところで問題に迫るとは「あらゆる次元で人間にたいする無視と侮辱と蔑視、尊厳性の毀損」に立ち向かうことであり、「尊厳の政治としての進歩政治」はそれを課題とするものとされる。

そして「尊厳の政治は本質的に多元主義的でしかありえない」との一文が意味するのは、種々の文化、種々の慣習にとどまらず、種々の立場、種々の階級、種々の社会的身分、種々の社会的栄誉の等級をそれぞれ重んずる多元主義をとりつつ、ただ人間であるという理由だけで万人が分かち持っている〝自己-尊重〟すなわち人間の尊厳が根底に置かれるべきだということであろう。それは「品位ある社会」を指向する政治でもある。この「尊厳の政治」はなによりも「〈人権の政治〉であり〈民主主義の政治〉であるほかはない」とチャン＝ウンジュはいう(14)。

2　国家暴力

社会学博士の学位を有する殷秀美《ウンスミ》は韓国労働研究院での仕事が評価され二〇一二年に国会議員となった人物である。殷秀美が国会本会議でテロ防止法に反対して二〇一六年二月二四日午前二時三〇分から午後一二時四八分まで一〇時間一八分にわたっておこなったフィリバスター（filibuster）の記録が『国民の尊厳、10時間18分』におさめられている。

解放後の朝鮮半島は左右の激しい対立関係のなかで経過していった。一九四五年八月一五日に植民地支配から解放された朝鮮では、同じ八月一五日に呂運亨らによって組織された建国準備委員会が朝鮮人独自の国づくりをはかり、九月六日に朝鮮人民共和国樹立が宣言された。ところが朝鮮人民共和国は九月八日に上陸した米軍によってつぶされ、まもなくソウルに設置された米軍政庁が爾後すくなくとも朝鮮半島南半部を統治することになった。他方の北半部では米軍政に反対する社会主義者が主導権を握り、反米的・反資本主義的風潮がひろがっていった。

米軍政に協力するか抵抗するかという対立は南半部と北半部との対立にとどまらず、南半部における親米派と反米派との対立をもたらした。南半部では一九四八年八月一五日に大韓民国が、北半部では同年九月九日に朝鮮民主主義人民共和国が、それぞれ樹立され、一九五〇年六月二五日には両者のあいだで戦争が勃発した。

戦争は北と南の国家形成・社会形成に抗しがたい影響をおよぼし、「朝鮮戦争において形成された国家は……

国家安全保障（national security）を最高の道徳とする否定的で防御的な理念を根拠と」することになり、こののち長きにわたって南の大韓民国では親米反共を旨とする社会が形成されてゆく。韓国の安全保障体制はすなわち韓国の支配体制を意味し、「韓国の支配体制は国家保安法に象徴される」といわれるが、このことは国家保安法に象徴される国家安保がただ絶大な力をもつことを意味するにとどまらない。この「国家保安法の論理的基礎は、抑圧・監視・統制に象徴される国家の暴力そのもの」にほかならず、そのような「国家の公権力は……ほとんど権力者の恣意によって行使される」。このことを即物的に表現したものが〈銃と刀がすなわち法であり秩序である〉という言葉である(15)。

韓国の国家権力による〈造作〉（捏造）事件は枚挙にいとまがなく、〈造作〉がおこなわれ有罪とされたもののの、のちに大法院（最高裁判所）で無罪判決が出た事件を殷秀美はいくつか挙げている。

一九五八年、間諜のぬれぎぬを着せられて死刑になった曺奉岩《チョボンアム》に、のちに二四億ウォンの賠償判決が出された。一九六一年、趙鏞壽《チョヨンス》民族日報事件で趙鏞壽ら二名が死刑になったが、その後かなり長い年月が過ぎてから無罪判決が出た。一九六四年の第一次人民革命党事件にかんしては二八億ウォンの賠償判決が出ている。一九六七年に間諜の廉で二一年間服役した李《イ》スグンの妻の甥である裵《ペ》某氏には六八億ウォンの賠償が出た。一九六七年に北に拉致された漁民・徐《ソ》チャンドクは四一年後に間諜の嫌疑を晴らし、一〇億ウォン賠償の判決を得た。一九六七年のいわゆる東ベルリン事件で、北朝鮮工作員と接触したとして逮捕された欧州在住の韓国人は、四三年をへて無罪となった。一九七三年に間諜のぬれぎぬで取り調べ中に疑問死したソウル大の崔《チェ》ジョンギル教授には一八億ウォンの賠償判決が出た。一九七四年の民青学連事件で有罪とされた李哲《イチョル》氏ら一二名は再審において無罪を勝ち取った。一九七四年の文人間諜団でっちあげ被害者は三七年ののちに無罪となった。同じ年の第二次人民革命党事件では八名が死刑の判決を受けるが、のちに無罪となる。

これらはいずれも遠い過去の話ではないし、当時の政権と近年の政権とがまったく断絶していたわけでもない。国家の公権力、国家の暴力が「ほとんど権力者の恣意によって行使される」ことなど今日ありえないとは断言しえない。親日派や米軍政に牛耳られた韓国では李承晩政権発足時から、北の脅威を理由に「国家安全保障」体制すなわち反共体制が有無をいわさぬ「最高の道徳」の地位を占め、反共の国家安全保障体制が韓国社会の中枢に陣取ってきたのであるが、この体制が今日の韓国社会でくずれているといえるだろうか。右の〈造作〉のほとんどは韓国中央情報部、およびその後継組織である国家安全企画部・国家情報院によってなされたものであるが、二〇一六年三月に法案が国会本会議を通過した「国民保護と公共の安全のためのテロ防止法」、通称「テロ防止法」は、将来に向けて〈造作〉可能性を残す法律とみられている。殷秀美は、テロ防止法によって国民が国家情報院の判断ひとつでテロ活動をおこなう危険人物だと決めつけられてしまうことを懼《おそ》れる。

国家権力による〈造作〉は、過去の事例が示すとおり、まごうことなき人権侵害である。みずからの意思を公的な場で示すことができず、事実とは異なるみずからの姿を公的な場にさらさざるをえないことは、人権の侵害であり蹂躙である。この点でまず〈造作〉を徹底的に解明し、批判し、処罰し、二度と起こりえないようにせねばならない。「そのつぎが拷問」であり、抵抗できない密室で身体的精神的に苦痛をあたえる行為を解明し、批判し、処罰し、二度と起こりえないようにせねばならない。(16) 拷問が人権侵害であることは言を俟たない。

〈造作〉と拷問とは表裏一体の仕打ちであり、ともに人権侵害であり人権蹂躙であるが、この両者が行使される場は、それぞれ公的領域と私的領域とであるともいえるだろう。無辜の人を社会的に指弾される犯罪者に仕立てあげ、その人の爾後の人生を歪める〈造作〉は、韓国中央情報部など〈造作〉する国家権力と〈造作〉される無辜の人との二者のみならず、冷ややかな視線を注ぐ世間の人々が存在してこそ、人権侵害的効果を高める。いいかえれば第三者、他者が存在するなかでこそ〈造作〉は意味をなす。第三者すなわち他者が存在する場とは、公的な場、公的領域である[17]。他方の拷問は、人に身体的苦痛をあたえ、人をその苦痛から逃れざるをえないように仕向けて、秘匿していることや架空のことを言わせるものである。そのさい拷問を受ける人の意識は、もっぱらみずからの苦痛と、その苦痛からの解放とに向かうであろうし、そこでは他者の目や世間の視線は薄れるであろう。他者の存在が意識されないとすれば、それは私的領域における出来事である。

こうして私的領域における身体的苦痛と公的領域における社会的処罰とが、じっさいには表裏一体のものとして、韓国の国家権力によっておこなわれてきた。両者いずれの側面においても、これはまぎれもない人権侵害であるが、侵害されるのは人間の権利であり尊厳である。国家には「国際人権法が保障した実際的・手続き的人権を保障する責任」があり、法的・社会的にみとめられるべき人間の権利が奪われてはならないことが訴えられるとともに、殷秀美は「憲法に保障された市民・主人としての国民は、飯だけ食って暮らす存在でなく、言論の自由、表現の自由を享受し、いかなる悪法や抑圧からも自由でなければならず、みずからの運命はみずから選択しうるのでなければならない」としるす。いわば殷秀美は理念的・倫理的に尊重されるべき人間の尊厳が侵害されてきたことを問題視しているのである[18]。

ここでいう理念的・倫理的に尊重されるべき人間の尊厳は、一見すると、生身の人間の日々の暮らしを離れた抽象的な人間理念のなかでみいだされる尊厳のように思われるが、それは生身の人間の日々の暮らしからまったく切り離されたところに存在するものではない。認識不可能・実現不可能でありながら現実の事象を統御し方向づける意義を有する〈理念 idea〉の西洋思想的伝統にもとづき、現実とは異なるところに理念的目標を置く意味をみとめるとしても、その理念と現実とを完全に分離してひたすら理念を語ると、空理空論の陥穽にはまりうる。理念的・倫理的に尊重されるべき人間の尊厳は、人間の具体的な生活の場で生起するもの、すなわち法的・社会的もしくは制度的な場で生起するものと、絶えず結びつけて考察されなければならない。

法的・社会的もしくは制度的にみとめられる尊厳という場合に、法的・社会的もしくは制度的な場で保障されるべき尊厳と、そのような場で生起する尊厳とが考えられるだろう。尊厳の法的・社会的もしくは制度的な保障においては、尊厳の客観的側面・外的側面に力点が置かれる。尊厳の法的・社会的もしくは制度的な生起においては、尊厳の主観的側面・内的側面に力点が置かれる。前者の客観的側面・外的側面、およびそれらの側面での保障は、容易に諒解《りょうかい》されるであろう。

尊厳の主観的側面・内的側面は、右記の理念的・倫理的に尊重されるべき人間の尊厳と重なりあうべきものであるが、この主観的側面・内的側面は法的・社会的もしくは制度的にみとめられる尊厳という枠のなかでの側面である。これは、法的・社会的もしくは制度的な場で、理念的・倫理的なものとして、生起する尊厳である。「憲法に保障された市民・主人としての国民は、飯だけ食って暮らす存在でなく、言論の自由、表現の自由を享受し、いかなる悪法や抑圧からも自由でなければならず、みずからの運命はみずから選択しうるのでなければならない」という殷秀美の主張は、いかなる社会的条件にあっても人間として本質的に普遍的にみとめられるべき尊厳、いいかえれば個別の社会的条件から遡って本質的普遍的に承認されるべき人間の尊厳を指すものであろう。そのさい、個別の社会的条件、個別の現実から本質的普遍的なものへと遡りはするが、社会的条件や現実から遊離したり脱出したりするものではない。現実の制約をいったん離れて理念の世界において沈思するが、その理念は現実を統御し方向づけるべきものであり、理念はふたたび現実にもどってくるべきである。現実と理念とが乖離してはならないし、具体的事象と抽象的本質とが分離してはならない。理念的・倫理的に尊重されるべき尊厳、法的・社会的もしくは制度的な場で理念的・倫理的なものとして生起する尊厳とは、このことを意味する。

この点でチャン=ウンジュは、日常的具体的な生活の困難から切り離したところで語られる「人間の尊厳性」が維持されていればよいのであって日常的具体的な生活の困難はやむをえないと考えているようである。いわば日常的具体的な生活の困難を切り捨て、それよりも「人間の尊厳性」をひたすら尊重する姿勢をとっているようにみえる。たとえば、すでに示したチャン＝ウンジュの記述は韓国労働者の闘争をやや矮小化するものと受けとられかねない。

「われわれは機械でない！」「われわれも同じ人間だ」という叫びは、たんになんらかの社会経済的次元の階級的平等のための叫びというより、社会的に無視され侮辱されて排除された人々の、自分たちと異なる人々と同等な人間として尊重してくれという叫びであった。この叫びはかれらを他者と同じように扱ってくれという要求でなく、かれらの人間としての存在を無視するな……という要求であった。……このような意味で、わが労働運動はまさしくそのような社会の道徳的不義にたいする矯正の努力としてたんになにかの「生存闘争」のごときものではなく、「尊厳性のための闘争」であり、民主化運動もまたたんなる反独裁運動でなく、社会の「人間化のための闘争」なのであった。[19]

チャン＝ウンジュのいう「人間の尊厳性」は主観的側面・内的側面ばかりを浮き立たせるもののようである。また貧富の差や不平等は、〃自己‐尊重〃と区別された〃自己‐評価〃に当たるというほど生やさしいものではないと思われる。貧困や不平等は国家権力による人権侵害とともに、韓国民衆が「自分の生命維持をはかるのに汲々と」せざるをえない社会的経済的条件であり、このような条件によって「民衆はまさしく生存の論理を内面化する」ことを余儀なくされてきた。[20] 貧困や不平等は生身の人間の〈生存の論理〉にかかわる社会的経済的条件であるし、人間の生が社会的経済的条件のうえに成り立つことを看過した理念や道徳は、空理空論におちいる懼れがある。

韓国現代史には、国家権力による〈造作〉事件をふくめ、国家安全保障体制の恣意的な公権力行使による人権侵害が数多あり、それらは従来じゅうぶんに解明されてこなかった。このような韓国の〈過去事〉を念頭において人間の尊厳や人権を語る殷秀美は、国家安全保障体制にするどく対峙する。そして人間の尊厳を真摯に考えるのであれば、国民の尊厳を傷つける国家安全保障でなく、国民の尊厳を確立する〈人間安全保障〉こそが必要であるとして、つぎのように語る。「テロがなぜ起こるのか、一度でも真摯に考えたことのある人ならば、いまや国家安保から人の安保、人間安保へと政策の焦点を移さなければならないという主張に共感するでしょう」。さらに殷秀美は「国家安保から人の安保に向かわなければなりません。テロのような災難がなぜ起こるのか、たとえば貧困・雇用不安・不平等・貧しさがテロと暴力と紛争を生むという国連の指摘に耳を傾けなければなりません」と述べ、国家安全保障体制の恣意的な公権力行使による人権侵害のほかに、貧困や不平等が、人間安保、人の安保を阻害することを主張する。こうして、人間の尊厳を確立するうえでも「社会的弱者の生と権利とをいまよりよくする」ことが喫緊の課題であると説かれるのである。人の安保、人間安保とは、このことを指すであろう。ただし、その確立が韓国においていかに困難な課題であるかを承知している殷秀美は「社会的弱者の生と権利とをいまよりよくするという果てしなき闘争」としるし、これが政治の闘争であることを意識する。[21]

理念的・倫理的な尊厳の考察においては、それを具体的な社会的現実から乖離させてしまうことなく、また生々しい社会的現実のなかに埋没してしまうこともなく、韓国の社会的現実とのあいだで緊張関係を保ちつつ、人間の尊厳が語られるべきであろう。

註

（1） チャン＝ウンジュ『生存から尊厳へ』〔韓国〕ナナム、二〇〇七年、三三二頁。

(2) チャン=ウンジュ『生存から尊厳へ』二四三頁、二五一頁、二五三―四頁をみよ。
(3) Immanuel Kant, Die Metaphysik der Sitten, *Kant's gesammelte Schriften*, Bd. V, Berlin, 1907, SS. 420, 429, usw.
(4) Immanuel Kant, Die Metaphysik der Sitten, S. 459.
(5) Immanuel Kant, Die Metaphysik der Sitten, S. 436.
(6) Immanuel Kant, Die Metaphysik der Sitten, S. 462.
(7) Immanuel Kant, Grundlegung zur Metaphysik der Sitten, *Kant's gesammelte Schriften*, Bd. IV, Berlin, 1903, S. 436.
(8) Immanuel Kant, Grundlegung zur Metaphysik der Sitten, S. 438.
(9) チャン=ウンジュ『生存から尊厳へ』二五四―五頁、二五七頁をみよ。
(10) Harry Frankfurt "Equality and Respectst" の一節。チャン=ウンジュ『生存から尊厳へ』二五五頁をみよ。
(11) 朴セギル『書きなおす韓国現代史 2』二二三―四頁、趙英來『全泰壹 評伝』二四〇―九頁をみよ。
(12) チャン=ウンジュ『生存から尊厳へ』二八―九頁。
(13) チャン=ウンジュ『生存から尊厳へ』二五九頁をみよ。
(14) チャン=ウンジュ『生存から尊厳へ』二七―三三頁をみよ。
(15) 金東椿『近代のかげ』一一〇―一頁をみよ。
(16) 殷秀美『国民の尊厳、10時間18分』〔韓国〕知識工作所（コミュニケイションブックス）二〇一六年、三七―九頁、四九頁をみよ。
(17) Vgl. Hannah Arendt, *Vita activa, oder, Vom tätigen Leben*, München, 2002.／拙稿「公的世界と私的世界」北海学園大学経済学会『経済論集』第四六巻第一号、一九九八年をみよ。
(18) 殷秀美『国民の尊厳、10時間18分』一六頁、六九頁をみよ。
(19) チャン=ウンジュ『生存から尊厳へ』二八―九頁。
(20) 金東椿『近代のかげ』一二二頁、一二四頁をみよ。
(21) 殷秀美『国民の尊厳、10時間18分』一七頁、一〇三頁、一〇五頁をみよ。

第14章　景観論

1　環境と景観

人々の眼を自己の生活や社会に向ける契機は多様でありうるが、みずからの生活空間の物理的劣悪化はその大きな契機となるだろう。二〇世紀後半に生活空間劣悪化の一因をなしてきたのは環境をめぐる諸現象であり、それら諸現象は人々の社会意識を喚起する環境問題として知られるにいたった。

環境問題は一般に、第一段階の公害問題、第二段階の地球環境問題をへて、生命や人間そのものの危機に駆られた環境問題の内面化・反省化・哲学思想化という第三段階に向かうといわれる(1)。韓国でも環境にかんする意識はこのような経緯をたどってきた。

韓国で発生した公害やそれにたいする抗議運動は第12章でふれたが、これを機に起こった公害反対運動や抗議運動が高まるとともに、人々はみずからをとりまく環境に目を向け、環境保全ないし環境保護の意識が韓国社会に浸透しはじめる。いわば自己をとりかこむ社会的危機として環境が人々の眼前にあらわれたのであり、この社会的危機が環境問題と称される。

韓国は日本以上に短期間に高度経済成長をとげたが、そのぶん環境問題の段階も短期間に進行し、一九九〇年代には第二段階の地球規模の環境問題、第三段階の自然や生命が意識されはじめた。環境がたんに生活空間の物理的条件にとどまるものでなく、人間をとりまく自然や人間とは切りはなされて抽象的にとらえられる自然そのものを指すようになるのも、このような段階の進行にともなうものであろうし、抽象化された自然をいまいちど人間の生活空間にひきつけて考察する思想があらわれるのもやはり第三段階に入って際立つ現象である。そして二〇〇〇年代に入ると風土、とりわけ〈景観〉を主題として取り組む研究があらわれた。これには段義孚（Yi-Fu Tuan）やエドワード＝レルフ（Edward Relph）らの人文主義的地理学ないし現象学的地理学の影響も考えられる。

韓国の景観はあるていど日本の景観と共通性があり、景観にたいする韓国の人々の感覚と日本の人々の感覚とにも相通ずるところがある。ここでは韓国における景観の論じられかたを取りあげ、人間にとっての景観の意義をさぐる糸口をみいだしたい。

2　景観における主体と客体

自然なり自然環境なりの言葉はすっかり定着しているが、抽象的に語られる自然ではなく、ごくふつうの人間がじかに接する自然をどのようなものとして捉えればよいのか。人間は自然のなかでどのようなありかたをしているのか。あるいは、山林生態学者の權《クオン》ジノの言葉を借りれば、自然のどこに人間は立っているのであろうか。これは自然と人間とのかかわりかたにかんする問いであるといってよいだろう。

一般に環境とは「私たちが暮らす世の中になにかをあたえる物質的諸要素」を指すと權ジノはいう。環境には

「自然環境」と「文化的環境ないし人間をつくる環境」とがあり、自然環境が人間の生の様式に影響し、人間の生の様式が自然環境に影響する。この相互関係の産物として、文化的環境ないし人間をつくる環境が形成され、これらの全体が含蓄的にあらわれたものが景観 landscape にほかならない。(2)

景観はそれゆえたんに客観的な存在ではなく、主観的な人間の意識とあいまって、はじめて成り立つ。みえる対象である「景」と、みる主体である「観」とが結合してできるのが景観であり、景観とは、美しい景地とそれをみる人との相互作用のうちに成立する概念であると造景学者の申相燮《シンサンソプ》はいう。(3) みる主体「観」が景観を構成し、みられる客体「景」が景観の要素をなすかぎり、「観」が影響をあたえる主体であり「景」が影響を受ける客体であるとみられるが、しかしこの主体‐客体関係は固定したものでなく、変わりうる。地域共同体の環境特性がそこに暮らす人々の認識にくりかえし作用をおよぼし、その作用を受けた認識を人々の記憶にしみこませ、この認識が人々の景観にたいする価値基準となる。(4) これは、景観には客体である「景」(場面)と主体である「観」(視線)との区別と結合が示されているというベルクの分析と重なるものといえる。(5)

たとえば竹林は韓国の主として南部地方に分布し、村の近くにあることが多いので、南部地方で生まれた人々は暮らしのなかで竹の知識を得て成長する。これにたいし北部地方で生まれ竹林に接したことがない人々は、竹について漠然とした感じをいだいたり竹を異質な自然環境要素と受けとめたりし、竹にかんして恵みというより否定的に歪曲された自然観を生みうる。生まれ育った地域のちがいにより、竹をめぐって、経験的に得た知識にもとづいて親環境的関係に発展することもあれば、経験がないことによって歪曲された自然観として定着することもある。こうして形成され定着した自然観が多くの人々によって地域の見方として表出されると、その自然観は地域の「文化」に反映する。表出された自然観は地域社会の自然環境はもちろん「人間的影響下の環境」にも肯定的であれ否定的であれ影響をおよぼし、竹林が消え去ったり維持発展されたりする地域環境の特性として浸

透する。(6)

主体は客体をとらえて評価するが、この主体の認識能力・評価能力は、主体をとりまく客体のなかで形成され陶冶される。主体が客体をとらえて評価するかぎり主体が客体にたいして優位に立つが、客体が主体を形成し陶冶するかぎり客体が主体にたいして優位に立つ。主体と客体とのこのような相互作用は、主観的意識と客観的存在との相互作用、人間と社会との相互作用とも受けとめうる。

このことは感覚の主体と感覚の対象との関係としてマルクスが論じている。一方では「どれほど美しい音楽であっても非音楽的な耳にはなんの意味もなく、それは〔音楽としての〕対象にさえならない。……私にとってある対象の意味（対象にふさわしい感覚にとってのみ意味がある）は、私の感覚がおよぶところまでしか広がらない」として、主観の能力があってこそ音楽的対象が意味をなすこと、主観が音楽的対象にたいして優位をなすことが述べられる。他方でマルクスは「音楽がはじめて人間の音楽的感覚をよびおこす」こと、「五感の形成は今日までの全世界史の仕事の成果である」ことを洞察し、人間の意識や感覚という主観はア・プリオリに成立するのではなく社会的存在や歴史的蓄積のなかで形成されるものであることを示す。いうなれば感覚の主体と対象、主体と客体とは、相互作用をなすのである。この相互作用は「藝術作品が……藝術的感覚があって美を享受しうる公衆をつくるのだ」という一句に凝縮されている。つまりこの句には、「藝術的感覚があって美を享受しうる公衆」との文言のもとに藝術的感覚を有する人々が主導的に美をとらえる作用が示されるとともに、「藝術作品が……公衆をつくる」との文言のもとに藝術作品という客観的存在が感覚をそなえた主観を形成する作用が示されており、人間と社会とのあいだに双方向のはたらきかけがなされることが示唆されているのである。(7)

マルクスのいう人間と社会との相互作用は、人間と自然との相互作用と重なりあう。これらはいわば、人間と人間をとりまく自然的社会的環境とのあいだの相互作用としてとらえられる。景観はまさしく人間をとりまく自然的社会的環境の一形態にほかならない。

3　伝統的村落の景観

景観は具体的に韓国でどのように表象されるのだろうか。これには大別してふたつの柱がみられる。ひとつは伝統的と称される村落の景観であり、いまひとつは近代的都市景観である。

韓国を代表する生態学者の李道元《イドウォン》は大著『景観生態学』にくわえて『韓国の古き景観における生態の知恵』『伝統村落景観要素の生態的意味』、さらに自身が編輯した『韓国の伝統生態学』などの著作において、伝統的村落の典型的景観を詳論している。

学術的用語としての景観は、目にみえる姿というより、生態系の束が数キロメートルに広がる地域にわたってくりかえされるモザイク様の空間である。生態系の束はエネルギーと物質、情報交換によって結びついた空間的要素をしめすものである。空間的位階としてみれば、束は生態系と景観とのあいだに置かれた単位である。村、農耕地域、山林、河川などは、景観の束の主要構成要素としてひとつの〈つくり configuration〉をなしている。〈つくり〉は、空間的に区分があきらかな種々の生態系が特徴的な排列をなし、景観のなかでくりかえしあらわれる単位を意味する。韓国の伝統的村落は山のゆるやかな傾斜面につくられ「背山臨水」の地形をなしている。そこでは南向きないし南東向きのゆるやかな斜面を居住地とし、裏庭は山まで伸び、前方の耕作地に川が流れる。山のほうには森が、そこから降りてくるにつれて墓や塚が、緩傾斜地には果樹・桑畑・共用の雑木林が、山と平野とが接する末端部分に居住地ができ、村が形成される。村では豊富な地下水や良好な日照が得られ、自然災害の防衛避難や燃料採取の手段も用意される(8)。

東アジアには理想的住居環境をつくりあげるために自然を補完する地理思想と文化的伝統がある。そのなかで、景観を意識して韓国の伝統的な田舎の風景をみわたすとすれば、裏山・村落・農耕地という造作として成り立つひとつの束を認識しうる。(9)

韓国の住居景観にみいだしうるもっとも際立った特性のひとつは、その立地がなんらかの構造物によって取り囲まれている姿である。農業と住居が成り立つ韓国の生活空間は、その大部分が森もしくは低い丘からなる山地によって囲まれている。山岳地帯からなる韓国の地形においては、土と水が得られやすい地の選定が不可避であったといえる。これと関連して重要なのは、人工的な景観の〈つくり〉が、ただ受動的に自然条件にしたがったわけではなく、人々によって能動的に造成されたことである。(10)

4　近代的な都市景観

他方、近代的都市景観にかんする研究として、李揆穆《イギュモク》『韓国の都市景観』のように都市に焦点を絞った本格的研究のほか、曺正松《チョジョンソン》ほか『現代景観をみる12の視線』所収の都市景観論考などが上梓されている。『現代景観をみる12の視線』には文《ムン》スヨン「都市生態系復元と景観構成」と朴《パク》ヨンジョン「オープンスペースとしての広場」とが収録されているが、このうち文スヨン論文の主眼は都市生態系ないし都市生態環境の復元にあり、ドイツ・英国およびソウル清渓川の事例によせて復元の景観的意味をさぐるさいにも論述の力点は復元に置かれている。そこでは都市景観はおおむね「索莫とした都市空間のなかで人々が休息し思い出をつくることができる空間」、かつては「自然をもとめて都市の外に出かけていた人々」や遠くまで出かけられない子どもや老弱者に自然をみる機会を提供する空間、ととらえられている。(11) このかぎり都市景観には自然の代用という位置づけがあたえられるであろう。朴ヨンジョン論文では、西欧の歴史における広場や伝統的韓国の広場の形態や意味が論じられ、広場は「相対的に閉鎖的な空間で、囲繞空間の領域性と疎通という場所性」を有するとされる。「摩天楼で満たされた韓国の都市に通気口をつくるのは公園や広場のような空いた空間のオープンスペースなのだ」という朴ヨンジョンは、広場が疎通（communication）の空間であり、都市の活動と要素によって都市にいっそう多様な表情をあたえる空間であるとみなす。広場は物理的疎通の空間、社会的疎通の空間として位置づけられる。(12) 文スヨンも朴ヨンジョンもともに景観そのものの有する固有の意義や人間的意味というより、生態系復元とかかわる自然の代用としての都市景観、都市でのコミュニケーションの場としての広場が、主題として論じられるといえる。

景観そのものの有する固有の意義や人間的意味をみきわめる点について、より示唆的なのは李揆穆『韓国の都市景観』である。この著作で論じられる景観もしくは都市景観は、つぎのようにとらえられている。景観はつね日ごろ私たちがみるものであり、私たちの周辺環境がみせる風景や都市の姿である。景観は、実物・客観的実在としての環境というより、私たちに「みえる」かぎりでの環境、私たちが表象するイメージとしての環境であり、みる人の解釈によって変わりうるものである。私たちがどこにいようと景観は私たちをとりまいており、私たちにせまってくる。環境として目に入ってくるのは物理的形態であるとしても、そこには人間の文化がこめられている。都市景観は私たちがつねに接している日常的景観類型であり、そこでは都市の施設と活動が主役をなす。というのは、都市をじかに構成する建築物と屋外空間、森や水のごとき自然物など、視覚的にみえる都市の風景が主体になるのはもちろん、都市内のもろもろの活動や市民生活、独特な雰囲気、イメージなど、視覚的に感知されない領域もここにふくまれるからである。それはたんに美的側面でみえる都市環境のみならず、生活がこめられた都市全体の総合的で個性的な表現であり、この面でその都市の文化をあらわすものである。私たちは都市景観をとおして都市の社会と文化を理解しうるのであり、都市景観の分析によってもろもろの社会文化的現象が把握される(13)。

このような景観のとらえかたは申相燮にも共通してみられ、歴史・文化・生活様式などが空間にしみこんだ結果としての文化的価値・規範・土地にたいする態度が景観に反映されていることが論じられる(14)。

5　固有のものの取り戻し

韓国の都市景観について李揆穆はつぎのようにしるす。韓国の街には残念ながら、西洋の古い街のように石と煉瓦でつくられた家々が並んでいるわけでもなく、緑ゆたかな公園があるわけでもない。けれども、しゃれた建物はないものの山があり、広場の代わりに道がある。歴史と説話があり、伝統的要素と固有の生活様式がある。韓国の都市景観のなかに隠れていて、目にみえない諸要素を探し求める方法を模索すべきである(15)。

この発想は容易に理解できる。異文化の経験を機に自文化に目を向けること、異文化のなかに身を置いて自己の根幹やアイデンティティをふりかえることは、きわめて自然なことであろう。ところが韓国には、それらの自然ないとなみを遮る制約が加えられていた。

現代韓国の基盤を形成する朝鮮近代化は、他国の力によって他律的に推進された。それゆえ近代化過程にある朝鮮の人々が異文化を経験するさいも、それをみずからの意志によって経験するのでなく、他国の意志にしたがって経験せざるをえなかった。それにともない、近代化過程にある朝鮮で自文化に目を向けることは大きく制約されていたとみなすべきである。このことを李揆穆はつぎのようにしるしている。

……朝鮮時代に形成された原型景観は、一九世紀末の開港期以降いわゆる近代化過程をへて変貌をはじめ、不幸なことにこの重要な時期に日本の侵略と強占によって〝日本をとおして〟近代的景観の姿へと落ちつくことになった。これは開港後のいわゆる国際主義様式から最近のポストモダニズムにいたるまで、米国をはじめ西欧や日本の一方的影響を受けつつ、今日の都市の姿をととのえることになった。うわべには、このように外国文化が深く位置づき、私たち固有のものがなくなったようにみえるが、私たちの固有なものはそれが生活様式であれ伝統的空間であれ、依然として都市の奥深いところにそれぞれ位置づいている。現在ではあまり読まれていないが、みえざる都市のなかのどこかに私たちが探し出さねばならない特徴的都市景観の要素、韓国的景観として打ち出さねばならない要素が、たしかにあると思う(16)。

韓国の「固有のもの」「伝統的空間」という言葉には、外部の力によって近代化させられた人々がみずからの〈ありか〉を探し求めようとする指向性、みずからの存在を確信し実感しようとする指向性があらわれているであろう。外部の力によって近代化させられたことは、それがみずからの意志によって果たされた近代化でなかったこと、歪んだ近代化でしかなかったことを意味する。歪んだ近代化を余儀なくされ、「固有のもの」「伝統的空間」の価値が外なる力によって貶められた韓国のほうが、日本以上に伝統的で固有のものを強く欲しており「韓国的景観」の再定位ないし取り戻しを渇望しているとしても無理はない。

こうして都市景観といえども、世界各地に共通する「普遍的」な都市はありえず、かならずその地に固有の背景をもって成り立っている。欧米ふうのしゃれた都市景観に追従するのでなく、韓国であれば韓国に固有の景観を積極的に打ち出してゆくことが求められている。

固有の景観は、その地の自然風土のなかで形成されたものであり、その地の人々の生活のなかで形成されたものである。手つかずの自然はべつとして、その地の人々の生活のなかで形成されたものは、その地の物質的要素と、その諸要素を組み合わせる人々の感覚や嗜好、つまり意識的要素とを注ぎこむことによって成り立った場である。こうして景観は、もともとの自然風土、もしくは景観を構成する物質的要素と、それを組み合わせて形づくる意識的要素とからなる。ここでいう意識は、景観を構成する意識、生活のなかで陶冶され生活のなかで発揮される意識であり、生活感覚に近い。韓国固有の景観には、物質的にも精神的にも、韓国固有の生活誌や生活感覚がしみこんでいるのである。

ここで想起されるのが、日本で名著の誉れ高い芦原義信『街並みの美学』である。一九七九年に上梓された同書で著者は「街並みは、そこに住みついた人々が、その歴史のなかでつくりあげてきたものであり、そのつくられかたは風土と人間とのかかわりあいにおいて成立するものである。であるから、この地球上に現存する街並みは、その人間存在の時間的空間的な自己了解のしかたと深くかかわりあっているものである。」としるし、本稿の考察もこれに共鳴するものである。ただ同書ではこの叙述につづけて「そうかといって、折角この日本に生れ、都市生活を余儀なくされている大部分の日本人にとって、少しでも快い住いの環境や美しい街並みを創り出すことは急務である」と、また「われわれ日本人は、街をより住みやすく美しくしようという考えはもっていないのであろうか。また、われわれは美しい街並みをつくるのに不向きなのであろうか」と書かれ、美しい街並みが目指されるべきことが論じられる。そして、同書でくりかえし西欧の街並みが範型のように示されるところから窺えるように、著者が念頭に置く美しい景観の基本は西欧の歴史的街並みであり、大筋において著者は日本の街並みを憂い西欧の街並みに憧れているようにみえる。(17)「都市景観の理論は各論者が、その理論がうまく適用される都市を対象に研究することによって成り立ったものではないか(18)」という李揆穆の洞察にもとづいていえば、芦原義信の「街並み」研究は西欧指向性を骨格として成り立っているのかもしれない。

韓国都市景観探究の趨勢は、このような西欧を基準にする景観でなく、また抽象的で無国籍的な景観でもなく、韓国的景観・韓国固有の景観である。それは、長きにわたって韓国の人々の基盤となってきた生活誌と生活感覚、長きにわたって韓国の人々が生みだしてきた生活誌と生活感覚を探し求めるいとなみでもある。

6　みずからの〈ありか〉

韓国の人々が生みだしてきたと同時に韓国の人々の基盤となってきた生活誌と生活感覚とを探し求めることは、韓国の人々がみずからの姿を探し求めること、みずからの場、〈ありか〉を探し求めることである。それは、みずからの存在を実感し確証するための探求といえる。

自然的物理的な環境と空間は、人間の活動がおこなわれ人間的意味が附与されて初めて〈場所〉placeになる。この〈場所〉の「物理的で視覚的な形態」が景観にほかならない(19)。いわば人間の生活誌と生活感覚とが物理的視覚的にあらわれたものが景観なのである。したがって、韓国にみられる伝統的景観・近代的景観の〈つくり〉を分析することには、韓国の人々の生活誌と生活感覚、韓国の人々の姿を把握するという意味がある。

他方で、本章では取りあげられなかったが、人間がみずから慣れ親しんできた景観を好むとともに、いままで経験したことのない景観に関心をいだくことが考えられる。みずから慣れ親しんできた景観は郷愁を誘い、半生の回顧や自己確認、自我再定立の契機となり、それはやがて自己肯定的回顧につながるであろう。いままで経験したことのない景観は憧憬を誘うが、それは主として異国情緒にたいする憧憬、すなわちみずからが手に入れていないものにたいする憧憬である。じっさいにはこれは西洋古典文化をはじめとする西洋的なものにたいする憧憬であることが多く、さきの芦原義信の「街並み」研究などは、その日本における好例といいうる。

こうして景観には、人間がみずからの反省を肯定的に確証し、みずからの〈ありか〉を再定立するための「物理的で視覚的な」よりどころになるという意義と、みずからの居住圏とはかけはなれており多分に非現実性を前提して表象される憧れの眺望という意義とが内包されているといえるであろう。そしてこれらの意義はイデオロギー的性格を帯びている。みずからの〈ありか〉を肯定的に再定立するよりどころであることは、自己肯定的・保身的・守旧的観念や伝統主義的観念を構造化する一環をなしうるし、非現実的な眺望を憧憬することは日本の脱亜入欧に象徴される西洋中心主義的先入観の産物でもありうるだろう。

註

（1）尾関周二編『環境哲学の探求』九頁をみよ。
（2）權ジノ「韓国の原型的景観と山」李道元ほか編『韓国の伝統生態学 2』〔韓国〕サイエンスブックス、二〇〇八年、五三頁をみよ。
（3）申相燮『韓国の伝統的な村と文化景観をもとめて』〔韓国〕大家、二〇〇七年、一二頁をみよ。
（4）權ジノ「韓国の原型的景観と山」五五－六頁をみよ。
（5）オギュスタン＝ベルク『風土の日本』筑摩書房、一九九二年、一九六頁をみよ。
（6）權ジノ「韓国の原型的景観と山」五六－八頁をみよ。
（7）Siehe Karl Marx, Ökonomisch-philosophische Manuskripte aus dem Jahre 1844, *MEW*, Ergänzungsband I, Berlin, 1968, S. 541f., Karl Marx, Einleitung zur Kritik der Politischen Ökonomie, *MEW*, Bd. 13, S. 624.
（8）李道元編『韓国の伝統生態学』〔韓国〕サイエンスブックス、二〇〇四年、二八－三〇頁／李道元『伝統村落景観要素の生態的意味』〔韓国〕ソウル大学校出版部、二〇〇四年、一一－三頁／李道元『韓国の古き景観における生態の知恵』〔韓国〕ソウル大学校出版部、二〇〇三年、三七－八頁／李道元『景観生態学』〔韓国〕ソウル大学校出版部、二〇〇一年、二七〇－一ページをみよ。
（9）李道元『韓国の古き景観における生態の知恵』六九頁、八一頁をみよ。

(10) 李道元『伝統村落景観要素の生態的意味』七八―九頁をみよ。
(11) 文スヨン「都市生態系復元と景観構成」曺正松ほか『現代景観をみる12の視線』〔韓国〕韓国学術情報、二〇〇六年、八一―一〇五頁をみよ。
(12) 朴ヨンジョン「オープンスペースとしての広場」曺正松ほか『現代景観をみる12の視線』一〇九―一二七頁をみよ。
(13) 李揆穆『韓国の都市景観』〔韓国〕悦話堂、二〇〇二年、一一三―四頁をみよ。
(14) 申相燮『韓国の伝統的な村と文化景観をもとめて』一六頁をみよ。
(15) 李揆穆『韓国の都市景観』一三七―八頁をみよ。
(16) 李揆穆『韓国の都市景観』一三八頁。
(17) 芦原義信『街並みの美学』岩波書店、一九七九年、二四七頁、二五九頁をみよ。
(18) 李揆穆『韓国の都市景観』一三七頁。
(19) 韓ソンミ「学問的連鎖と文学でみる景観」曺正松ほか『現代景観をみる12の視線』四五頁をみよ。

第15章　韓国で受けとめた〈3・11〉

1　東日本大震災

〈3・11〉は韓国で東日本大地震と呼ばれるのが一般的であるが、これが韓国でどのように受けとめられ語られているかを、このかん韓国で上梓された単行本を中心に概観したい。とりあげるのは左記の八点で、ほとんどが震災一年後に刊行されたものである。

姜《カン》ウンジュ『チェルノブイリ・フクシマ・韓国』アーカイブ、二〇一二年三月
金《キム》大《デ》弘《ホン》『日本の涙』オルリム、二〇一二年三月
朴《パク》ヒョンジュン『日本を変えた東日本大地震』ノンヒョン、二〇一二年二月
徐《ソ》東《ドン》周《ジュ》「東日本大地震と象徴天皇の慰安効果」韓《ハン》榮《ヨン》惠《ヘ》編『現場からみる東日本大地震』ハヌル、二〇一三年三月
チョン=ナムグ『うしなわれた福島の春』時代の窓、二〇一二年三月

チョ=ジョンファン「革命と災いのあいだのフクシマ」チョジョンファン編『フクシマから吹く風』カルムリ、二〇一二年三月
チン=チャンス『大地震後の日本エネルギー政策の変化』世宗《セジョン》研究所、二〇一三年二月
崔官《チェグワン》ほか編『3・11 東日本大地震と日本』ムン、二〇一二年三月

2　日本の被災者とボランティア活動

近代日本の重大出来事として、一九世紀は明治維新、二〇世紀は敗戦、二一世紀は東日本大地震があげられるほど、東日本大地震は日本社会を根こそぎにする一大事件であった。けれども日本国民はその未曾有の事態に直面してパニック状態には陥らず、むしろ秩序を維持し他人を気づかい、困難を乗り越えようとする姿をみせ、世界中の人々に深い印象を残したとする肯定的な叙述がみられる。たとえば南三陸町の遠藤未希さん（一九八六年生）が、津波警報が出てからも住民に避難を促す放送をつづけていたこと、しかし行方不明から五二日たって海岸で発見されたことが紹介されている。日本はかつて敗戦後の廃墟から立ち上がり、石油危機を乗り越えて発展してきた国として知られている。「うしなわれた一〇年」や国力低下が云々されても、勤勉な国民と安定した社会、秀でた技術力を有する強大国であることに変わりはないともいわれる（『日本の涙』『3・11東日本大地震と日本』）。

被災のなかでも秩序を維持し助け合おうとする姿は、日本国内のボランティア活動に一層はっきりあらわれる。一九九五年の阪神淡路大震災時には一カ月で約六〇万名のボランティアが集まったが、このときの経験が生きて〈3・11〉のさいには被害地域ごとに「災害ボランティアセンター」が置かれ、ボランティア募集情報や必要物品

情報が発信されている。東亜日報記者の朴ヒョンジュンはみずから避難所を訪れ、ボランティアによって提供された温かいごはん・さんま・味噌汁を前に、ごはんの大切さが身にしみて涙を流す人の姿をみた。氏自身もボランティアに助けてもらいつつ、ボランティアのありかたを考えたという。外から受け入れるボランティアのほかに被災住民みずからボランティア活動にとりくむ様子をみて、被災住民どうしなら相手にたいして心理的距離が小さく、必要なものがすぐわかり、避難所が逸早く秩序をつくれるという長所があることを知った。また、大地震直後の瓦礫撤去などの肉体労働とともに、のちには、地震で崩れたコミュニティ機能の恢復が重要であること、被災者と「お茶を飲みながら話をする」などして信頼関係を築き、子どもたちの世話や勉強をみることがボランティアにとって重要であることを知った。一九九〇年代の「うしなわれた一〇年」に日本は経済的活力をなくし若者は萎縮していったが、ボランティアがあらわれて日本の傷をいやしている。その熱気を受けて東日本大地震後に若者や被災住民が活力をとりもどすことを朴ヒョンジュンは期待する〔『日本を変えた東日本大地震』〕。

〈3・11〉は日本社会のありかたを大きく変えたとともに、日本人の価値意識に変化をもたらしたことも指摘される。日本人は小さいときから、他人に迷惑をかけてはいけないと教えこまれる。これはいわば他人と一定の距離をとることの躾であろう。けれども東日本大地震のような危機的状況において自分を受けとめてくれるのは家族や友人や地域社会であり、日本人は〈3・11〉を機に人々との絆の重要性を感じはじめた。家庭より仕事を優先する「会社人間」が多かった日本人が大地震を経験して、維持すべきは家庭であることを悟ったという。大地震ののち、多少給料が下がっても、歩いて通勤できる職場、家族と過ごすための休みが取れる職場に転職する人が増えたこと、二世帯住宅の需要が高まっていることも、家族にたいする価値意識の変化のあらわれとみられる〔『日本を変えた東日本大地震』〕。

また、天皇の避難所慰安訪問が被災民にたいして文字どおり「慰安」として機能し、それを「感激」「感謝」

をもって受け入れたという被災住民の反応と、災害復旧の陣頭指揮者として避難所を訪問した首相にたいする被災住民のシニカルで冷たい反応とが対照をなすことにも韓国人の立場から関心が寄せられる。天皇の慰安を有意味に機能させた条件、その無政治性がかえって有意味な政治的機能を果たした構造が考察の対象となる〔「東日本大地震と象徴天皇の慰安効果」〕。

3　韓国人の対応

日本はかつて韓国を植民統治した国であり、現在も右足を米国側に、左足を中国・韓国などアジア側に置きつつ、政治や経済などの分野で国益を追求する国であることは知られている。けれども〈3・11〉に直面して韓国では日本にたいして従来とは異なる反応がみられ、大地震で苦しむ日本人のために韓国人のだれもが力を尽くそうと乗り出した。それは端的には募金としてあらわれた。韓国市民たちによる災害寄附の募金運動が自発的に大規模に展開されたことは、近代以降の韓日関係において初めてのことといえる。大韓赤十字社は、東日本大地震救援募金をはじめてわずか一四日で二一三億四四八〇万ウォン[1]の募金を記録した。韓国原爆被害者協会も、韓流スターも、財界も金融界も、募金活動をおこなった〔『日本の涙』『3・11東日本大地震と日本』〕。

KBS東京特派員として東日本大地震を経験し取材した金大弘によれば、姉妹校関係にある韓国の安養《アニャン》外国語高等学校と岩手県立花巻南高等学校との間で毎年一〇余名が互いの学校を訪れ、相手側の生徒宅に一週間ほど宿泊し、友好を深めている。大地震の報道に接した韓国の生徒たちは、もしや学校が壊れたのではないか、友だちが波にさらわれたのではないか、と心配になった。韓国の生徒たちは翌日、自発的に募金活動をはじめた。おやつを買うためにポケットに入れてあった一〇〇〇ウォン札から、MP3を買うための貯金まで、募金箱に入れられた。先生たちも寄附をした。こうして五三〇万ウォンが集まった。五三〇万ウォンは大きい金額とはいえないが、韓国の生徒たちの真心がこもっていた。韓国の生徒たちの手紙と募金を金大弘が花巻南高校の校長に手渡すと、校長は感動して涙を浮かべたという〔『日本の涙』〕。

韓国人の寄附熱に水を差したのは日本政府である。二〇一一年三月三〇日、日本の中学校教科書に竹島領有権が記述されたことが発表された。もちろん理性的に冷静に対応しようという韓国人もいたけれども、それでも韓国の募金活動は縮小していった。韓国では一日平均で、三月一四〜一八日には約八万件（一五億七〇〇〇万ウォン）、二二〜二五日には約二万件（五億八〇〇〇万ウォン）の寄附が集まったが、日本の教科書検定報道後の三一日には八二件、四月一日には二一件にまで寄附は減少した。日本政府の竹島領有権報道によって対日感情改善がふりだしに戻ったことを金大弘は嘆く〔『日本の涙』〕。

4 日本の原発

〈3・11〉をめぐって韓国でもっとも多く論じられるのが原子力発電所についてである。なかでも大多数の国民にとって身近な問題は、日本でとれた食料の安全性であろう。日本産農水産物にたいしては二〇一三年秋でも警戒をゆるめていないようであるし、韓国内の日本料理店は、日本海側でなく黄海側でとれた水産物を仕入れていても、客足が途絶えたという〔『日本の涙』〕。

福島原発事故にかんして、当然ながら韓国でも批判的な論調が多い。

世界随一の原発技術を誇ってきた日本の新自由主義核国家体制は崩れ去った、として始まるチョ＝ジョンファンの批判は辛辣である。原発推進勢力がなんども繰り返してきた「原子力はクリーンで安全だ」という言葉が真っ赤な嘘であり、原子力の平和的利用によるエネルギー確保、産業の成長、未来の幸せの約束が、つくられた神話にすぎなかったことが、福島事故によって露呈した。福島事故で自衛隊が全面的に動員されたことは、日本が事故収拾の実際的能力を有していないことを示している。クラウゼヴィッツの言葉にならっていえば、福島事故は、産業が形態の異なる戦争の持続にほかならないことを示している〔「革命と災いのあいだのフクシマ」〕。

市民の反原発運動についても積極的に語られている。たとえば、進歩的として知られるハンギョレ新聞の東京特派員は、福島事故の約一カ月後に東京都杉並区高円寺の中央公園でひらかれた反原発集会に、インターネットでの呼びかけに応じた一万五〇〇〇余人が集まったことを紹介している。特徴的だったのは、集まった人々のほとんどが二〇代〜三〇代で、デモなど経験のない人々であったことだという。「原発あぶない」「原発いらない」と声を出しつつ、なかには「原発は暴力」というプラカードを掲げたり防護服を着たりする参加者もあったことがつづられている〔『うしなわれた福島の春』〕。

脱原発のデモや集会は〈3・11〉以降に全国各地で数多くおこなわれ、九月一九日に東京でひらかれた「さよなら原発集会」には異例ともいうべき六万人が参加した。日本留学経験のある政治学研究者は、脱原発に向けて日本社会全体が動き出し、原子力にたいする一般市民の思考の転換が現実化しはじめたとみている〔『大地震後の日本エネルギー政策の変化』〕。

また作家の村上春樹がスペインで「非現実的な夢想家として」と題する演説をおこない、福島事故は日本人が体験した二番めに大きな核被害であるが、今回は私たちの手で過ちをおかした旨、日本人は核にたいしてNOと叫びつづけなければならない旨の発言をしたことが注目されている。巷間いわれる原発の経済性が疑わしいこと、孫正義が太陽光・風力に向かっていることも述べられる〔『うしなわれた福島の春』〕。

日本の報道機関が発表した輿論調査結果も注目されている。四三・四%が原発を減らすべき、三三・四%がすべて廃止すべき、あわせて八〇%近い国民が脱原発に賛成したことを二〇一一年八月二七日のNHK調査結果は示している。また〈3・11〉以降、原子力政策大綱の改定を前に原子力委員会に寄せられた四五六七件の意見のうち、すぐに廃止すべきが六七%、段階的に廃止すべきが三一%、あわせて九八%が脱原発に賛成していた。ここからも国民輿論は脱原発を強く支持していたことがわかるとする〔『大地震後の日本エネルギー政策の変化』〕。

これらにたいして原発推進勢力の力もあなどれない。原子力開発の専門家は福島事故直後、問題ないというような発言をしていた。そのような認識を広めたのはTVニュースであり、なかでもNHKニュース番組は原子力開発に批判的な専門家をただの一人も登場させなかった。それでも原子炉制御不能状態であることが知られ、放射能汚染が拡大するや、マスコミも原子力の深刻性を報道する態度をとった。他方で政府は事故後半年が過ぎても原発にかかる輿論調査をおこなっていない。また、経済的費用の計算ではすまない政治的問題も取りざたされる。日本の政治家たちは核保有力をいっそう強めるために、原発にふくまれる核技術開発に熱をあげてきた。日本には原子力開発を推進する「原子力連合体」があり、これは政治家・官僚・学界・メディアが入り乱れた一種の運命共同体・利益共同体をなしている。脱原発による産業の費用増加にたいして「原子力連合体」は政治的影響力の確保に動き出す可能性がある〔『うしなわれた福島の春』『大地震後の日本エネルギー政策の変化』〕。

ただ従来の原発保守派が、都市の市民運動・NGOとも連携し「戦後民主主義派」に同調しはじめたことも注目に値する。これも〈3・11〉以降、原子力にたいする一般市民の思考が転換しはじめたことのあらわれであると観測する向きもある。そのうえで、エネルギーの安定供給、経済性、環境配慮の釣り合いがとれるエネルギーをいかに開発するかが日本の長期的課題であると締めくくられる〔『大地震後の日本エネルギー政策の変化』〕。

5　韓国の原発

福島事故で日本についで大きな衝撃を受けたのは隣国の韓国であるが、その衝撃はかならずしも原発反対に結びつかず、依然として原発を支持する勢力は強いといわざるをえない〔「革命と災いのあいだのフクシマ」〕。韓国政府はつねに原子力の安全性を国民に強調してきた。〈3・11〉後には、韓国にはほとんど地震がないので日本とは危険の度合いが異なること、福島には偏西風が吹くので朝鮮半島に放射能の風はやってこないことが繰り返された。専門家たちは連日テレビに出演して韓国と日本の原発がいかに異なるかを強調した。韓国の放射能は「人体に無害な水準」であり、放射能の雨にたいして子どもを気づかう母親たちは不純な勢力なのだと突き放した。韓国には火力文化財団も水力文化財団もないが、政府は原子力文化財団をつくり、国民の電気料金の三・七％にあたる一〇〇億ウォン近い金を投じて、安全ですばらしい原発を広報してきた。韓国政府にとってフクシマは対岸の火事でしかないというのである〔『チェルノブイリ・フクシマ・韓国』『うしなわれた福島の春』「革命と災いのあいだのフクシマ」〕。

韓国の原子力政策は日本の歩みをほぼそのまま追っており、いまや使用済み核燃料再処理と高速増殖炉に向かっている。つねに政府は経済成長には原発が必要だといい、過度の需要予測が原発拡大の根拠にされ、安い電気はさらなる電気の需要をよぶという悪循環の輪を断てずにいる。さらに、アラブ首長国連邦に韓国の原発を輸出するというだけで李明博政府の支持率はいっとき四〇％に迫った。韓国は、電力生産に占める原発の割合が三四％で世界第四位、設備容量は世界第六位という「原子力強国」である。李明博政府は「原子力ルネッサンス」を〈3・11〉後も放棄するつもりはない様子であった〔『チェルノブイリ・フクシマ・韓国』『うしなわれた福島の春』〕。

歴史的経緯をふりかえれば、韓国に原発をつくる計画は、一九五六年に韓米原子力協定が発効したのち、米国の建設会社が提案して始まった。祖国近代化と産業振興とを至上命題としていた当時の韓国官僚にとって原発建設は魅力的であった。火力や水力とくらべて建設単価も初期費用も高い原発の経済性について疑念も出たが、それでも米国中心の核技術拡大による世界秩序再編と韓国の祖国近代化との利害が一致し、原発建設は急進された。一九六八年に建設部・農林部・山林庁・韓国電力・大韓石炭公社・大韓石油公社・ソウル大学・釜山水産大学・韓国生産性本部などが参与する「原発調査委員会」は、慶尚南道の古里《コリ》を建設最終候補地とした。こうして韓国は世界で二〇番めの原発保有国になる。古里には一九六五年から政府関係者が現地調査に来たが、住民にはなんの説明もなかったという〔『チェルノブイリ・フクシマ・韓国』〕。

6　フクシマの風

フクシマから吹いてくるのは、生命体を殺傷した放射能の風だけでなく、アラブから吹きはじめたのと同じ風が混ざっている、とチョジョンファンはいう。戦後日本の国民国家体制がフクシマの風にさらされて解体されつつあり、この解体傾向は、下から起こってきた脱原発（反原発）運動によって駆り立てられ加速されているのである。日本で吹きはじめたこの風は、日本の原発五四機中の五二機を止めた。

フクシマから吹く風は、あらゆる人々の生命を奪う放射能の風と、あらたな生命を芽吹かせる風、災いの風と革命の風、死の風と愛の風、没落の風と転換の風、というような相異なる性格を帯びている。全地球的な核体制と、それに対抗しつつあらたな生を追求する生命形態とのあいだに、今日の主たる社会的葛藤が形成されている。したがって、フクシマは特殊地域的な問題であり自分とは関係ないとみなし自分の身を案ずるだけの姿勢、あるいは、他地域の懸案をみな飲みこんでしまう巨大で唯一の争点にフクシマを特権化する姿勢は、避けるべきである。福島事故は一地域の出来事でなく全地球的出来事であり、特殊でなく普遍的な出来事である。世界全域が潜在的フクシマなのだといわねばならない。原子力は石油体制に取って代わるエネルギーとして宣伝され、世界全域にひろがり、全地球的核体制は軍事的核独占と産業的原発建設によって拡大した。原子力の平和的利用とは軍事的利用の連続ないし拡張にほかならない。フクシマは第二のチェルノブイリにして第三のヒロシマ・ナガサキである。ヒロシマの記憶とフクシマの記憶とを重ねることは原発に抜本的に対抗するために不可欠である〔「革命と災いのあいだのフクシマ」〕。

資本主義体制においては、より少ない費用と労力でより大きな効率と利益を得るために、多くのばあい安全は「費用」の範疇に入れられる。労働者が死亡したときに支払われる補償金のほうが安全装置より安いので、安全装置がおろそかにされる。費用や効率の論理によって人々は安全不感症におちいる。原発は現代社会が生んだ技術的危険の結晶体であり、産業社会のためにつくりだされた怪物である。〈3・11〉は「雷に当たる確率」という安全神話がいかに無力であるかを人々に教えたはずである。かつてレイチェル＝カーソン『沈黙の春』は人々の法と行動を変えたが、チェルノブイリとフクシマは私たちをどのように変えるのだろうかと姜《カン》ウンジュは問う。みなさんは迫りくる「沈黙の春」にどのように備えるのですか、とフクシマは問いかけているという〔『チェルノブイリ・フクシマ・韓国』〕。

日本に住む私たちは、いかなる態度をとるべきか。

註

（1） 二〇一一年には一〇〇〇ウォンが約七〇円に相当し、したがって二一三億四四八〇万ウォンは約一四億九四一四万円にあたる。

＊　本章でとりあげた書籍のほかに、韓国における原子力の必要性を強調し、韓国の原発大国への邁進を訴える李政勲『それでも原子力だ』プクソレ、二〇一二年三月、も刊行されている。

第三編　朝鮮半島と向き合う日本

第16章　朝鮮半島と向き合わない日本

1　支配者意識なき植民地支配

一九一〇年以来、姜在彦《カンジェオン》によれば実質的に一九〇六年以来、[1] 一九四五年にいたるまで日本は朝鮮を植民地として支配した。このかん、一九一〇年に土地調査事業が開始され、一九二〇年に産米増殖計画が開始され、一九三〇年代後半に労務動員が強化され、日本は朝鮮にたいして「一九一〇年代は土地よこせ、一九二〇年代は米よこせ、一九三〇年代後半から一九四五年までは人よこせ、命よこせ」[2] と象徴される収奪を重ねてきたが、この支配は、日本人に「朝鮮」や「植民地」を意識させないような支配、いいかえれば日本人に朝鮮を独自のものとして認知させせないような支配であったことに留意すべきであろう。一九一九年の三・一独立運動ののちに日本の原敬首相が「朝鮮は日本の版圖にして屬邦にあらず、また植民地にあらず、即ち日本の延長なり」という声明を出し、長谷川好道朝鮮総督が「朝鮮は即ち帝國の版圖にして其の屬邦にあらず、朝鮮人は即ち帝國臣民にして内地人と何等差別あるにあらず」と述べたのは、朝鮮という独自の地を否定し、朝鮮を日本に吸収しつくすことによって、朝鮮の存在をなくし、朝鮮と日本との対立をないものとしようとする意図があったとみられる。したがって日本の朝鮮支配は、意識のありかたとしてみれば、支配者意識を欠く支配であり、植民地意識を欠く植民地支配であった。こうした姿勢は「日本が朝鮮を支配した時代には、朝鮮を植民地と呼ぶことすら禁断されていた」ことに端的にあらわれている。(3)

しばしば日本が朝鮮を蔑視してきたことが強調されるが、それは朝鮮と日本との相違や朝鮮の異質性をみとめたうえで蔑視したというより、そもそも朝鮮の存在をみとめず朝鮮を日本のなかに組みこみ、そのうえで日本人でない朝鮮人にたいし軽視と無視とを、そして陰に陽に蔑視と差別とを重ねてきたというべきであろう。これは李妍淑《イヨンスク》のいう内地延長主義にあたると思われるが、「日本の植民地支配が内地延長主義をとったのは、イデオロギーのレベルでいえば、本国と植民地との関係が西欧諸国におけるような〈支配－被支配〉の関係による暴力的支配ではなく、あくまで天皇を中心とした同質的な支配空間の自然的拡大であるという論理を貫こうとしたからである」。朝鮮植民地支配においては「きわめて巧妙にしくまれた差別的同化政策」がとられていたといえる。(4)同質的支配空間を無意識のうちに拡大し、朝鮮をきちんと認知せず無視ないし軽視する日本の姿勢は、日本が朝鮮を植民地支配していた時代にかぎらず敗戦後も残り、日本における朝鮮の見方を方向づけてきたのである。これが根本的原因となって、のちにみる日本人の加害意識欠如、歴史的自己意識欠如、責任意識欠如、それに朝鮮にたいする無知・無関心をひきおこしたと考えられる。

いわば朝鮮のとらえかたが歪んでいたのであるが、この歪みは朝鮮植民地支配の肯定に根ざすもので、支配が強まるにつれて歪みも増した。学術的と称される朝鮮研究が高度になっても歪みは匡《ただ》されるどころか学術的よそおいをもって拡大していった。その例が征韓論、脱亜論、大アジア主義、日鮮同祖論で、これらは朝鮮文化が価値のないものであるとみなす点で共通している。このような朝鮮観の歪みを匡す道は植民地支配に反対する立場においてのみ可能であったと旗田巍はいう。(5)

2　敗戦後日本の朝鮮軽視

一九四五年以降も日本が朝鮮および朝鮮人を軽視ないし無視し、差別してきたことは周知のとおりである。これを示す例には事欠かないが、見落とされがちな事柄を断片的ながら概観しよう。

広島・長崎の原爆投下で被爆した人々のなかには、とうぜん朝鮮人がふくまれていた。日本有数の軍事都市であった広島では、陸軍部隊・軍施設や三菱重工業機械製作所・造船所などの軍需工場に何千人もの朝鮮人が就労していた。長崎もまた軍需都市であり、三菱長崎造船所だけで七〇〇〇人の朝鮮人がいた。広島では爆死者約一六万人のうち朝鮮人は約三万人、長崎では爆死者約七万四〇〇〇人のうち約一万人が朝鮮人であったと推定されている。被爆しながらも生き残った人々のうち、広島の約一万五〇〇〇人、長崎の約八〇〇〇人が、解放後の朝鮮に帰国していったとみられる。ところがこの人々は帰国しても生活の基盤がなく、貧困に苛まれる暮らしのなかで適切な治療を受けられず、苦難の人生を送ることになる。その後の被爆者にたいする援護や保障の可能性は、日韓条約によってつぶされた(6)。

日本政府が朝鮮人被爆者にたいして施した救護措置は日本人被爆者にたいする救護措置より劣悪なものであり、とりわけ、のちに朝鮮半島に帰国した朝鮮人被爆者は完全に放置された。被爆後に朝鮮人を差別したのは日本政府だけではない。「原爆手帳は『日本人でもなかなかもらえませんからね』ともらす被爆者を含む多くの日本人の感覚にこそ、奥深い〝差別〟問題がある」と指摘されるとおり、ふつうの日本人のうちにも朝鮮差別意識が根づいていたのである。日本は世界で唯一の被爆国であると巷間いわれるが、すくなくとも「日本人は世界における唯一の被爆国民などではない」ことを肝に銘じなければならない(7)。

一九五〇年六月に勃発した朝鮮戦争は、日本にとってけっして他人事でなかった。朝鮮戦争を機に米国の対日政策は軍国主義・国家主義除去から対共産主義戦力再建へと転換し、日本人戦犯らの公職追放が解除され、それにともなって戦前日本にたいする人々の反省を曖昧なまま終わらせることになった[8]。そしてこの朝鮮戦争は、日本が米国の戦争遂行に協力せねばならないことを目にみえるかたちで日本人に突きつけた。朝鮮戦争は「日本が置かれている現実について、新たな自覚をするように日本人に迫って来た。すなわち、日本はアメリカに占領されているという現実、……戦争に巻き込まれうるという現実[9]」である。米軍がB29を朝鮮に向けて飛ばしていた伊丹基地の近くで朝鮮戦争協力に反対する約一〇〇〇人が起こした吹田事件は、朝鮮戦争勃発から約二年後のことであった。朝鮮戦争は北側二五〇万、中国志願兵一〇〇万、南側一五〇万、米軍兵五万、計五〇〇万余の死亡者を出し、朝鮮半島の荒廃を招いたが、日本は戦争特需・朝鮮特需で景気が向上し、隣国の戦争による国内の経済成長を国民に意識させた。

朝鮮戦争を前後して日本でいわゆる逆コースの傾向があらわれ、それに対抗するように米国占領からの民族独立が主張されはじめた[10]。民族独立は左派的ナショナリズムの発露ともいわれるが、そこでいわれた民族独立においてはもっぱら日本人と米国人とが念頭に置かれており、日本に住みついていた在日朝鮮人は意識から抜け落ちていた。こうして在日朝鮮人の存在は、左派をふくめて日本人の意識にほとんどのぼらない時代がつづいたのである。日本はけっきょく単独講和（片面講和）のサンフランシスコ条約で米国の庇護下に入ったため、西洋列強が植民地をうしなったときのような脱植民地意識や責任意識が稀薄なまま、戦後の再建をすすめることになった[11]。

朝鮮人密入国者を強制送還時まで「船待ちさせる」施設として朝鮮戦争勃発後に設置された法務省大村入国者収容所、通称大村収容所では、日本人が戦前戦中と同じ威圧的態度で朝鮮人を管理していた。のちにヴェトナム戦争忌避の亡命軍人となる金東希《キムドンヒ》も一九五九年から一九六〇年にかけてこの大村収容所に入れられており「日本がアメリカに向ける顔、ヨーロッパに向ける顔、朝鮮に向ける顔は似ても似つかぬ二面相であり、朝鮮人に向けているその顔が本当の顔であった」と書き残している。韓国の反共政権と結びついた大村収容所で、朝鮮人、とりわけ北を支持する朝鮮人にたいして日常的に暴行を加える日本人警備官の態度は、変わらぬ朝鮮人蔑視の一面をみせている。(12)

3　責任意識の欠落

戦後日本最大規模の政治運動というべき一九六〇年の安保闘争の昂揚について中村政則は五つの要因をあげている。

第一に、「戦争はもうこりごりだ」という反戦・厭戦感情が基本にあって、それがナショナルな規模で噴出したのであり、革命運動でも反米運動でもなかった。第二に、岸信介が戦中、東条内閣の閣僚であったことが、国民の反岸＝反安保感情を刺激した。第三に、安保闘争と同時並行で闘われていた三池争議をみてもわかるように、ナショナルセンターの総評や労働組合（炭鉱労働組合、国労・勤労など）が戦闘心を失っていなかった。安保闘争の中心に元気な労働組合が存在していたことが大きい。第四に……新しい市民の登場が運動に厚みを加えた。……第五に、五・一九強行採決に怒って立ち上がった国民の運動は、まさしく民主・護憲の運動でもあった。安保以後、戦後一五年にして、日本に議会制民主主義が定着し始めたのである。(13)

みられるように、反戦・厭戦感情、反岸＝反安保感情、戦闘的労働組合、あらたな市民運動、民主・護憲の運動が、安保闘争をささえたとみなされる。これはこれで貴重な原動力であったというべきであるが、たとえば反戦・厭戦感情が「『唯一の被爆国』としての戦争体験、戦争の被害者としての国民的体験」[14]によって醸成されたものであるとすれば、加害者としての日本および日本人は、戦後いかなる感情や意識を生んだのだろうか。そもそも日本および日本人に加害意識があったのだろうか。

戦争責任の古典的論考は家永三郎によって一九八五年に書かれている。

純戦後世代の日本人であっても、その肉体は戦前・戦中世代の日本人の子孫として生れたものであるにとどまらず、出生後の肉体的・精神的成長も戦前世代が形成した社会の物質的・文化的諸条件のなかでおこなわれたのであった。換言すれば、純戦後世代の心身は、戦前世代の生理的・社会的遺産を相続することなしには形成されなかったのである。……日本人としての自己形成において戦前世代からの肉体的・社会的諸遺産の相続を放棄することは不可能であるのだから、戦争責任についてのみ相続を放棄することもまた不可能である。……民族としての日本人の一員に属するのであれば、民族の一員として世代を超えた連帯責任から離脱できないと考えるべきである。……国家・民族に所属する一員として世界人類社会に生きているかぎり、国家・民族が集団として担う責任を分担する義務を免れないのは当然ではないか。[15]

ここでいわれる「戦前世代からの肉体的・社会的諸遺産」には、朝鮮人差別もふくまれるであろうから、民族としての日本人は他民族にたいする差別ないし差別意識をも継承しているといわねばならない。この点で家永三郎のいう戦争責任は、一九六八年に木下順二によって示された見解と共鳴する。

……私自身、個人的には、朝鮮の人々に対しても……差別を行なった記憶はなに一つない。が、にもかかわらず私たちは私たちの父の代、祖父の代、それより以前の代々によって、個人的な私たち自身とは関係なく犯されたところの、他民族と自民族にたいする差別の罪からのがれることはできないのである。それは私たちの負わねばならぬ原罪である。感傷からそういうのではない、そのように思いこまぬ限り――そのようなふうに〝罪の意識〟を私たちが私たちの内に持たぬ限り、差別という不合理はこの世から消えてなくならないと思われるからそういうのである。(16)

否応なく戦前世代・戦中世代に連なる民族の一員として世代を超えた連帯責任を負うている私たちが、それを自覚的に「思いこむ」努力を怠っていてはこの世の差別はなくならないといえる。家永三郎や木下順二の姿勢にはいまなお私たちが肝に銘ずべきものがある。

このような責任意識はさらに深化し、被植民地闘争の世界史的意義をアフリカの民衆から学びつつ植民国の一員としての自己の「共犯」と「集団責任」とを自覚していったサルトルにならって、つぎのように表出されることもある。

〔他人の苦悩は〕なんらかの社会的・歴史的原因をもっているはずである。その原因を辿るならば、苦しんでいる他者と私は互いに分離しているのではなく、同一の社会的・国際的な関連の中で相互に依存しながら生きていることが明らかになるであろう。……だがそれよりも重要なことは、たとえその苦悩の主要原因は特定の個人や集団の非人間的な行為にあることが判明したとしても、広い意味での原因はそれらに限られず、その一半がこの私自身にもあるということである。現代のように相互依存の関連が深まった社会においては、原因も結果も特定して取り出すことが困難になっており、それらは社会全体へ拡散せざるをえない。……たとえば水俣病患者の苦しみの原因は……何よりも工業の発展と経済成長を優先して国民の生活を顧みなかった戦後の日本人の価値観が、水俣病患者の苦しみを生み出したというべきであろう。したがって、原因の拡大とともに、私もまた他者の苦しみに関して共同の責任を負わねばならないことが明らかになろう。私はたんに潜在的に同類の被害者であるばかりでなく、現実に加害者の一員に数えられねばならないのである。(17)

これは実存主義に依拠した哲学的で抽象的な叙述といえるが、日本と朝鮮との関係にかぎらず、敗戦後日本社会をめぐるこのような反省的姿勢には一顧の価値があるだろう。

4　日韓条約と在日朝鮮人

解放後の韓国と日本との条約締結および国交樹立をめざして一九五一年に日韓会談が始まった。締結される条約は植民地支配にたいする日本側の賠償を当然ふくむものと考えられたので、それを明記しない条約の内容にたいして韓国では大きな反対運動が起こったが、日本の国民は日本側の主張をおおむねもっとももなものと考えていたし、日韓条約に反対する人々も「日本独占資本の経済侵略批判や反米（米国主導の日米韓軍事同盟批判）」を念頭に置いており「過去の清算という視点はかすんでいた」といわれる。(18) 日韓会談・日韓条約を韓国国民は朝鮮植民地支配の歴史のなかで意識していたが、日本国民はこれを戦前のことから切り離し、朝鮮侵掠の歴史を顧みずに取りあつかっていた。(19) ここからも、かつて日本が朝鮮を植民地支配し朝鮮にたいして蔑視や軽視を重ねてきたことの意識ないし自覚がいかに日本人に稀薄であったかが窺える。それどころか、そもそも「日本の国民は総じて日韓会談に無関心であった」[20]というのが実情である。朝鮮軽視・朝鮮差別の内面化は日本人の全体的傾向であり、とりわけ一九六〇年代までは左派とみなされる人々もその例外でなかったとみられている。

いわば「韓国における日韓会談反対運動では、日韓会談は戦前の日本の朝鮮侵略の復活として、日本の朝鮮に対する植民地支配の歴史のなかで意識されているが……日本の反対運動では、戦前のことは切りはなされ、主として現在・将来の不安・危険が主張され、日本の朝鮮侵略の歴史が忘れられている。しかも、両者のあいだに大きな溝があることも日本人にはあまり意識されていない」[21]のである。かつての朝鮮植民地支配についての無自覚は、日本人がなおも韓国を軽視しつづけ、さらには差別することを許してしまったといえるだろう。他方で日韓条約以降、日本は韓国にたいする経済侵略を本格化させ、日本の高度経済成長は頂点に近づいてゆく。

朝鮮を体現する存在として戦後日本社会に直接的に立ちあらわれたのが在日朝鮮人である。一九一〇年の韓国併合以降、土地調査事業その他によって土地を奪われた朝鮮の農民たちのなかには、食い詰めて日本や満州に渡らざるをえず、日本の都市の末端労働者として暮らす者が多かったが、日本に暮らす朝鮮人たちは日本人よりも安い賃金、日本人よりも長い時間という劣悪で差別的な労働条件のもとで生計を立てることを余儀なくされた。当時は「多くが労働ブローカーによって渡日した朝鮮人労働者の大部分は、日本各地で炭鉱・道路・鉄道・河川・発電工事などの日雇人夫となり、また沖仲仕や工場の見習職工、雑役夫、それに危険な工事や『不潔』な仕事に従事した。植民地人として賃金も日本人労働者の約半分にすぎず、朝鮮人・中国人、被差別部落民、日本人という民族的序列・差別が厳然として作用した」[22]。炭鉱・道路建設・ダム工事などの現場に朝鮮人労働力が投入され、その実態はたとえば福岡県の炭鉱労働を主題とした帚木蓬生『三たびの海峡』でも描かれているし、北海道でも朝鮮人労働者のタコ部屋労働は多数おこなわれていた。

北海道雨竜郡幌加内町朱鞠内では一九三八～四三年に雨竜ダム工事がおこなわれたが、労働力不足を補うために朝鮮人労働者の確保がはかられ、朝鮮からの強制連行を日本政府が許可した。朝鮮人強制連行にあたっては一九三九年に「募集」が始まり、これが一九四二年に「官斡旋」に変わり、一九四四年には「国民徴用令」が適用された。「募集」は一九三九年九月三〇日以前は民間業者によりおこなわれ、一九三九年一〇月一日以降は国家政策としておこなわれた。一九三九～四五年のあいだ、名目上「日本の臣民」としてあつかわれた朝鮮人のうち、八〇万人が日本各地に連行され、北海道に一五万人もの朝鮮人がいたとされる。朱鞠内には一九三九～四二年に二九六七人の朝鮮人が集団的に連行されてきたとみられる(23)。

一九四五年に朝鮮が解放されると、朝鮮半島で帰るところがある朝鮮人は帰国してゆくが、帰るあてがないか帰っても生活手段がないなどで帰るに帰れない朝鮮人は、やむをえずそのまま日本に住みつづけた。これらの人々が在日朝鮮人とよばれるが、戦後日本でも在日朝鮮人の仕事といえば「土方、飯場、沖仲仕、古鉄回収業などの肉体労働しかなく、その後しばらくして、遊技業や飲食業、その他サービス業などへの進出がはじまった」のである(24)。多くの日本人にとって朝鮮人が、やみや犯罪や火焔瓶と結びつけて思い浮かべられている現実を述べた大宅壮一の発言を受けて、布施辰治はこのようにいう――「やみをだれがさしたか、犯罪をだれがさせているかに問題がある。やみの品を買つたさきをあかしたくない時には、朝鮮人から買つた、賣つた先をあかしたくない場合には、朝鮮人に賣つた、という。こうして朝鮮人の犯罪は大變な數になる(25)」。

敗戦直後の「焼け跡」時代に闇市での抗争や街頭示威をくりかえした在日朝鮮人のふるまいや「李承晩ライン」による日本漁船の拿捕・抑留などを多くの日本人が目の当たりにしてきた。そのため敗戦から日韓条約にいたる期間、日本人の朝鮮観・朝鮮人観は「近代史上最悪」であったと文京洙はいう(26)。

「多くの日本人は在日朝鮮人を外国人とは思っていない。もとより日本人とも思っていない。日本人でもなく、また外国人でもない、あいまいな人間とみなしている。『第三国人』という言葉があるが、それは日本人の在日朝鮮人に対する考えを的確に表現したものである。多くの日本人にとって、在日朝鮮人は所属不明の第三国人とみなされている」という旗田巍の指摘は的を射ている。朝鮮人にたいしては依然として「偏見が偏見として意識されないで存在し」、戦前のような「露骨な差別意識はうすれているが、なお形をかえて残っている」といわざるをえない。いうなれば在日朝鮮人は「疎外され差別される人間として生きている」。その疎外や差別のなかで在日朝鮮人は不可避的に鬱積した感情を蓄積させているのであり、「日本の社会、日本人の意識は、かれらに暴発的行動をおこさせるようなものを多分に含んでいる」のである(27)。

暴発的行動の端的なあらわれが小松川事件（一九五八年）であり寸又峡事件（一九六八年）であるが、小松川事件について「李珍宇という人物を作り出したのが日本社会である」ことが論じられている。李珍宇はいわば「他人に作り出された客体」を生きざるをえなかった。日本社会において「悪しき人間としての朝鮮人」という偏見が固着する一方、日本人は「否応なしに善良な人間の側に組みこまれてしまう」のであり、「各自の主観的な意志とは無関係に自分のあり方を規定され、われわれの存在そのものによって朝鮮人差別に加担することになる(28)」。小松川事件の第二審判決で被告人に「社会の一員としての自己の責任」の欠如が指摘されたが、日本社会で差別され人間性を否定されつづけてきた在日朝鮮人少年に日本「社会の一員としての自己の責任」を要求するのは酷ではないかと批判する大岡昇平は、日本では少数派であった(29)。そもそも「植民地支配によって作り出された(30)」すなわち他の力によって作り出されたという在日朝鮮人の本質=存在（Wesen）規定は、今日でも変わらないのである。

このように考えるさいに思い起こされるのが、かつてユダヤ人問題を自分たちフランス人の問題としてとらえたサルトルである。サルトルによれば、「ユダヤ人」の概念がユダヤ人問題の本質的部分であるが、これは経験的に生まれたものでなく、反ユダヤ主義がつくりだしたものである。この概念がユダヤ人蔑視の根拠にされ、経験を脚色する。そして反ユダヤ主義者は「ユダヤ人」概念にそってユダヤ人をみつけだし、対照的に自己の存在理由と正統性とを納得する。[31] これは、日本人によってつくられた朝鮮人の概念が先立ち、その概念にあてはめて朝鮮人の存在が規定され、朝鮮人差別が横行するのと、酷似しているであろう。

敗戦後の日本では日本社会の性格づけや社会科学的分析が数多くこころみられ、「戦後」や戦後日本社会が語られて久しいが、巷間に流布している戦後日本社会像は朝鮮を排除しつつ、さらには社会的弱者や少数派を排除しつつ形成され、それらを見えなくすることによって成り立っているといわざるをえない。朝鮮の排除や無視は支配者意識を欠落させた植民地支配に由来するものであろうが、戦後日本社会像が朝鮮に目を閉ざしたうえで形成された過程があらためて問われ、朝鮮を排除して形成された戦後日本社会の枠組みが根底的に問い直されねばならない。いいかえれば、朝鮮を欠落させたところで成り立っている戦後日本社会は本質的に歪みを内蔵するものであるけれども、この歪みを本質として内蔵する戦後日本社会とはいかなる社会であるかが論点なのである。

そのさい、意識されざるところで戦後日本社会が形成されたこと、戦後日本社会形成において「国民の心的傾向なり行動なりを一定の溝に流し込むところの心理的な強制力[32]」もしくは日本人民衆の日常的生活心情を国家意志のめざす方向へ集約させる社会心理的装置が作用したであろうことが、留意されるべきである。この課題を、いわゆる日本人論に収斂せしめることなく、戦後日本社会を歪めてきたなんらかの力の分析、おそらくは支配イデオロギーの分析として遂行することがもとめられる。

註

（1）姜在彦『日本による朝鮮支配の四〇年』朝日新聞社、一九九二年、一七―八頁をみよ。一九〇六年は朝鮮統監府が設置された年である。

(2) 姜徳相『朝鮮人学徒出陣』v頁をみよ。なお労務動員として当初は募集、のちに官斡旋、さらに徴用がおこなわれた。
(3) 旗田巍『日本人の朝鮮観』勁草書房、一九六九年、七九―八〇頁をみよ。
(4) イ・ヨンスク『「国語」という思想』岩波書店、一九九六年、三二一頁をみよ。
(5) 旗田巍『日本人の朝鮮観』四二頁、四六頁をみよ。
(6) 市場淳子『ヒロシマを持ちかえった人々』凱風社、二〇〇〇年、二七―三七頁をみよ。
(7) 長崎在日朝鮮人の人権を守る会編『朝鮮人被爆者』社会評論社、一九八九年、一一頁、七〇―一頁をみよ。
(8) 三浦永光『戦争と植民地支配を記憶する』明石書店、二〇一〇年、四四頁をみよ。
(9) 海老坂武『戦後文学は生きている』講談社、二〇一二年、一一九―二〇頁。
(10) 日高六郎「明日の日本を考える」日高六郎編『明日の日本を考える』筑摩書房、一九八八年、二八一頁をみよ。
(11) 中村政則『戦後史』岩波書店、二〇〇五年、一二六頁をみよ。
(12) 朴正功『大村収容所』京都大学出版会、一九六九年、四―一八頁、一一八頁をみよ。
(13) 中村政則『戦後史』七五―六頁。
(14) 文京洙「戦後日韓関係と市民社会の課題」藤田和子ほか編『新自由主義に揺れるグローバル・サウス』ミネルヴァ書房、二〇一二年、三五四頁。
(15) 家永三郎『戦争責任』岩波書店、一九八五年、三〇九―三一一頁。
(16) 渡邊一民『〈他者〉としての朝鮮』岩波書店、二〇〇三年、一九六―七頁をみよ。
(17) 三浦永光『個人の実存とその時代』新地書房、一九八六年、二六九―七二頁をみよ。
(18) 文京洙「戦後日韓関係と市民社会の課題」三五四頁、三五六頁をみよ。
(19) 旗田巍『日本人の朝鮮観』五頁をみよ。
(20) 高崎宗司『検証 日韓会談』岩波書店、一九九六年、一七四頁。
(21) 旗田巍『日本人の朝鮮観』五頁。
(22) 尹健次『「在日」を生きるとは』岩波書店、一九九二年、六七頁。
(23) 朴慶植『朝鮮人強制連行の記録』未来社、一九八六年／「笹の墓標」編集委員会『笹の墓標』一九八六年／森岡武雄・小野寺正巳編『北海道近代のあゆみ』空知民衆史講座、第三版＝一九八七年／空知民衆史講座『和解のかけ橋』一九九四年／空知民衆史講座『朱鞠内と強制連行・強制労働』一九九六年／殿平善彦『若者たちの東アジア宣言』かもがわ出版、二〇〇四年／森村誠一『笹の墓標』小学館、二〇〇九年をみよ。

(24) 尹健次『「在日」を生きるとは』一二三九頁。

(25) 座談会「在日朝鮮人の生活と意見 日本人の反省」『中央公論』一九五二年九月号、八四頁。

(26) 文京洙「日本と韓国、歴史意識の相克」『現代の理論』二〇一〇年秋号、四〇頁／文京洙「戦後日韓関係と市民社会の課題」三五四頁をみよ。

(27) 旗田巍『日本人の朝鮮観』七〇－七頁をみよ。

(28) 鈴木道彦『越境の時』集英社、二〇〇七年、六五頁、八五頁をみよ。

(29) 渡邊一民『〈他者〉としての朝鮮』一九〇－一頁をみよ。

(30) 鈴木道彦『越境の時』四九頁。

(31) Voir Jean-Paul Sartre, *Réflexions sur la question juive*, Gallimard, 1985., pp. 12, 18, 173, 178.

(32) 丸山眞男『増補版 現代政治の思想と行動』一二頁。

第17章　敗戦後日本の社会意識

1　〈虚脱〉と意識の連続性

「日本人の朝鮮（ひいてはアジア）への侮りや蔑みの眼差しは、敗戦という未曾有の衝撃を経てもほとんど変わらなかった(1)」ことが指摘される。朝鮮にたいする侮りや蔑みのみならず、日本の社会全体が敗戦を経験してもじつは変わらなかったことは、多くの論者が指摘している。「日本の国民生活を支配している仕組みはどこを見ても元のまま、そつくりそのままという気がする」という一文で始まる中野重治「そつくりそのまま」は『改造』一九四六年三月号に掲載された(2)。のちに日高六郎はこうしるす。「戦前から戦後へという日本の歴史は、八月一五日を区切りにして、急速度に変わったということではなく、ずっと連続している側面があるのです。それは、敗戦が外側からもたらされたということと切りはなせないのは言うまでもありません。……絶対天皇制は象徴天皇制となりましたが、天皇制は残りました。なによりも日本資本主義は残りました。……支配層の頭のなかはむかしのままでしたし、民衆の意識も古いものからなかなか脱却できませんでした(3)」。これらは、暦を利用した過去との連続性の宣言、すなわち「昭和」が戦後も中断しなかったことに、象徴的に示されている(4)。

敗戦後の数か月、多くの民衆は〈虚脱〉におちいった。〈虚脱〉とは、ひと月ひと月と最悪の事態にそなえ死を覚悟していた民衆の緊張の糸が切れ、生命が再度あたえられたものの、安堵のあとに疲労と絶望に襲われ、精神的崩壊感を味わうという深い心理的体験であり、それはまた民衆全体の沈滞感や喪失感を意味するが、さらにさかのぼれば「もともと達成不可能な戦争目的を追求」していたことによる「根深い疲労状態」や「戦時に蓄積した疲労」を、そして「戦争に負けたというのに、特権階級の連中は戦争中と同じように景気よくやっている」という敗戦後の民衆の思いをも、ふくんでいる(5)。他方でマルクス主義者らは、資本主義社会は恐慌と戦争をまねき崩壊するという「歴史の必然性」をみることができ、敗戦を予測し敗戦の意味を〈認識〉していた。この〈虚脱〉と〈認識〉とのうえに治安維持法廃止や言論の自由を指示してくるGHQの〈力〉があった。「〈力〉と〈認識〉と〈虚脱〉と、この三者の力学的関係のなかで、敗戦直後の思想状況の骨格はつくりあげられている」という把握は適切であろう。同時に「敗戦直後、国内には状況を認識する頭脳は存在していたけれども、歴史を動かす力はなかった」ことも、みとめなければならない(6)。

この〈虚脱〉は、いくつかの要素をふくむであろうが、主としてそれまで民衆を押さえつけていた力が除かれたことに起因するものと思われる。「日本の天皇制と軍国主義によって長期にわたって教育され、徹底的に弾圧され、言論を封殺された多くの国民の目には、ポツダム宣言はまさに青天の霹靂であったに違いない(7)」のである。この青天の霹靂は「日本人の思想生活にとって猛烈な一撃」であったろうが、その一撃は「思想的一撃というよりは、むしろ物理的一撃であったというほうが正しい(8)」。八月一五日までの生活空間が物理的にくずされたのである。

では思想的に日本人は八月一五日を境にいかに変貌したか。さしあたりの見通しを先取りしていえば、思想的な変貌はほとんどみられなかったのである。多くの日本人にとって「解放」とはさしあたり政治的意味より心理的意味を帯びていたという場合にも、それは敗戦が心理的感覚における「解放」であったことを指すものであり、敗戦によって日本人が「思想的」に変貌したことを意味するものではない。天皇制思想のもとに従属していながらも天皇制思想にまさるとも劣らぬほど民衆の生活のなかにくいこんでいたのは、庶民的発想法というべき「処世智」であり「世渡り術」であった。(10)「処世智」や「世渡り術」は多様な形態をとってあらわれるが、ともするとそれらは戦時下の被抑圧的生活の反動で増幅し、自己肯定・現状肯定の私生活主義もしくは生活保守主義へと進行する。

2　自己肯定的生活保守主義

やがて自己肯定的生活保守主義に向かう多くの日本人に共通したと思われる敗戦時の社会心理として安丸良夫は「民衆意識の次元からすれば、敗戦とは日本帝国主義の崩壊であるよりは、その生活における戦時の異常な悲惨の終焉と常態への復帰を意味(11)」したと論ずる。これは、戦争のさなかに「反戦にいたるまでの自発的契機はなかったが、前線においても銃後においても、厭戦気分は確実に拡大していく」状況のなかで迎えた終戦が「悲惨な〈異常〉事態から〈正常〉事態への還帰として思念された」という土方和雄の見方と重なる。土方によれば開戦と終戦とは「自らを超越した〈何者〉かによって、心ならずも非日常的次元にたたき込まれ、また〈何者〉かによってその状況が〈終〉わらせられた」ことであり、「その〈何者〉かは、軍閥、政界指導層、連合国等であっても、自己自身や天皇ではなかった」と意識された。そして「このような意識状態のなかで、旧価値体系との真摯な主体的対決や、加害者としての戦争責任感が登場してくるはずはなかった。敗戦時点において、それを日常性への自然的復帰と受けとった、〈断絶〉をへないこのような精神構造が、戦後段階における天皇や旧支配層にたいする無限抱擁的な〈寛容〉の根底を形成し、これが再生天皇制イデオロギーのひとつの基流となっている」とされる。(12)力ずくで戦争に駆り立てられ、べつの力によって戦争が終えられて〈虚脱〉におちいっていた多くの日本人の心中に「旧価値体系との真摯な主体的対決や、加害者としての戦争責任感が登場してくるはずはなかった」という指摘は、的を射ているというべきであろうが、この点はのちにとりあげる。ここでは「戦争に批判的であった人、協力しなかった人はたくさんいた。それは戦争が生活と自由を破壊したからである(13)」という指摘を受け、戦時下の非日常性ないし〈異常〉事態にたいする国民の嫌悪感、すなわち「戦争が生活と自由を破壊した」ことにたいする嫌悪感に留意したい。

敗戦による〈断絶〉をへない日本人の精神構造について安丸良夫は「多くの民衆は、戦争と敗戦にいたる過程を『ダマサレタ』という論理でとらえて納得したが、そこには、戦争責任をみずからのものとする意識が欠落しているとともに、旧い価値とのふかい内面的な対決を経ないままに、いち早くあたらしい価値を受容してゆく姿態が表現されていた(14)」とするす。「生きてゆく者の立脚点はその荒廃と裸の存在にしかなく、精神の歩みはその荒廃の意味の確認からスタートするしかなかったのだ(15)」が、どうやら多くの日本人はそれを避けて通ったようである。敗戦による断絶を経験しない精神構造は、破壊された生活と自由にかんする回顧的自覚が深まってゆく勢いを駆って「自己の生活と自由」の肯定に向かい、それはともすると「大衆の戦後エゴイズム」にいたる。(16)敗戦後の日本について藤田省三は、物質的政治的荒野および精神的荒野のもとでの下からの自生的社会形成がおこなわれないうちに、外から系列的機構整序がもちこまれ、共同性をもたない私的個人や小集団の利己的・雑居的状況が出現し、そこには形骸の整然さがあるだけで、人々のみえざる有機的つながりはなかったことを論じている。(17)

朝鮮戦争特需や「もはや戦後ではない」という意識の広まりをへて、日本は高度経済成長をつづけ、日本の「『経済大国』意識、民族主義的な『国益』意識がつよめられた(18)」のが一九六〇年代なかば以降である。日高六郎はここに日本人の意識の質的変化が生じていることを論ずる。「高度経済成長がつくりだした現在の生活様式を維持拡大したいということが、ほとんどの日本人の願望となった。……ひとりびとりの意識のなかで、また日常のくらしかたそのもののなかで、経済優先の価値観が根をおろし」、この経済主義という「価値観の画一化こそが、意識の深部で進行している」というのである[19]。

個人の私的欲求を権利として解放したことに由来する私生活幸福主義は近代化論によって国家独占資本主義の支配体制のもとにからめとられ、また平和と民主主義にたいする熱望をみたすのは社会主義ではなく資本主義にもとづく近代化であると喧伝することによって、支配階級は、民衆を大量消費社会に満足させるような、民衆の欲求の深部にとどくような支配イデオロギーを獲得したのである[20]。高度経済成長のなかで日本にイデオロギーから現実主義への「思想的転換」および「社会変化」が起こるのは必然であり、経済的にも文化的にも「先進モデル」追従の道を歩むようになる[21]、というわけである。

このような日本の社会意識や生活態度は、つぎに述べる上滑りの民主主義、上滑りの近代化と融合して、現状肯定的に増幅していった。一定の生活水準に達した現状（Status Quo）を維持したいという現状肯定意識に浸っているかぎり、歴史意識や歴史的自己意識は生まれない。現在は他のものに頼らずにそれだけで成り立つ存在ではなく、過去の蓄積のうえに、過去によって規定されて成り立つ[22]。現状肯定的生活保守主義は、従前より日本に蔓延している集団同調主義と相互作用し、「共産主義より全体主義が新しければ、共産主義を捨てて全体主義へ赴く……民主主義がくれば民主主義に従う[23]」ごとき、竹内好のいう転向文化を生みだす土壌となる。「戦意昂揚・戦争鼓舞のさまざまの言論に代って、民主主義・平和・文化などという言葉が氾濫」しはじめたが、「こうした変り身の早さにはかえって、権威・権力への一貫した従順性、迎合性、便乗性、つまり変らなさを示している面」がある[24]。日本人は「新しい価値への移行に安易なまでに容易でありえ」、このことは「エゴイズムの連続性」を示しているのである。[25]

3　上滑りの思想

かつての天皇制思想の地位に交代してついたのが西欧的「民主主義」思想であるが、それは民主主義という天皇制イデオロギーが公認されたと揶揄されうるものでしかなかった。西欧的「民主主義」思想はやがて天皇制思想にさえ大きく譲歩せざるをえないほど弱体化し、また天皇制思想よりも拡大したかたちで「たてまえ」化したのである。[26]戦後民主主義は生まれたときから「天皇制民主主義」という性格を帯びていたといわれるし、福武直のように「敗戦直後の日本は、民主主義を権威として」受け取ったのであり、民主主義も民主化もいわばGHQの指示によって「与えられた民主化」であったとみなされるのも、[27]ゆえなきことではない。

敗戦後の日本において「天皇制思想、西欧的民主主義思想、共産主義思想のそれぞれが、それぞれの欠陥なり弱点なりのために、国民を全体的にとらえることに失敗[28]」した。ひいては、大雑把ないいかたをすれば、近代主義もマルクス主義も「国民を全体的にとらえること」ができなかったのである。日本人民衆の生活は、柳田國男が発見したような祖先を崇拝し自然を崇拝する呪術的習俗にとりまかれていたのであり、民衆の日常的発想は、マルクス主義とも近代主義とも無縁であった[29]という指摘を検討すべきかもしれない。

敗戦という未曾有の出来事と屈辱の経験を機に、「古い日本」を支配していた「システム」を否定するという価値観の転換[30]が上から導入され、ないし風潮として伝播し、あらたな価値観として民主主義が受け入れられたようにみえたが、それは上滑りの民主主義であり、「かたわらを素通りして行ったもの[31]」でしかなかった。上滑りであったのは民主主義の制度だけでなく、民主主義の思想、さらには日本人全体の思想についてもいえるであろう。このことは「言葉のお守り的使用」、つまり戦前の「国体」、戦後の「民主」というような正統とみなされる言葉でみずからの立場を擁護しようとするところにもあらわれている。(32)敗戦後の民主主義は、かつて戸坂潤が批判した「自由主義」(33)と類似の位置に置かれていたともいいうる。

上滑りする言葉や思想、あるいは、河上徹太郎の「配給された自由」という言葉になぞらえていえば「配給された思想」は、日本人の意識や思考に定着しえなかった。言葉や思想が上滑りし「かたわらを素通りして行った」ということは、経験をともなわなかったことを意味する。「戦後の思考の前提は経験であった。どこまでも経験であった」(34)という藤田省三の指摘はこの点を突いたものでもある。したがって民主主義などの言葉や思想は「戦後の思考」として根づかなかった。

日本は敗戦を体験しなければ民主主義をえられなかったのであり、敗戦後日本の民主主義は「負け取った」民主主義であるといわれるが、(35)敗者としての反省、敗者としての経験が十分になされたとはいえず、「負け取った」民主主義は上滑りなものにとどまった。

上滑りの民主主義が、日本人の朝鮮および朝鮮人にたいする無関心と無知、日本人の加害意識欠落・責任意識欠落のうえに、おおいかぶさった。戦後民主主義は「戦前・戦後を貫通する侵略主義、排外主義、差別主義を否定することに失敗し」、自由・平等・人権などの「内実を具体化すること、すなわち『思想化』することにも有効な力をもちえなかった」し、戦前のマルクス主義が「日本＝アジア＝後進的」という偏見にとらわれたのと同様に戦後のマルクス主義も「ヨーロッパ中心史観＝アジア的停滞論」という思考様式から離れられず、また近代主義は「現実をとび超えた普遍的な近代的精神」に終始してしまったため、敗戦後のマルクス主義も近代主義も差別問題にたいする視点をほとんどもたなかったことが指摘されている。(36)朝鮮にたいする軽視や偏見は一貫して放置されているのである。

4　朝鮮認知の欠落

「日本は四五年八月、欧米に負けた意識はあっても、アジアに負けたという認識はなかったのではないか、とりわけ朝鮮民族解放闘争との抗争史は視野にも入っていなかったのではないか」[37]と論じられるように、日本は朝鮮をはじめアジアにたいする屈服を感じていなかったといえるし、東京裁判でもアジアが全体的に軽視されていることが指摘されており、これらは敗戦を前後して朝鮮をふくむアジアの軽視ないし蔑視が生きつづけていたことを示している。[38]日本は朝鮮に屈したのではないという意識があるとすれば、朝鮮にたいする軽視や無視は生きつづけるであろう。

日本における歴史意識の歪み、加害責任意識欠如の背景として、三浦永光はつぎの四要因をあげる。第一に、日本は米国に負けたのでありアジア諸国に負けたのではなく、アジア諸国は植民地争奪戦の対象であったにすぎない、という見方。第二に、天皇は東京裁判で起訴されず退位もしなかったため、敗戦を境に国家体制が断絶したとは認識されず、そのまま連続していると考えられた点。第三に、公職追放解除により戦時中の重要人物が政界に復帰し、戦後政治が戦時中の政治体質を温存したこと。第四に、国民自身がすくなくとも敗戦直後には国家指導者の戦争責任を追及せず、アジア侵掠や対米開戦のあやまりを追及しなかったこと。[39]第四点はべつとして、政治的場面での姿勢が世間一般の風潮に作用し、国民の意識形成を方向づけたことが推測されるであろう。

敗戦時に天皇の責任や加害者責任がうやむやにされたことはまた福武直によってつぎのように批判されている。「その名において宣戦した天皇の退位もなかった。戦争裁判で指導者たちが処刑されたにしても、また公職追放があったにしても、戦争責任の徹底的反省は、一億総懺悔ということで解消されてしまった。侵略した諸国への加害者責任も、明確には自覚されなかった。それは、占領軍を進駐軍と称し、敗戦を終戦とよんだところに象徴されている。そして、その占領軍の直接統治ではなく、日本政府を通しての間接統治であったことが、司令部から発せられた変革をゆがめた点もみのがせない」[40]。また「占領政策のもとで賠償が軽減されたことが、日本の植民地支配や戦後の東アジアに対する関心を弱める要因にもなった」[41]というように、国民の意識形成を方向づけるうえで間接的ながら米国の意図が作用していたことをも銘記すべきであろう。

日本は朝鮮に屈したのではないという認識が日本人の意識のなかに朝鮮軽視や偏見を温存せしめたとすれば、朝鮮植民地支配下において朝鮮固有の存在をみとめようとしなかった日本人の姿勢が敗戦をへても変わらずに維持されたことは、みやすい道理である。日本人の朝鮮および朝鮮人にかんする認知の欠如ないし不足が一貫していることが指摘されるであろう。

日本人の朝鮮認知がさえぎられていたこと、それが戦前・戦中・戦後をとおして連続性を有することを、一九五九年に中野重治がこのように指摘している。「われわれ日本人は、一九五〇年六月以後の経過のなかで、アメリカの動員した『国連軍』十六ヵ国の兵隊が朝鮮を理解したほどにも朝鮮を理解しなかった。しかしそれは、一九四五年八月十五日の朝鮮を理解しなかったことでもあった。一九一九年三月一日の事件を理解しなかったことでもあつた。さらにさかのぼつて、一九一〇年夏の『日韓併合』を理解しなかったことでもあつた」[42]。ここから、朝鮮を認知しようとする姿勢が日本人に欠如していたことが浮かびあがるだろう。歴史家の石母田正はつぎのように反省的にしるしている。

戦争に批判的であった人、協力しなかった人はたくさんいた。……しかし日本人の生活と自由に直接関係のないことがらのように見えた朝鮮民族への圧迫を自分の問題としてとり上げていた人は意外に少いと思う。

それは意識の外にあった……意識しないでもすましてこられた……。この問題は、政治的な解放のあとに長期にわたる精神的課題としてわれわれにのこされているのであって、その重大な意味を知るならば、日本の近代史のこの暗黒の側面にたいするわれわれの無知と無関心は重大なことである(43)。

無知とは認知の缺如であり、無関心とは認知の姿勢の缺如である。朝鮮について「無知で怠慢なことが差別を支えてきた(44)」とともに、日本人の加害意識、侵略の自覚、責任意識を缺落させる大きな要因になったと考えられる。日本人のこの無知や無関心、加害意識や自覚の缺如は、ひろくアジア諸国にたいしてもみとめられるであろう。

無知と無関心ないしは怠慢が一般化する日本において朝鮮やアジアに向かう視線は育たなかった。「大正デモクラシーにも欠如していて『伝統的』にさえなっている他民族への視野の弱さ（金原左門）、敗戦直後のナショナリズム忌避現象、そしてこれらに旧支配の『無責任体系』が醸成した日本社会の『無責任主義』などが合して、『アジアの眼』が日本人一般の自意識となることは容易ではなかった(45)」といえる。一九五五年に上梓され「天皇制の戦争責任を問う」記述で広汎な読者を得た遠山茂樹らの『昭和史』ですら「植民地やアジア太平洋の人びとへの視点が欠如している点」ではこの例外でなかった(46)。

アジアに向かう視線が育たないことと、アジアをきちんと認知できないこととは、相即する。日本人はアジアを認知できず、朝鮮を認知できなかった。これには単一民族の幻想も作用したであろう。日本人は無言のうちに「日本人」でない異質な存在を同化し、あるいは同化というかたちで排除してきたのである。「鬼は外、福は内」というような排外と和とが一体化した原理、差別と同化の原理(47)が、日本人の意識のうちに根を張っているといえる。

朝鮮やアジアの認知、植民地支配責任・戦争責任の意識、さらには歴史意識を、なにが欠落せしめたのかは根の深い問題であろう。おそらくこれは、〈虚脱〉が認知をさまたげたのか、自己肯定的生活保守主義が認知をさまたげたのか、という簡単な問題ではなく、むしろ、つぎのように丸山眞男がいう論点と重なるものであろう。

国民の政治意識の今日見らるる如き低さを規定したものは決して単なる外部的な権力組織だけではない。そうした機構に浸透して、国民の心的傾向なり行動なりを一定の溝に流し込むところの心理的な強制力が問題なのである。それはなまじ明白な理論的構成を持たず、思想的系譜も種々雑多であるだけにその全貌の把握はなかなか困難である(48)。

それはまた、政治や社会の根底にはたらいている社会心理的メカニズム、歴史を動かす集団心理、祖先崇拝と自然崇拝の呪術的習俗にとりまかれていた日本人民衆の日常的生活心情を国家意志のめざす方向に集約させる社会心理的装置、これらをあきらかにする課題ともいえる(49)。

最後にあげた社会心理的装置として歴史的に機能してきたものに国家神道がある。国家神道とは「神社を通して天皇制ナショナリズムを国民に教化しようとする戦前の社会体制(50)」であり、「日本の侵略戦争の強固なイデオロギー的支柱であった(51)」。いうなればそれは明治以後に日本人の日常生活やものの考えかたにまで大きな支配力と影響力をおよぼしてきた国家権力の社会心理的ないしイデオロギー的中枢をになった当のものである(52)。国家神道は敗戦の年の一二月にGHQのいわゆる神道指令によって解体されたかにみえたが、じつは解体されずに戦後も存続し、「今も生きている」のである(53)。かつて日本は国家神道を奉ずる朝鮮神宮を京城（いまのソウル）に建てて朝鮮人に参拝を強要したが、敗戦後に国家神道が息を吹き返したのが朝鮮戦争勃発後の逆コース下においてであった(54)ことは、なにか因縁めいている。ただし古来の神道と明治以降の国家神道とを、また民衆宗教と国家神道とを同日に論じてはならず、ここではさしあたり国家神道の支配力や影響力を示唆するにとどめざるをえない(55)。

朝鮮にたいする関心と反省をいだきつづけた中野重治が「たぶん朝鮮を外国と見ない見方、朝鮮人を外国人と見ない見方……これが一九六五年の今もまだ私たちに残つている事実がこれからの問題の一つではないかと私は思う(56)」としるしたように、また本章冒頭でふれたように、日本人は敗戦後も朝鮮の存在をみとめず朝鮮を日本のなかに組みこもうとしてきたし、在日朝鮮人を外国人でも日本人でもない「あいまいな人間(57)」とみなしてきた。中原浩が、朝鮮人を徹底的に〈差別〉せよ(58)という故意に不穏な表現で、朝鮮人が日本人と異なる存在であることをしっかりと認知すべきだと主張したのも、ゆえなきことではない。

5 課題

集団同調主義、生活保守主義、上滑りの民主主義を融合して現状肯定意識を増幅させていった日本人は、日本社会の暗部をみようとせず、歴史的自己意識・歴史的自己認識を抛棄してきた。朝鮮についても、無関心を決めこみ、みずからの無知を啓こうとはしない。

前章で示したように、日本が朝鮮を植民地支配していることを意識しないように仕向けられていた日本人の大多数にとって、朝鮮にたいする意識も認知も、自己の〈経験〉には取りこまれていなかった。藤田省三のいうように「戦後の思考の前提は経験であった。どこまでも経験であった」とすれば、朝鮮にたいする意識や認知は戦後の思考の前提に組みこまれなかったのである。このことは形を変えて、日本にやってきた韓国人のつぎのような印象にもあらわれている。

韓国で蓄積された、戦争をめぐる私の記憶は間違いだったのだろうか？　日本のテレビ・映画・新聞をいくら眺めても、韓国の八月に召喚されるような残虐な日本軍人は何処にもいない。家族を軍隊に送らなければならなかった、引き上げの悲惨な体験をした、空襲に堪えなければならなかった、かけがえのない肉親を失った「日本国民」の悲しみに満ちた声だけが聞こえる。その後、一五回の八月を東京で過ごしているが、広島、長崎、終戦の儀式の間に、「日本人」が如何に大変な時代を過ごしたかを丁寧に描くドラマは、主役を変え、音楽を変え作り続けられている。しかも、そこは、「我々＝日本人」の悲しみに満ちた空間であり、このような戦争の記憶を共有しない他者が入る隙間などないのである。[59]

日本では長きにわたって戦後・戦後日本・戦後日本社会が語られてきて、たとえば「戦後という政治空間を活用して国民みずからが主体的に関与し、その状況をふまえて形成された社会」という意味で「戦後社会」という言葉が用いられている。[60]このような戦後日本社会像は、これまで粗描したように〈朝鮮〉を軽視し排除するなかで形成されたものである。「韓国、そして、朝鮮を、私たちは避けて通ることはできない[61]」ことが、今日どのていど意識されているのだろうか。さらに戦後日本社会は〈朝鮮〉のみならず社会的弱者・少数派を排除し見えなくすることによって成り立っている。この排除や軽視は、さきにしるした支配者意識を欠く植民地支配以来のもの、あるいはそれ以前からのものであろうが、それらがいかにして戦後日本社会像に組みこまれたのか、いいかえれば、既定のものとして語られてきた戦後日本社会という枠組みないし戦後日本国家の枠組みはいかにして形成されたのかが、それらが意識されざるところで形成されたことに留意しつつ、問われるべきである。これがおそらく、戦後日本の経験をふりかえりつつ今後とりくまれられねばならない論点のひとつであろう。

〈朝鮮〉を欠落させたところで成り立っている戦後日本社会は本質的に歪みを内蔵している。論点をたんなる日本人論に回収することなく、戦後日本社会を歪めてきたなんらかの〈力〉、おそらくは支配イデオロギーを、分析することが課題となる。

もうひとつ課題をあげるとすれば、私たちの贖罪意識をどのように発揮すべきかという点がある。これについて、さきに引いた中原浩がラディカル=根源的なことを発言している。

……われわれが過去に犯した植民地主義に責任をとるということは、なにも一億総ざんげして、頭をまるめて坊主になるということじゃない。また賠償金を山ほど積み上げて、のしをつけて進呈するといったことでもない。まさにこのような植民地主義を必然としてきた、いままた必然としつつある、日本独占資本主義の経済的・社会的体制を根底から打倒すること以外に、この問題の真の解決はないと思います。そして、こうしたわれわれの側の反体制的・革命的行動を媒介として、はじめてわれわれは朝鮮人の側の民族的統一を求めるナショナリズム運動と国際的連帯を結ぶことができる、そんな風に考えるわけです。(62)

これは日韓条約締結直前の一九六五年の座談会での発言で、古めかしい言葉が目につくように感じられるかもしれないが、しかし今日でも傾聴に値する思想をふくんでいると思われる。この思想は、フランス人がアルジェリア人民側に立って植民地の圧政からアルジェリア人とフランス人とを同時に解き放つべくたたかうというサルトルの思想と重なるであろう。(63)そこから連帯が生まれうる。おそらく連帯とは、人々がそれぞれの場にそくして、他の地にありながら同じ境遇にある人々と連携するものであろうが、そのような連帯は、自分の眼前の課題が他の地の人々の課題とつながっているという認識のうえに成り立つといえる。

「合州国には黒人問題など存在しない。あるのは白人問題だ」(Richard Wright)という言葉を受けてサルトルは、反ユダヤ主義はユダヤ人の問題ではない、私たちの問題であると述べており[64]、また中野重治は「朝鮮問題を理解することは日本人にとつて日本問題を理解することになるのに近い[65]」と一九五九年にしるしている。そして歴史家の姜徳相《カンドクサン》は「明治以来の侵略と支配のなかで形成固定化してきた差別意識をいつまでも惰性的にもちつづけることが日本にとってなにを意味するのか、日本人問題として問いなおす時がきているように思う[66]」と書いている。

ことは朝鮮問題や朝鮮人問題ではなく、日本人問題なのである。

註

(1) 文京洙「戦後日韓関係と市民社会の課題」三五四頁。
(2)『中野重治全集』第一二巻、筑摩書房、一九七九年、四三頁をみよ。
(3) 日高六郎『戦後思想を考える』岩波書店、一九八〇年、一六六―七頁。
(4) ジョン・ダワー／三浦陽一ほか訳『敗北を抱きしめて』下、岩波書店、二〇〇一年、五頁をみよ。
(5) ジョン・ダワー／三浦陽一ほか訳『敗北を抱きしめて』上、岩波書店、二〇〇一年、九八―九頁、一二〇頁をみよ。
(6) 日高六郎『戦後思想と歴史の体験』五六頁―八頁。
(7) 増島宏「占領前期政治・社会運動の歴史的意義」五十嵐仁編『「戦後革新勢力」の源流』大月書店、二〇〇七年、一三―四頁。
(8) 日高六郎『現代イデオロギー』二六〇頁。
(9) ジョン・ダワー『敗北を抱きしめて』上、九八頁をみよ。
(10) 日高六郎『現代イデオロギー』二六一―二頁をみよ。
(11)『安丸良夫集』6、岩波書店、二〇一三年、一八二―三頁。
(12) 土方和雄『「日本文化論」と天皇制イデオロギー』新日本出版社、一九八三年、七〇―一頁をみよ。なお土方は終戦という用語について「敗戦をこのように言いかえた権力の意図を超えて、かえってこの用語は民衆の意識状態に合致していたように思える」と書きそえている。同箇所をみよ。
(13)『石母田正著作集』第一四巻、岩波書店、一九八九年、三四頁。
(14)『安丸良夫集』6、一八三頁。
(15)高橋和巳『人間にとって』新潮社、一九七九年、二七五頁。
(16)栗原彬「大衆の戦後意識」中村政則ほか編『戦後思想と社会意識』岩波書店、二〇〇五年、二〇〇頁をみよ。
(17)日高六郎編『一九六〇年五月一九日』岩波新書、一九六〇年、五頁。
(18)芝田進午「戦後四〇年の思想」東京唯物論研究会編『戦後思想の再検討 政治と社会篇』白石書店、一九八六年、二七頁。
(19)日高六郎『戦後思想を考える』八三―四頁をみよ。
(20)『安丸良夫集』6、一九〇―五頁をみよ。
(21)青木保『「日本文化論」の変容』中央公論社、一九九〇年、六三頁、一〇七頁をみよ。
(22)中村政則『戦後史』二三一頁をみよ。
(23)『竹内好全集』第四巻、筑摩書房、一九八〇年、一六二頁。
(24)鹿野政直『近代日本思想案内』岩波書店、一九九九年、三三三頁。
(25)吉崎祥司「戦後民主主義の現在」東京唯物論研究会編『戦後思想の再検討 政治と社会篇』一三〇頁。
(26)日高六郎『現代イデオロギー』二六四―五頁をみよ。
(27)中村政則『戦後史』六七頁／ジョン・ダワー『敗北を抱きしめて』上、一四頁／福武直『日本社会の構造』七四頁をみよ。
(28)日高六郎『現代イデオロギー』二七一頁。
(29)湯浅泰雄『日本人の宗教意識』名著刊行会、一九八一年、二八二頁。
(30)青木保『「日本文化論」の変容』六二頁をみよ。
(31)土方和雄『「日本文化論」と天皇制イデオロギー』七〇頁。
(32)『鶴見俊輔集』第三巻、筑摩書房、一九九二年、三九〇頁／鹿野政直『近代日本思想案内』三四六頁をみよ。
(33)『戸坂潤全集』第二巻、勁草書房、一九六六年、二二七―八頁をみよ。

(34) 藤田省三『精神史的考察』平凡社、一九八二年、二二七頁。
(35) 松本重治『国際日本の将来を考えて』二二頁。
(36) 尹健次『異質との共存』岩波書店、一九八七年、三四頁、二二三－三〇頁をみよ。
(37) 姜徳相「日本の朝鮮支配と民衆意識」『歴史學研究別冊特集 東アジア世界の再編と民衆意識』一九八三年、一九頁。
(38) 三浦永光『戦争と植民地支配を記憶する』四九－五〇頁／中村政則『戦後史』三二頁をみよ。
(39) 三浦永光『戦争と植民地支配を記憶する』四九－五〇頁をみよ。
(40) 福武直『日本社会の構造』七六頁。
(41) 大門正克『戦争と戦後を生きる』小学館、二〇〇九年、三〇三頁。
(42) 『中野重治全集』第一四巻、筑摩書房、一九七九年、三七七頁。
(43) 『石母田正著作集』第一四巻、三四－五頁。
(44) 姜徳相「日本の朝鮮支配と民衆意識」一九頁。
(45) 吉崎祥司「戦後民主主義の現在」一四七頁。
(46) 大門正克『戦争と戦後を生きる』三五二－三頁をみよ。
(47) 尹健次『異質との共存』二一頁、八〇頁をみよ。尹健次は排外と和、差別と同化が天皇制秩序のもとで一体化されているという。
(48) 丸山眞男『増補版 現代政治の思想と行動』一二頁。
(49) 湯浅泰雄『日本人の宗教意識』二八二－三〇五頁をみよ。
(50) 磯前順一『近代日本の宗教言説とその系譜』岩波書店、二〇〇三年、一〇一頁。
(51) 村上重良『天皇制国家と宗教』講談社、二〇〇七年、二八〇頁。
(52) 湯浅泰雄『日本人の宗教意識』二七八頁をみよ。
(53) 島薗進『国家神道と日本人』岩波書店、二〇一〇年、一八五頁、二一三頁をみよ。
(54) 村上重良『国家神道』岩波書店、一九七〇年、二一九頁をみよ。
(55) この点で山下秀智教授が、もともと日本人の宗教意識は閉鎖的でなく朝鮮人排除につながる要素も少なかったはずで、それと明治以降の国家神道とは異なることを教示くださったことを、松田純教授が、日本人の宗教意識が明治政府によって国家神道に仕立てあげられる以前と以後とで宗教意識形成に相違が生じたことをご教示くださった。さしあたり湯浅泰雄『日本人の宗教意識』三〇五－六頁をみよ。

(56)『中野重治全集』第一五巻、筑摩書房、一九七七年、三一一頁。
(57)旗田巍『日本人の朝鮮観』七六頁。
(58)座談会「日韓問題と日本の知識人」『現代の眼』一九六六年二月、六〇頁をみよ。
(59)高榮蘭『「戦後」というイデオロギー』藤原書店、二〇一〇年、九－一〇頁。
(60)荒川章二『豊かさへの渇望』小学館、二〇〇九年、一一頁。
(61)小田実『私と朝鮮』筑摩書房、一九七七年、二四六頁。
(62)座談会「日韓問題と日本の知識人」五九頁。
(63)Voir Jean-Paul Sartre, *Situations*, V, Gallimard, 1964, p. 48.
(64)Voir Jean-Paul Sartre, *Réflexions sur la question juive*, p. 183.
(65)『中野重治全集』第一四巻、三八三頁。
(66)姜徳相「日本の朝鮮支配と民衆意識」一九頁。

第18章　朝鮮半島と向き合うために

1 「朴槿恵《パククネ》－崔順實《チェスンシル》ゲイト」

韓国大統領周辺の不正腐敗をめぐって韓国社会でかまびすしい年月がつづいた。二〇一六年秋にソウル市内の女子大学での不正入学・不正単位取得にたいする学生たちの抗議運動が起こり、それに端を発して「崔順實ゲイト」とも「朴槿恵－崔順實ゲイト」ともよばれる事態が生まれた。これは長年にわたって韓国の多方面でおこなわれてきた根深い利権や癒着の摘発に広がる勢いをもっていた。

ことは朴槿恵大統領とその周辺の個人的不正にとどまるものではなく、朴正熙政権以来の、あるいは植民地解放以来の、さかのぼれば植民地期以来の、長きにわたる政治的・経済的・社会的権力の歪みを浮かびあがらせるものといえる。権力者や政権が代わっても政治的・経済的・社会的権力の近くに陣取り、権力行使にたずさわってきたのは、親日派とよばれる人々であった。親日派は政界・財界はもちろん軍部にも官僚の世界にも根づいており、今日でもその生命力は衰えていないというべきであろう。

朝鮮の民衆を裏切って朝鮮総督府権力にすり寄り、一九四五年の植民地解放とともに処罰され追放されてしかるべきであった親日派は、直後に朝鮮半島南部で実権を握った米軍政庁によって再起用された。親日派のみならず日本植民地支配の各種残滓は清算されないまま米軍政庁下で復活を遂げた。ここにこそ現代韓国の不道徳ないし無規範の原型があることを、韓国の批判的社会学者はつぎのように論ずる――「韓国の官僚・政治家・大資本家は国民に道徳的規範を示すというより、むしろ逆に、道徳的指弾の対象になってきた。……国民は、一方ではそれを批判しながらも、他方ではそれら支配集団のふるまいをまねるようになる。社会全体が無規範状態になるのである。……無規範とは根本的に、国家道徳の不在、支配集団の道徳性欠如に端を発している」(1)。国家権力の中枢に不道徳や無規範がはびこっているとすれば、国民がそれを模倣しないはずはないというわけである。

先般の「朴槿惠－崔順實ゲイト」は、綿々とつづいてきた政治的経済的権力者たちの不道徳ないし無規範の蓄積を示すものといえる。ここ一〇余年来とりざたされてきた〈過去事〉もこれと重なりあうと思われる。膿みはまだまだ出るであろう。他方では早い幕引きをもくろむ人々もあるだろう。私たちが暮らす日本とおなじく、韓国の背後にも闇の世界が広がっているようである。

しかしながら民衆もまた、したたかに抗議行動をつづけ、二〇一六年秋以来、毎週末にソウル中心部の光化門《クワンファムン》広場で大規模な集会がひらかれ数十万もの人々が集まってきたことは括目に値する。二〇一七年の年明けの土曜日夜には、二〇一四年四月一六日に起こった世越号沈没事故で生徒たちを助けられず生き残った高校教師の苦悩も紹介されていた。朴槿惠大統領にたいする抗議は世越号沈没事故にかんしても根強かった。ソウルでの毎週末の集会は日本で報道されていたとおり秩序あるもので、奉仕活動にたずさわる若者の姿が絶えなかった。

冒頭にあげた女子大学の前身は、抗日運動を代表する闘士・柳寛順《ユグワンスン》が学んだ学校であった。不正入学・不正単位取得をゆるした大学にたいする学生たちの抗議運動は逸早かった。韓国において権力者の非理を糾弾し、社会的弱者の人権を擁護し、健全な社会をつくろうとする民衆の意気ごみは、日本に勝るとも劣らない。

2　日本の固定観念

「朝鮮民主主義人民共和国、いわゆる北朝鮮」という呼びかたが報道機関で廃止されて久しい。この国は日本において正式名称を忘れられたまま、いっそう冷たい視線を浴びつづけているようにみえる。長い年月にわたって日本の報道において突出していた「北朝鮮」は、日本のこのような雰囲気のなかで、なんの前提もなく無条件に非難すべき国とみなされることが多いであろう。

たしかに、たとえ建国当初の国家理念にみるべきものがあったとしても、政治的権力の世襲がおこなわれた時点で国家の正当性に疑念が向けられることは考えられるし、核実験がおこなわれているとしたら被爆国として抗議するのは理のあることであろう。だがそれ以前に、日本における数十年来の北朝鮮非難の風潮は、固定観念によって彩られているように思われる。この固定観念はイデオロギーといいかえてもよい。

ものごとの感じかたや受けとめかたは、外からなんら影響されることなしに全面的に各個人の意のままになるものではなく、おのおのの社会集団で知らず知らずのうちに形成された一定の枠のなかで方向づけられる。この感じかたや受けとめかたの枠、もしくは思考の枠は、イデオロギーと呼ばれる。私たちは、自分では自立的自律的にものを考えているつもりでも、みずからが属する社会のイデオロギー的枠組みのなかに否応なく埋めこまれており、無自覚のうちに当の社会のイデオロギーを身につけているのが通例である(2)。

近代以降の社会において人々は幅広く教育を受け一定の教養を身につけているので、前近代社会とちがって迷信や封建的権威にたいして分別があり、自分が納得しないイデオロギーなど受けつけないだろう、と思う向きがあるかもしれない。けれども近代および現代の大衆社会・情報社会・システム社会において人々がイデオロギーに浸蝕される現象はむしろ拡大している。前近代的束縛から解放されて自由になったはずの近代的個人が、自分の自分たるゆえんをみいだしえず、世間の風潮や「強者」に身をゆだねてしまう仕組みは、フロムのいうとおりである。高度成長期とはくらべものにならないほど科学技術が進歩し、日々多様な情報に接することが容易になった社会のなかで暮らす私たちは、めくるめくばかりの情報の渦にふりまわされ、それらを当然のものとして前提してものを考えなければならず、自立性や自律性をうしないかけている。私たちは世間の風潮やイデオロギーにたいして無感覚になり、無意識のうちにそれらを自己の内面に取りこんでしまいかねない。くわえて「わが日本の人、究理を好まず」といわれたように、そもそも理を尽くすより共同体的なれあいを選ぶ集団同調主義が日本社会の根に息づいていることにも留意しなければならないであろう。なれあいや集団同調主義をはびこらせる日本の風土は〈神道的精神風土〉〈粘着的精神風土〉とよばれることもある。(3)

3　みずから〈知る〉努力を

「北」について、私は何を知っているのか(4)――と小田実が自問しつつ暗に読者に問いかけてから四〇余年がたった今日、この問いに私たちはどう答えればよいだろうか。そもそも朝鮮半島においてなぜ北と南とで別々の国家ができたのかを私たちはどこまで正確に知っているだろうか。また、日本が南とだけ国交を結び北とのあいだに国交がないのはなぜなのか、在日朝鮮人がこれほど多いのはなぜなのかを、私たちは的確に理解しているであろうか。さらに遡っていえば、私たちは日本が朝鮮を植民地として支配したことを知っているとしても、そのなかで朝鮮民衆がどのような暮らしを強いられたか、どのような事情で朝鮮民衆が祖国で暮らせなくなり日本や「満州」に渡らねばならなくなったか、日本の植民地支配が南北分断にどのように作用したか、敗戦後日本が米国のいかなる方針に追従して北を敵視したかを、きちんと理解しているかどうかが問われるのである。そしてそれは、たんに私たちが知識としてわきまえているかどうかだけでなく、朝鮮半島にたいする私たちの姿勢が問われる事柄である。たとえば「……南北の対立はいまなお解消していないばかりか、そもそも朝鮮戦争の遠因を辿っていけば、そこには植民地帝国日本の姿がくっきりと浮かんでくるのである。だから朝鮮戦争の問題はわたしたちの問題であると言ってけっして過言ではない。(5)」というように朝鮮分断・朝鮮戦争を日本と結びつけてとらえる見方は、すでに私たちから縁遠くなってしまっているようにみえる。

これらはいずれも歴史的経緯のなかでこそ理解されうる。日ごろ目にする報道から断片的に得た知識は、事柄の一面を伝達するものでしかない。知識が断片的であるかぎり、ひとつひとつ孤立した知識にとどまり、有機的な全体像、有機的な世界観に結びつかず、かえって偏見や先入見や固定観念をもたらし、有機的世界観形成の妨げとなりうる。しかも〝わかりやすい〟ことを旨とする昨今の報道のされかたは全般的に、はじめから一定の立場を前提し、他の可能性をできるだけ切り捨て、事柄を過度に単純化して面白おかしく伝えるだけで、ものごとの根幹を覆い隠してしまうことしばしばである。ものごとの根幹や本質は安易に把握されるものではない。私たちひとりひとりの〈知る〉努力がもとめられる。朝鮮半島にかんする事柄にしても簡便な解説を聞いて片づけることはできず、むしろそうした解説は朝鮮半島の的確な把握にとって障碍にすらなりうる。

世の〝わかりやすい〟解説に満足することなく、そして固定観念に甘んずることなく、みずから〈知る〉姿勢を心がけたいものである。

4　韓国からみる分断

前大統領罷免後の選挙によって誕生した韓国の文在寅《ムンジェイン》大統領は、かつての金大中大統領・盧武鉉大統領の精神を継承し、就任当初から北側と対話する姿勢を明瞭に示していた。他方で文在寅大統領は日米政府に距離をとり、これらと安易に与することをよしとしなかった。韓国で文在寅大統領の支持率は大統領就任以来おどろくほど高く、しばらくはそれが持続した。そのようななか北側の軍事的挑発は文在寅大統領の方針に水を差すものであったが、国連安全保障理事会の制裁決議にもかかわらず文在寅大統領が北側に支援物資を送ると決めたことは、ひとつの見識ともいいうる。それは金大中大統領時の太陽政策を思い起こさせるし、また、たとえ権威的政権のもとであれ北側には紛れもなく朝鮮民衆が、それも南側に住む人々の親戚が暮らしていることに思い到らせるものである。

日本の敗戦により日本の朝鮮統治機関が撤廃されてなお「異民族が国を二つに分断し占領しているのにどうして解放といえるのか」(6)と問わざるをえない状態は、今日はたして解消されただろうか。朝鮮半島では一九四八年このかた北と南とがそれぞれ政権をつくり、別々の国家ができているが、そこに暮らしているのは同じ民族である。ひとつの民族がいわば引き裂かれ分断されて、それぞれ分断国家をなしているのである。分断――これが今日にいたるまで北と南の社会を根深いところで制約しているもっとも根本的な枠である。分断国家であるがゆえに、南側の韓国では安全保障が喧伝され、米軍が駐留し、国家保安法が制定され、中央情報部が設置され、徴兵制が敷かれ、大統領の権限が強められ、学生運動や社会運動を制約する根拠が主張されてきた。このような韓国の支配体制は、その母体である日本の治安維持法体制と同じように社会的道徳的基礎を欠くもので、「地獄のような社会主義」という「最悪の状況」を国民に突きつけ、それを避けるために「思想・表現の自由の統制」という「次悪の現実」に堪えよ、と迫るものであった。(7) 同時に韓国でご多分にもれず政治的軍事的権力と経済的権力とが癒著してきたことは、このかん指摘されている検察首脳部や国防部や元大統領と崔順實との根の深い関係からも浮びあがる。このような癒著が分断国家・安保国家のもとでいっそう容易に深まっていったことは想像に難くない。

植民地時代の親日派人士による民族叛逆行為、米軍政下で親米派にすりかわって権力にしがみついた親日派の蘇生、朝鮮戦争時に慶尚南道居昌で韓国軍によって起こされた住民七一九人の集団虐殺、同じく朝鮮戦争時に軍警によって引き起こされた八一六一件の民間人集団殺害、一九八〇年五月に全羅南道光州において二〇〇人以上の民衆抗争犠牲者を出した戒厳軍の過剰鎮圧、など過去事とよばれる数々の出来事の清算がこのかん韓国において著手されている。過去事清算は「病んだ社会」韓国の「社会的治癒」にほかならないが、(8) これら過去事の大半は、分断にかかわるものである。ここからも、朝鮮半島を北と南とに分けて一方だけに目を向けるのは不十分であることがうかがえるだろう。

5　南北をひとつのものとして

朝鮮民主主義人民共和国と大韓民国とを独立した別個のものとみなすのでなく「朝鮮半島をひとつのものとして考える」(9) こと、北と南とをひとつのものとして考えること——この姿勢を私たちはほとんど失なっているようである。北と南とをひとつのものとして考えるというのは、それぞれの地に住まう人々をひとつのものとして考えるという意味とともに、社会的国家的諸問題について北と南とがひとつのものであることを前提して考えることをも意味する。それはつまり、北と南との緊張関係、北の対外関係、南の対外関係、北と南とがそれぞれ内部にかかえる社会的緊張関係、これらを互いにつながるものとみなし、できるだけ朝鮮半島の総体の見地で考えることである。

この総体はさらに在日朝鮮人（在日コリアン）と日本社会におけるその境遇ともかかわりが深い。在日朝鮮人は、朝鮮半島の北と南とに暮らす人々から切り離され、祖国に帰るに帰れず、日本で選挙権のない「市民」としての人生を余儀なくされた人々である。朝鮮半島で南北に分断された民族のほかに、在日朝鮮人、中国東北部に住む中国朝鮮族、サハリン朝鮮人などの在外朝鮮人の存在をふくめ、より広い〈朝鮮〉像が描かれてしかるべきであり、日本がそのほぼ全幅にわたって構造的にかかわってきたことに思いを馳せなければならない。地理的にも歴史的にも民族的にもひろがりのある〈朝鮮〉は東アジアにおいて細切れに分断され、それぞれ独立した相異なる事柄として語られ、そこに日本は関与していないかのような語られかたをするのが常である。これは朝鮮半島をひとつのものとして考えることを阻み、朝鮮にたいする日本の責任をうやむやにするイデオロギーが日本に渦巻いていることを示しているといえるだろう。

朝鮮半島の南北に住む人々と在日朝鮮人とのつながりは、もちろん当事者によっては明確に意識されているであろうが、歴史的経緯のうえに積みあげられた〈朝鮮〉像から縁遠い日本人の脳裡には、このつながりが浮かびにくいこともありうる。たとえば北側の軍部が、物質的側面でもみずからと堅固な結びつきのある在日朝鮮人の住む日本を果たして攻撃するだろうかと考える想像力すら、日本で世間的な恐怖におどらされる私たちにはうしなわれているかもしれない。

6　やりとりする姿勢

ありきたりの言葉かもしれないが、対話が肝腎である。対話といわなくとも、やりとり、語り合い、打ち合わせ、交渉、協議、接触、コミュニケーションでもよい。なんらかのやりとりがなければ人と人との関係、集団と集団との関係は成り立たない。関係が成り立たないところに起こるのは、まったくの無視とそれにともなう偏見か、問答無用の破壊であろう。まったくの無視や問答無用の破壊は、すくなくとも文明化された近代国家のなしうることではない。相手にやりとりを促すことをふくめ、言葉を交わそうとする姿勢が、いずれの主体にももとめられる。容易に関係が深まらなくとも、粘りづよく対話をこころみる努力がつづけられるべきである。国家の責任者となればなおさらである。

やりとりの場を成り立たせるためには、こちら側が相手側にとって関心のある存在でなければならないだろう。こちら側が相手側のことを理解している、理解しようとしている、さらには相手側にたいして好意的であるとすれば、相手側はこちら側になんらかの関心をいだくであろう。これは個人と個人との関係を思い浮かべればわかることである。わが身を正すことがまずもとめられる。さて私たちは「北朝鮮」のことを理解しているだろうか、理解しようとしているだろうか、さらには好意的であろうか。ここで先の小田実の問いかけに私たちは戻されてしまう。私たちは「北朝鮮」のことを理解していないし理解しようともしていないのではないか、と答えざるをえないのが現状であろう。

歴史認識の相違であるとか、歴史認識についての意見交換とかいわれることがあるが、そもそも私たちは朝鮮半島にかかる歴史について、報道で耳にする断片的知識以外に、なにを認識しているというのだろうか。テレビ画面に登場する人々の〝コメント〟を受け売りする以外に、交換すべき意見、それも根拠ある意見を、果たして私たちは有するのだろうか。「やはり日本人は日本と朝鮮半島との過去を、もう少し正確に知るべきだと思います」(10)という歴史家の発言の前に、私たちはこうべを垂れるしかない。

7 文学をつうじて知る

文学作品は、私たちがみずから体験しえないことを追体験もしくは間接体験させてくれる。とりわけ長篇小説は追体験の深さにおいて他のものに代えがたい心理的精神的体験をあたえてくれる。朝鮮半島にかかわる長篇小説として私たちの近くには『太白山脈』『火山島』などがあり(11)、どちらにも朝鮮半島解放後の極右的抑圧にふりまわされ闘争する人々の生きざまが描かれている。『太白山脈』には韓国全羅道の方言がふんだんに用いられているが、日本語訳者はその雰囲気をよく伝えており、当時の庶民的感覚が再現されるかのようである。『火山島』は、大西巨人『神聖喜劇』にも似て不条理な現実のなかでの知識人の苦悩を浮き彫りにするとともに、壮絶な済州島〈四・三抗争〉(12)の実態を読者に伝える作品である。いわゆる解放三年史や〈四・三抗争〉の文学作品は稀有であるが、「私は南にいても北にいても『火山島』は書けなかった」、日本でこそ書くことができた、と作者・金石範は語っている(13)。〈四・三抗争〉の文学を書くことは、済州島民数万人の殺戮にかかわった韓国政府とその歴代後継政権によってはもちろん、北朝鮮政権によっても、排除の対象になりえたというのである。このこともまた、一筋縄ではゆかない歴史的〈朝鮮〉像、朝鮮半島の北と南と日本とをひとつのものとしてみる〈朝鮮〉像の必要性を示唆する。「解放朝鮮を引き裂いた左右両極化の矛盾は……朝鮮半島南端のこの島に凝縮され」ているとすれば、矛盾が凝集された〈四・三抗争〉を他人事として済ませることなく、日本においても「この悪夢のような記憶の地層に少しでも多くの人々が思いを寄せること」が望まれるが、[14]『火山島』はその強力な手づるとなるだろう。

〈朝鮮〉と日本とのかかわりを主題とした文学作品には、ほかに『族譜』『李朝残影』など若き梶山季之の短篇、帚木蓬生『三たびの海峡』、森村誠一『笹の墓標』などが挙げられる。[15]『笹の墓標』は北海道雨竜郡幌加内町朱鞠内での朝鮮人強制労働を主題とした小説で〈空知民衆史講座〉が長年つづけてきた歴史の掘り起こしや遺骨発掘などの事業に呼応した作品といえる。

敗戦後七〇余年、日本の人々が朝鮮半島にきちんと向き合おうとしてきたとはいえないだろう。きちんと向き合うとは、相手を〈知る〉努力をしながら対話し、信頼を恢復しながら〈知る〉努力を重ねるという地道ないとなみである。このいとなみを倦まずたゆまず積みあげてゆくことが、あらためて私たちにもとめられているように思われる。

註

(1) 金東椿『近代のかげ』一一四頁。
(2) たとえばエーリッヒ=フロム／日高六郎訳『自由からの逃走』東京創元社、一九六五年をみよ。
(3) 本書第五章3をみよ。
(4) 小田実『私と朝鮮』八二頁。
(5) 渡邊一民『〈他者〉としての朝鮮』一六〇頁。
(6) 玄基榮／中村福治訳『地上に匙ひとつ』平凡社、二〇〇二年、三三三頁。
(7) 金東椿『近代のかげ』三八頁をみよ。
(8) 過去事整理委員会「集団犠牲糾明委員会」金東椿・元常任委員のインタヴュー記事『ハンギョレ新聞』〔韓国〕二〇〇九年一二月一一日。

(9) 尹健次『思想体験の交錯』岩波書店、二〇〇八年、四六六頁。
(10) 姜徳相「日本人は過去をもう少し正確に知るべきです」『アジェンダ』二〇一〇年春号、一二頁。
(11) 趙廷來／尹學準監修『太白山脈』全一〇巻／金石範『火山島』全七巻。
(12) 四・三蜂起、四・三事件として語られることもある。本書第一章3をみよ。
(13) 朝日新聞、二〇一七年九月二七日夕刊「書くことで問い続ける歴史」。
(14) 文京洙『済州島四・三事件』八頁、九三頁。
(15) 梶山季之『李朝残影』文藝春秋、一九六三年／帚木蓬生『三たびの海峡』／森村誠一『笹の墓標』光文社、二〇〇〇年。

あとがき

一日の過半を注ぎこんでノートをとっていたソウルの高麗《コリョ》大学校図書館や仁川《インチョン》の花島鎭《ファドジン》図書館で韓国にかんする私のささやかな知見の基礎が築かれたように思い起こされるが、それからずいぶん年月がたってしまった。馬齢を重ねるとはこのことであろう。

韓国社会は当然このかん時代の流れにそって変貌してきた。日本の書籍や音楽の非合法の複製は姿を消し、私には格別の思い入れのあった鍾路《チョンノ》書籍がいちど廃業の憂き目に遭い、街の茶房に〝カフェ〟が取って代わり、ずいぶん街は小ぎれいになった。他方で、権威主義的といわれてきた韓国社会ではだいぶ進歩的風潮がつよまり〈過去事〉が白日のもとに曝されつつある。このことは今後とも注目されてしかるべきである。

韓国と日本との関係は一進一退をくりかえしているかのようであるが、韓日両国の心ある人々のさまざまな連携は確実にすすんでいる。〈過去事〉や〈過去事〉清算もけっして日本および日本人と無縁ではない。日本に住む私たちは、ときどきの流れに安易に棹さすことなく、ひきつづき虚心に韓国および韓国の人々の姿をとらえ、連帯を深めてゆきたいものである。

本書には、このかん私がこころみた考察が盛りこまれている。これらの考察のうちにはすでに印刷に附された拙稿が多々あるが、叙述を部分的に取り入れたり組み替えたりしたもの、ほとんど原型をとどめないものをふくめて、本書の叙述と重なる拙稿を示すと、左記のとおりである。関係機関のご高配に感謝する。

『抵抗の韓国社会思想』第Ⅱ章四・五、第Ⅴ章～第Ⅷ章、青木書店（二〇一〇年）、「韓国環境思想の意義と特徴」『環境思想・教育研究』第五号（二〇一一年）、「韓国の過去事と社会的意識」『文化と哲学』第二八号（二〇一一年）、「韓国にかんする日本人の思想的課題」『社会文化研究』第一四号（二〇一二年）、「韓国の貧困と階級」研究成果報告書『社会的排除地域の自律的・自治的再生に関する日韓共同研究』（二〇一四年）、「敗戦後日本社会の形成」『経済論集』第一九六号（二〇一四年）、「韓国で受けとめた〈3・11〉」『総合人間学』第八号（二〇一四年）、「戦後日本の朝鮮観と社会意識」『文化と哲学』第三二号（二〇一四年）、「解放後朝鮮のイデオロギー形成」『経済論集』第二〇〇号（二〇一五年）、「韓国の景観」『経済論集』第二〇五号（二〇一六年）、「韓国における尊厳」（１）（２）『経済論集』第二〇六号・第二〇七号（二〇一六年）、「韓国の社会規範を立て直す民衆」『労働文化』第二六三号（二〇一七年）、「朝鮮半島に向き合う姿勢」『労働文化』第二六七号（二〇一七年）、「解放後朝鮮民衆の順応的心性」『経済論集』第二一一号（二〇一八年）

本書はシリーズ〈社会・経済を学ぶ〉の一冊として上梓される。この企画にお声がけくださった小田清先生に年来の感謝とともにお礼を申しあげたい。日本経済評論社の清達二氏には拙稿をずいぶんお待たせしてしまったが、入稿後に手際よく的確に編集くださった氏のご高配にたいし、かりそめならぬ謝意を申しあげたい。

二〇一九年一月一五日

著者誌す

索引

［あ行］

［か行］

[さ行]

［た行］

［な行］

[は行]

[ま行]

[や行]

［ら行・わ行］

[著者紹介]

水《みず》野《の》邦《くに》彦《ひこ》
北海学園大学経済学部教授．1960年生まれ．
一橋大学大学院博士課程単位取得．

韓国の社会はいかに形成されたか
韓国社会経済論断章　　シリーズ 社会・経済を学ぶ

2019年4月1日　第1刷発行

定価（本体3000円＋税）

著　者　水　野　邦　彦
発行者　柿　﨑　均
発行所　株式会社 日本経済評論社
〒101-0062 東京都千代田区神田駿河台1-7-7
電話 03-5577-7286　FAX 03-5577-2803
E-mail: info8188@nikkeihyo.co.jp
振替 00130-3-157198

装丁・渡辺美知子　　中央印刷／根本製本

落丁本・乱丁本はお取替えいたします　Printed in Japan

ISBN 978-4-8188-2525-3 C3022